竹中恵美子卒寿記念

働くこととフェミニズム

竹中恵美子に学ぶ

フォーラム
労働・社会政策・ジェンダー
編

ドメス出版

竹中恵美子

まえがき

北　明美

（福井県立大学名誉教授）

　本書を企画・編集したのは、大阪を中心に学習・講座活動を行ってきた市民グループ「フォーラム　労働・社会政策・ジェンダー」運営委員会のメンバーたちである。2011 〜 2012 年の『竹中恵美子著作集 全 7 巻』（明石書店）刊行後、書評を含めさまざまな論考が出されたが、そのうちのいくつかをピックアップして一冊にまとめ、世に出したいという彼女たちの熱意から本書は生まれた。

〈本書の構成〉

　第Ⅰ部は、2019 年 10 月 13 日に大阪府立男女共同参画・青少年センター（ドーンセンター）で開催された「竹中恵美子卒寿記念フォーラム」の記録である（第 1 章）。

　第Ⅱ部は、上記著作集刊行後の 2016 年の竹中論文を収めている（第 2 章）。

　第Ⅲ部は、「竹中理論[1] の意義をつなぐ」と題し、竹中の半世紀以上におよんだ研究の軌跡を追い、その意義について検討した社会政策学会報告とシンポジウム報告、および 2 つの論文から成っている（第 3 章 – 第 6 章）。

　第Ⅳ部は、「竹中恵美子と仲間たち」と題し、大阪を中心に繰り広げられた女性労働運動と、竹中との長年にわたる交流関係はいかにして可能となり、それは何をもたらしたのかを歴史的に考察した 3 つの論文と、2000 年代以降も引き継がれた学習会活動の記録、および竹中への 2 つの「聞き書き」を収めている（第 7 章〜第 10 章）。

---

1)「竹中理論」とは「関西女の労働問題研究会」のメンバーが自然に使いだした言葉である（同会編『竹中恵美子が語る労働とジェンダー』ドメス出版、2004 年、9 頁）。本書の第 6 章でも触れられているように、竹中恵美子の仕事の全体をとりあえず捉えるための言葉として、ここでも使われている。

2

〈各章の内容〉

　第1章は、竹中恵美子の女性労働研究、そのペイド・ワーク論とアンペイド・ワーク論との出会いが人生の転機となったとする参加者のスピーチと、それに対する竹中の応答を収めた上記卒寿記念フォーラムの記録である。外部から寄せられたメッセージも含め、このフォーラムは期せずして日本における草の根労働フェミニズム[2]の多様な淵源を確認する場となった。

　第2章　「第二波フェミニズムの登場とそのインパクト—女性労働研究の到達点」（竹中恵美子）は、階級支配と性支配の関連性を問う1970年代以降のマルクス主義フェミニズムと、90年代に登場したフェミニスト経済学が、既成の学問と世界の男女平等政策にもたらした革新と貢献を、女性労働研究の到達点として総括したものである。

　この間に明らかにされたのは、人間の再生産に関わるアンペイド・ワークは、家族のなかの無償の家事労働のみならず、途上国における自給生産労働を含むこと、それはまた家族だけでなく公的福祉領域をも含む「社会的再生産」としてのアンペイド論に発展し、さらにその公私の境界およびペイド・ワークとアンペイド・ワークの境界は、性別分業の再編を伴いながら歴史的にも国によっても変化するダイナミックな過程のなかにあるということであった。これはまた、竹中がいうところの「労働力商品化体制」が資本蓄積体制の変化のなかで変容していく過程でもある。

　アンペイド・ワークをこのような「労働」として捉え直したうえで、21世紀型福祉国家への男女平等推進戦略としてフェミニスト経済学が提起する

---

[2] 英語のlabor feminismないしlabor feministsは、1930年代から60年代のアメリカにおいて、保護法制等を要求して活動した女性労働者たちの運動とその担い手を指すが（萩原久美子「労働運動のジェンダー主流化と女性の自主活動組織—英米の先行研究に見るジェンダー分析の視点と日本への含意」『大原社会問題研究所雑誌』No.632, 2011年6月号他）、本書においては労働フェミニズムや労働運動フェミニズムという用語は、「生産と再生産をトータルに捉えた労働世界における女性の経験を理論化する」ところの「フェミニスト労働論」・「労働におけるフェミニズム分析」、「労働と生活をトータルにとらえた運動を本気でしてこなかった」男性中心主義的な労働組合の体質をくみかえる「フェミニズムの視点」といった、より広い意味で使われている（『竹中恵美子著作集Ⅶ』149、211頁。竹中恵美子編『現代の経済・社会とジェンダー　第2巻　労働とジェンダー』（明石書店）2001年、9頁。

のは、ケアの権利を両性に平等に保障する「時間確保型社会」へのシステム変革であり、ILO 等の提唱するディーセント・ワークもこれと共鳴している。

　この章の最後で竹中は、この変革のために日本の労働フェミニズムが提起すべき課題として、個人単位モデルへの転換と、最低賃金法制および社会手当等に補完される同一価値労働同一賃金原則、「フェミニストの時間政治」を労働組合運動に根づかせる必要性をあげている。

　本章は、以上に関連する内外の研究と具体的政策のいわば総見取り図でもあり、また竹中著作集のなかから、この主題に関わるエッセンスを総括的にまとめ直した内容となっている。

　第3章 「労働フェミニズムの構築―竹中『女性労働』理論の“革新”」（久場嬉子）は、第126回「社会政策学会大会」（2013 年5月26日）ジェンダー部会で行われた報告の概要である。ここで久場は、規制緩和の進行によって「原初的な労働市場への回帰」[3] すら思わせる近年の状況のもとで、資本主義経済を原理的・歴史的に把握した竹中の「労働力商品化体制」論がもつ今日的重要性を指摘している。

　加えて、第二波フェミニズムについては、新自由主義との予期せぬ親和性が指摘され、その転機が語られ始めているとして、1970・80 年代以降の日本のマルクス主義フェミニズムの諸潮流を洗い直し、新自由主義に対抗する竹中の「女性労働」理論の特徴と意義を改めて論じる必要があるとする。

　第4章 「竹中理論と社会政策―著作集 第Ⅴ巻『社会政策とジェンダー』を中心に」（北 明美）は、竹中がすでに 1960 年代・70 年代から、のちのコンパラブル・ワークにつながる論点や社会保障制度が市民的個人単位になっていない問題、また、女性に対する時間外労働や深夜労働の制限はむしろ男性にも拡張すべきであるといった指摘をしていたことなどを例にあげ、その研究の一貫性と先駆性を強調している。

　第5章 「『竹中恵美子著作集』（全7巻）を読む」（北 明美）は、年功賃金

---

3) 久場嬉子「竹中『労働の経済学』の今日的意義と著作集刊行に寄せて」（フォーラム労働・社会政策・ジェンダー『竹中恵美子著作集完成記念シンポジウム～竹中理論の意義をつなぐ～報告集』2013 年、12 頁）。

の本質は企業間を超える職種別社会賃率の欠落にあり、大企業正規男性労働者と女性低賃金層がつねにコインの両面におかれるのは、その帰結に他ならないと規定した竹中の論旨を追っている。また、竹中の労働力商品化体制論やアンペイド・ワーク論に対する批判には誤解も少なくないが、実際には竹中は家族・労働市場を貫く性別分業の存在を単に指摘するにとどまらず、労働過程の変化と相互規定的な性別分業の具体的な形態の変遷を、時代ごとに明らかにしてきたこと、また身体的性差とみられてきた事柄が、特殊資本主義的な社会・経済の構築物であることを早くから理論化していたと指摘している。

第6章 「山川菊栄から竹中恵美子へ―受け継がれた課題」（松野尾　裕）は、日本のアカデミアにおける最初の女性経済学者の出現は、1920年代にさかのぼることを明らかにしたうえで、当時在野の研究者であり活動家であった山川菊栄の思想に焦点をあて、さらにその山川を、日本におけるマルクス主義フェミニズムの源流と評価した竹中恵美子の論文を紹介・解説している。『竹中恵美子著作集　Ⅶ』所収の「山川菊栄におけるマルクス主義フェミニズム論」を資料的に補完しており、両者を合わせ読むことが有益であろう。また、章の後半では、竹中を戦後のもっとも早い時期に経済学研究に入った女性として位置づけ、豊富な引用をもとに、竹中の研究の発展とその全体像を平易かつコンパクトに解説している。

第7章 「関西における労働運動フェミニズムと竹中理論」（伍賀偕子〔ごかともこ〕）は、竹中の「機会の平等」批判・「結果の平等」論が、「大阪総評」を中心とする労働基準法改悪反対・真の男女雇用平等法制を求める運動の理論的支柱となっていたことを明らかにしている。その中心となった女性たちは、いわゆる「婦人部」の枠と企業別組合の枠をともに超える女性労働運動を、意識的に追求していたという当事者としての証言である。他方で、全国レベルの運動との理論的乖離〔かいり〕や総評の賃金闘争方針を担った男性指導者たちと総評婦人対策委員会との間における竹中への評価の違い等の歴史的な意味も改めて考えさせられる。

第8章 「男女雇用機会均等法が取りこぼした『平等』を問い直す―大阪の女性労働運動に着目して」（堀あきこ・関めぐみ・荒木菜穂）は、平等と

差異を対立させる権力関係を指摘し、構築された二分法的選択を拒否すべき
だとするスコットの主張を補助線に、大阪の女性労働運動が最後まで「保護
も平等も」を主張し得た要因を考察している。本章の著者たちは均等法後の
世代である。その著者たちが自ら竹中・伍賀へのインタヴューを企図し、眼
前の格差拡大と貧困の連鎖のなかに「機会の平等の落とし穴」を再発見して
いることは、今後の研究・実践のどちらにとっても重要であろう。

　第9章　「働く、学ぶ、生きる─竹中恵美子と仲間たち：経済学と出会う
とき」（松野尾　裕）は、経済思想を専門とする視角から竹中の人生の軌跡と
研究の歩みをたどったものである。タイトルの通り、竹中の著作・講座から
学んで労働運動・市民運動の実践に活かそうとした女性たちの声にも多くの
頁を割いている。関西女の労働問題研究会編『竹中恵美子が語る労働とジェ
ンダー』・同『竹中恵美子の女性労働研究50年』（いずれもドメス出版2004
年・2009年）他からの引用も多く、竹中著作集読解の手引きとしても有益
である。

　第10章　「2つの『竹中セミナー』から共同学習への歩み」（伍賀偕子要
約）は、第7章の運動を担った女性たちが主要メンバーとなって結成した
「関西女の労働問題研究会」、および新たなメンバーを加えてそれを引き継い
だ「フォーラム　労働・社会政策・ジェンダー」による学習会、講座、出版
活動等の記録である。「竹中セミナー」という通称が使われているように、1
人の研究者を囲んで、草の根の自前の研究・出版活動が数十年にわたって続
いてきたこと自体そもそも貴重である。本書もまたここから生まれた。

　第11章は、上述の『竹中恵美子の女性労働研究50年』に掲載された「竹
中恵美子への聞き書き─怒りが私の変革の原動力」の再録に、「竹中恵美子
への聞き書き2020─人生を振り返って」を新たに加えたものである。

　本書は書き下ろしの第6章等を除けば、それぞれの著者が別々の時期に発
表した論考の事後的再録であるため、記述には重複する部分も多い。だが、
それは、著者たちが共通して竹中の研究を理解するうえでのポイントと考え
る点を、示すものでもある。本書は、どのひとつの章も、それだけで竹中恵
美子の仕事の全体像を概観できるように構成されており、読者の関心に応じ

て、どの章から読み始めていただいてもさしつかえない。

　新型コロナ禍で在宅勤務と休校・休園が要請され、女性たちの家事・育児・介護等の負担増が予想外の形で可視化される一方、非正規労働者やフリーランス、零細自営業者等を急激な生活苦が襲った2020年に、本書が刊行されるのは想定外の事態であった。ペイド・ワークとアンペイド・ワーク双方のジェンダー平等化とそれを可能とするディーセント・ワークの実現は、「人類社会が生き残るためのかけがえのない道」であるという第2章（竹中恵美子）最終節の主張は、いっそう喫緊のものとなった。本書が広く読まれることを期待したい。

　2020年7月5日

竹中恵美子卒寿記念

働くこととフェミニズム
竹中恵美子に学ぶ

もくじ

扉カット　竹中恵美子

装　幀　　竹内　春惠

〈凡　例〉

＊『竹中恵美子著作集』（全7巻）は、『著作集』と略した場合もある。

＊ 年号の表記は西暦を基本とするが、初出、あるいは必要と思わ
　 れる場合（　　）内に元号を併記した。

＊ 文中の記号は次の通りとした。『　　』は単行本、新聞、雑誌、
　「　　」は論文、記事、引用文などである。

＊ 引用文は、旧漢字は新漢字に改め、仮名遣いは原文通りとした。

＊ 原則として、現代仮名づかい、新字体を用いたが、歴史的用語
　 や固有名詞については旧漢字を用いた場合もある。

＊ 法律については、初出に正式名称、次回からは略称で記載した。

＊ 現在の人権意識にてらして適切でない用語や国名、地名なども
　 あるが、歴史的用語として用いた。

第 I 部

竹中恵美子卒寿記念フォーラム

第1章

＊

竹中恵美子先生から得たものを語り継ぐ

2019（令和1）年10月13日、ドーンセンター（大阪府立男女共同参画・青少年センター）にて、竹中先生卒寿記念フォーラム「竹中恵美子先生から得たものを語り継ぐ」が開催されました。

　　　　　　　　　　　共催＝フォーラム　労働・社会政策・ジェンダー／

　　　　　　　　　　　高齢社会をよくする女性の会・大阪

　　　　　　　　　後援＝一般財団法人　大阪府男女共同参画推進財団

　竹中先生とご縁のある方々に話題提供いただき、また、参加者の皆さまにもそれぞれ、竹中先生への思いを語っていただきました。台風の影響で、一部の参加者の方や、竹中先生ご自身も到着が遅れられる、またはご出席いただけないかも、というハプニングもありましたが、先生を囲み、皆で語り合う、温かく、また、未来に向けての心強い思いを共有できる会となりました。

　　　　　　　　　（以下、共催団体に関わる人については敬称略）

司　会（肩書きは当時）
前野江利子（フォーラム　労働・社会政策・ジェンダー）
吉年千寿子（高齢社会をよくする女性の会・大阪）

話題提供
伊田久美子（大阪府立大学名誉教授）
北　明美　（福井県立大学教授）
小林　敏子（高齢社会をよくする女性の会・大阪代表）
荒木　菜穂（フォーラム　労働・社会政策・ジェンダー）

司会（前野江利子）

　竹中先生は 11 月 19 日に 90 歳をお迎えになります。長い間、理論的ご指導、そして厳しいなかで闘っていた女性たちやさまざまな場面で奮闘する女性たちへの温かいまなざしなど、心から本当に尊敬と感謝を申し上げたいと思います。この集まりをもてて本当に嬉しく思います。

〔話題提供1〕

伊田久美子（大阪府立大学名誉教授）

　今日は本当に懐かしい皆さんが一堂に会され、同窓会のような感じがして、こういう場で少しお話しできますことを大変嬉しく思っております。

　竹中先生がまだおいでにならないのが大変残念なのですけれども、本日が卒寿のお祝いということで、竹中先生がこうやってお元気で、ご健勝でおられること、本当にありがたいことだと思っております。

　私は、先生が昨年末に入院されたときに、何しろ入院で病室にいらっしゃるので、確実にお会いできるということで、本当に久しぶりにお会いしまして、そのときすでにリハビリに意欲的に取り組んでいらっしゃって、あーこれは大丈夫だなと、心強く思いました。これからはぜひ三桁をめざして頑張っていただきたいと思います。

　実は私の祖父は三桁以上まで元気に生きながらえた、佐渡の漁師だったんです。母も竹中先生とほとんど同じ歳で今年 91 歳になったんですが、ピンピンしています。私自身も三桁をめざして、末永く先生の後をついていきたいと考えています。

　『現代の婦人問題』との出会い

　私は、竹中先生ご本人とお会いしたのは結構あとになってからなのです。それよりずっと前の、1970 年代のはじめに先生のご著書と、ある意味運命的な出会いがありました。それが大学生の頃に読んだ『現代の婦人問題』です。

　私は 1973（昭和 48）年に大学に入学いたしました。有り体にいって、学生運動とフェミニズム運動に明け暮れておるような学生生活でした。いわゆ

る遅れてきたリブの世代です。入学直後から優生保護法改悪に反対するという、女性の自己決定権を左右する非常に重要な課題、政治課題がございまして、それに取り組むリブの世代の女性たちがいて、否応なくひきずりこまれていったように思います。

　私の世代は、すでに高校時代に新左翼系の学生運動を経験した世代なんですが、基本的に社会変革は労働者階級中心主義という前提が、疑う余地なく当然視されていました。その一方で1970年代前半期というのは、いわゆる差別糾弾闘争が盛んに取り組まれた時期でもあります。しかしながら差別問題と階級理論がさほど嚙み合っているわけではなく、乱暴に接合されて自己批判だの糾弾だのといった行動が繰り返されていました。まったく理論的にも実践的にも矛盾の多い運動だったと思います。

　そういうなかで1970年代の女性運動が取り組んできた生殖・身体・セクシュアリティーの自由と自己決定という課題は、本当に画期的であったわけですが、ともすればいろいろ悪口を言われました。階級性がないだとかプチブルの女のわがままだとか、本当に今思い返してもむかっ腹が立つようなことをいっぱい言われていまして、私自身は資本主義に対する批判的な取り組みと、女性差別やその他のさまざまな差別の問題というのが決して無関係ではないということを実感していて、それを説明する理論を、本当に何かこう手探りのような感じで、探していました。それは決して私個人だけではなく、多くの女性たちが模索している時代でした。

　そういうなかでですね、男どもは楽だなと思ったわけですよ。マルクス、エンゲルスさまのおっしゃるとおり、それからほかにもこむずかしいことをおっしゃる方々がいたので、そういう権威がありそうな他人の理論に寄っかかってやっていけるって、幸せだなあと思っていました。こっちは手探りで、女子学生のグループを作って、その頃に翻訳されたアメリカの本や日本の女性たちの書いた論文など、いろいろ読みあさり、しかしながらなかなかこれだというものを見つけられないなかで、竹中先生の『現代の婦人問題』にいき当たったわけです。たまたま私が本屋で見つけたっていう、そういう「出会い」なのですが、女性労働問題の先駆的研究者である竹中先生の理論には、それまでの私が、また私たちが、いわゆる社会主義の女性労働論とし

て読み、聞かされていた理論とは非常に異なる点があったわけです。

　つまりそれが家事労働への着目だったということになります。家事育児といった家庭における女性に割り当てられた役割を単なる役割ではなく労働として位置づけ、労働市場における女性差別とつながる一つの問題、今いうならジェンダー構造として論じる視点、労働市場の問題と家族や個人生活のなかでの男女の関係や役割の問題を、労働概念を拡張することによって統合して論じる視点を、私たちは先生の著作から学ぶことができました。

　それは労働というものの見方を変える視点であり、女性の労働を見なければ労働の全体像はまるで見えていないんだということに気づかされた経験だったわけです。

ジェンダー、労働研究の視点が重要であり続けるということ

　竹中先生がドーンセンターの館長をお辞めになるときの記念講演と、私自身が対談者としてお話を伺ったインタビューを、ウィメンズブックストアゆうのほうでまとめていただいた『変革期に生きる女たち』（2008 年刊）という本があります。大変読みやすいけれど、竹中先生が歩んでこられた道と、それから考えてらっしゃったこととが、とてもよくわかるいい本です。ここにおられる森屋裕子さんのご尽力で作っていただきました。

　このなかに端的に書いてらっしゃるんですけれども、「労働市場論の本格的な研究が欠けていた 1950 年代末頃までは、男女賃金格差の内部構造の分析にまでは至りませんでした。そのため、女性の賃金がなぜ低いのかについても、市場の中だけの問題で説明する。女性は労働組合に組織されることは少なく、賃金交渉力が弱いせいだ、あるいは、女性は不熟練な仕事に就くことが多いからだ、という説明に終わってい」て、「賃金の本質である女性の労働力の価値が低いからだが、それは夫に扶養されているから低いのだ、という説明にもならない説明」が当然のように流布していた、そのことに非常に疑問を感じたということをおっしゃっておられます。

　1950 年代末の話として書いていらっしゃいますけど、結構今でも大枠はそのまんまじゃないかなっていう気がするんですね。本当にその意味で先駆的に女性の問題に取り組まれたと思います。改めて読み返してみると、私に

とって指針になるご研究を早い段階でしておられたんだなということを改めて思います。当時はまだこの言葉は使用されていませんでしたけれども、まさしくジェンダーの視点というべきものだと思います。

　労働研究の主流がもっぱら、先生も書いておられるように、男性の正社員労働によって労働を代表させていて、それによって一見中立的な労働概念が著しく、一部の男性に偏った女性排除的なものであるということがわかります。1970年代フェミニズムの「個人的なことは政治的である」という有名なスローガンがありますが、それが労働論において実現しているのが家事労働論であると私は思います。同じ頃にイタリアでも同様の議論と運動が起こっていたということを、私はのちに1970年代の終わり頃に知ることになるわけですけれども、その意味で竹中先生の女性労働論というのは、いわゆるマルクス主義フェミニズムの非常に先駆的な理論であったといえます。私自身は経済学や労働経済の研究を、専門としてやってきたわけではありませんが、フェミニストの大先輩というふうにいえるだろうと思います。

竹中先生と関西

　先生に初めてお会いしたのは、それからもうだいぶ経ってから、1996（平成8）年のことです。ウィメンズカウンセリング京都の1周年記念シンポジウムというのがありまして、そこで家事労働を含む労働について、一緒にお話をするという機会をいただきました。尊敬する竹中先生にお会いするので、大変緊張したんですけれども、皆さんもよくご存知のように、優しく温かいお人柄に触れることができて感激いたしました。先生のご近著にさらさらとあの綺麗な字でサインしていただきまして、なぜか私の翻訳したジョヴァンナ・フランカ・ダラ・コスタの『愛の労働』を持っていらして、そこにサインしてくれっていわれたので大汗をかきました。当時私は仕事のうえでちょっとしんどい時期ではあったのですけれども、それだけに先生に直接お目にかかれて、いろんな議論ができたことには本当に励まされました。

　その後にまたちょっと面白いことがありまして、もう退職したから時効ということで、言ってもいいなと思っているようなことはいろいろあるのです。私は2000年に大阪女子大学に着任いたしました。ご存知のように大阪

女子大学の前身は、竹中先生が卒業された大阪府女子専門学校です。竹中先生は女専の学生自治会の委員長だったんですね。先生から伺いました。私が着任したときの学長が中西進さんだったんです。中西先生が学長をお辞めになることになって、その後の学長の選出に際して、女性教員を中心に竹中先生にぜひ来ていただきたいという動きがありました。すでにそのときドーンセンターの館長に着任されることが決まっていた竹中先生に、木村涼子さんと一緒に学長候補のお願いに行ったということがありました。その折には大変お騒がせすることになってしまったんですけれども、熱心にきちんと話を聞いてくださって、ご飯までご馳走になってですね、本当に温かいお人柄に、折に触れて励まされてまいりました。

　その後も竹中先生は大阪女子大学の女性学研究センターの活動などに、本当にお力になってくださいました。お願いすれば講演に来てくださることはもちろんですが、私たちの企画に一受講者として頻繁に足を運んでくださって、恐縮のいたりということが多々ございました。大阪府立大学と統合して中百舌鳥に移転してからは、お住まいが近くということもあったんでしょうが、熱心にご参加いただいて、いろんなご意見をいただくことができました。ドーンセンターと大阪女子大学の女性学研究センターは、大阪府の男女共同参画プランに位置づけられた機関として、さまざまな実り多い共同作業を先生と協力して展開することができました。

　先ほど紹介した、竹中先生のドーンセンター館長退官記念の本で、私が第2部で竹中先生の対談者を務めることができたのは、なんといっても思い出深い作業でした。館長としてのご経験をじっくり伺うことができまして、労働研究者、フェミニストに加えて男女共同参画施策の推進者という、運動、研究、それに行政をつなぐ重要な役割を果たしてこられた先生の、このもうひとつのお仕事に微力ながら伴走させていただけたということは、私にとって本当に貴重な財産となっております。

　労働経済学者としての竹中先生のお仕事は、ご存知のようなあの膨大な著作集にまとめられておりますし、ここにおられる皆さまはよくご存知のことと思います。私から一点、先生の大切な業績として、改めて付け加えておきたいのは、大阪社会運動協会の『大阪社会労働運動史』の編著のお仕事で

す。第六巻から編者として参加された竹中先生は、第七巻、第八巻において
1970年代以降の女性労働問題への取り組みや、さらに広範な女性運動を国
際的な動向も含めて丁寧に記述され、社会労働運動史に位置づけてください
ました。そのこと自体がどれほどのご苦労のなかで実現したものであるかと
いうことは、私自身、第九巻の執筆に参加してしみじみ実感することができ
ました。歴史の記述というのはおびただしい出来事のなかから何をどういう
形で取り上げるかというそれ自体において、もうすでに一定のものの見方、
価値観が示されるものです。そういう意味では、先ほど申しましたように分
野それ自体が非常に男性中心に偏ってきた労働研究、労働運動史を、ジェン
ダー視点から再構築する努力を重ねてこられたのが先生のお仕事ですが、そ
の成果がとりわけ第七巻、第八巻として結実していると思います。

家事労働、アンペイド・ワークを内包する労働経済学へ

　先生が切り拓かれた女性問題の位置づけによって、その後の編集におい
て、女性運動や女性労働問題の記述は定着することができたと考えていま
す。その意味でまさにパイオニアとして、社会労働運動史のフレームを変革
されてこられたということに、私自身心より感謝申し上げたいと思います。
　あとひとつ思い出すことがあり、それを付け加えさせていただきたいと思
います。それは2011（平成23）年の11月にクレオ大阪で開催されたクレオ
大阪10周年記念シンポジウムのときのことです。「私の選択が作る未来〜生
き方働き方のあした」というタイトルで、女性の選択、自己決定と女性の労
働をテーマにしたシンポジウムでした。そのときにパネリストの1人として
竹中先生が参加しておられました。私も聞きに行ったんですが、4人か5人
おられたパネリストのなかで、アンペイド・ワークに触れる議論をしたの
が、竹中先生ただ1人だったんです。私はかなり衝撃を受けて、WAN（認
定NPO法人　ウィメンズ　アクション　ネットワーク）に感想の記事を書き
ました。
　ちょっと強い口調で、労働概念が全然変化していないという気がして、そ
れについて書いたんですけれども、クレオの担当者がただちに読んだらしく
て、釈明のメールが届きました。クレオの意図がそうじゃないことは、私は

重々存じ上げていたし、クレオを批判したわけではないんですが、ほとんどのパネリストが主婦に対する非常に冷ややかな議論を展開し、竹中先生以外の方々がそこにあまり疑問を感じないっていうのが、私は不本意だったんです。私自身が先生の理論から学んだことや、その後のフェミニズムにおける労働論の展開を考えていくと、実に残念なことだと思いました。主な論点が女女間格差というようなことだったんです。

　それはそれで重要な新しい展開だとは思うんですけれども、私自身この機会にぜひ申し上げておきたいのは、1970年代以降のフェミニズムの成果として、稼ぎのない妻の利害は稼ぎ手である夫と一致しているように思い込まされてきたが、それは必ずしも一致しないということの発見が1つ。もう1つは、主婦といわゆる稼ぐ女、「働く」女の利害は対立していると思い込まされていたが、実は結構一致しているということ。私自身はこの2つが70年代以降のフェミニズムが、理論として獲得した非常に重要な発見であったと思っております。

　この2つは、制度としての世帯にミクロな権力関係を含んだ＜家父長制＞と、一心同体として見なされてきた家族のなかの仕事を労働であると主張した＜家事労働＞、この2つのキー概念に呼応していると考えています。さらにいえばジェンダーというのは何が労働であって何が労働でないか、その2項区分が当たり前のように考えられてきた、それ自体を問い直す画期的なツールだったはずです。

　そういったことを私はやっぱり忘れたくないと思っておりますし、それについてちょっとぶつぶつと書いた記事で、皆さんもしお暇なときには読んでご感想など聞かせていただけたらと思います。

　それが2011年のことですので、それからもう8年が経過しましたけれども、家事はむしろ大いに議論されるようになってまいりましたし、労働もまた、当時はちょっと想像できなかったいろんな大きな変化を起こしつつあるのではないかと思います。アンペイド・ワークを包括する労働論は、今日多くの女性の共感を呼ぶものとして受容されているのではないかと思っております。竹中先生の議論の先見性を今後に展開していくことに、私自身微力ながら貢献したいと願っています。それにつけても竹中先生には、私どもの心

の支えとして、今後ともしっかりご指導いただきたいと願っております。先生のご健康とご長寿、今後のご活躍を願ってやみません。

　以上を私の本日のご挨拶とさせていただきたいと思います。ご清聴ありがとうございました。

〔話題提供2〕
北　明美（福井県立大学教授）
　　　　　　　＊台風で欠席されたため、後日メッセージをいただきました。

　若い頃の私が、生涯に一度でいいから直接会ってみたいと考えた女性が2人います。1人は『第二の性』で有名なシモーヌ・ド・ボーヴォワール。実は彼女は1986年まで存命だったのですが、なんの蓄えもない当時の私が、フランスまでおしかけていくことはかなわぬ夢でした。

　そして、もう1人はもちろん竹中恵美子先生です。幸いにして1度どころか、その後何度もお目にかかる機会に恵まれたことは、私の人生の最大の幸運かもしれません。その生き方・考え方を最大限に尊敬・信頼できる人が2人もいて、そして、そのどちらもが女性であるということ自体も、私にとってなにか誇らしく感じられることです。

　私が竹中先生にお会いしたいと思った理由は、もちろんそのご著作に魅せられ感動したからですが、実際にお会いするようになってからは、いかに竹中ファンが多いかを改めて実感することになりました。研究・社会業績の大きさに加え、竹中先生自身のお人柄がたえず人を惹きつけるのだということは、皆さんご存知の通りですが、それにしても、お仕事のどのあたりがとくにそうなのかということを、この機会に考えてみたいと思います。

　1つは、他の方も指摘されているように、ジェンダー不平等、現代の女性差別が資本主義経済のメカニズムに根差しており、とりわけ日本的労使関係ないし日本的経営と不可分であることを緻密かつ明快に描き出されたことだと思います。女性の労働は単純・補助労働で腰かけで、企業にとっても社会にとっても重要性が小さく、そして自らそれに甘んじる女性の意識があるゆえに、女性は男性より軽んじられるのだという捉え方が世間の一般的な見方だったなかで、竹中先生は早くから一貫して、資本主義経済そのものがたえ

ず不安定雇用の低賃金階層を作り出そうとすること、とくに日本においては女性をその階層の担い手として位置づけようとする力が強く働いていることを明らかにされてきました。

日本企業がつくり出した若年・結婚定年制も、勤続を重ねた中高年女性労働者に対する昇給差別も、「女性職務」の創出とその職務に対する低い評価も、女性の働きぶりに対する差別的な人事考課も、さらにパート・タイム労働者や派遣労働者等に対する差別的処遇もすべて、年功賃金・終身雇用・企業別組合という日本の大企業の「三種の神器」を支える不可欠の裏面であったこと、その意味で女性労働者のこれらのあり方は「ひとつながり」であって、日本企業にとってなくてはならない存在基盤とされてきたことを、竹中先生はこのうえなく体系的に解き明かされました。

竹中先生のご研究の射程はそれにとどまりません。女性のこうした賃労働市場は、零細自営業の女性家族従業員の労働にも連なっており、そこでは妻の労働が事業主である世帯主のものとみなされることによって、限りなく「ただ働き」に接近すること、さらにその周辺には最低賃金にも満たない低報酬での主婦内職の存在があります。そしてこれら多様な女性労働者の多くが、私的な家事・育児・介護というアンペイド・ワークと社会的労働との両立に苦しみ、あるいはそれら 2 つの労働の間の不利な「行ったり来たり」のなかに身を置いていることを指摘されます。そうせざるをえなくする大きな社会経済の見えない圧力が働いていて、それがジェンダー不平等を作り出し、それを維持し利用しようとする男性中心の企業社会ニッポンのなかで私たちが生きているということを、竹中先生は早くから示されてきました。

2 つめに、そうしたなかで竹中先生は形を変えては現れる専業主婦賛美論を徹底して論破し、女性の経済的自立の重要性を強調するとともに、女性の社会的労働の拡大こそが、歴史を前進させる巨大な推進力であると説いてやまなかったのです。それと同時に女性も男性も真の自主的な選択に基づいて、フレキシブルにペイド・ワークとアンペイド・ワークを組み合わせたり、それらの間を「行ったり来たり」できるような、真の意味での「自由の国」に進むべきことと、そのための社会政策・社会保障の整備を提唱され続けてこられました。

　ここで思い出されるのは、日本でも世界でも、たとえばパート・タイム労働を選ぶ女性は、フルタイム正規雇用を追求する女性や男性の足を引っ張る役割をしているとして、パート・タイム労働者はできる限りフルタイム労働に向かうよう「啓蒙すべき対象」だとされてきた時期があったということです。それが徐々に転換されていくのは1980年代くらいからだと思うのですが、竹中先生は実に1960年代の半ばから、パートタイマーとフルタイマーとの時間当たりの同一賃金や、短時間労働者を正規労働の1つに位置づけ、各種の権利を保障する均等待遇を主張されていました。

　そして3つめに竹中先生のお仕事においては、日本の既存の労働組合運動に対する厳しい批判と、だからこそその労働運動におけるフェミニズムへの熱い期待が印象的です。労働組合が性差別的な労働協約を自ら結んだり、裁判で差別を訴える当該女性に敵対したりしてきた実例をあげつつ、「労働組合においてすら」「男性支配が貫かれ」「こと女性に対しては、男性の意志と資本の意志は、しばしば結びついて女に敵対する。こうした現実は決してめずらしいことではない」と強い調子で批判されました。また、パートタイマー、臨時工等を労働組合の枠外に放置してきた「労働組合の企業意識の克服」と「本工中心の企業別組合の体質改善」が急務であると、たびたび強調しておられます。

　けれども、だからといって労働組合なんかもともとそうしたものだと切り捨てて済ませるのではなく、たとえば全世界的な労働力の女性化についても、それが進めば男女平等は自動的に進展するのだという楽観論と、むしろ男女格差の固定や拡大につながるだけだとみる悲観論があるとすれば、そのどちらも一面的だとして、それは国ごとに異なる国家・企業のビヘイビアそして労働組合の取り組みによって、大きく左右されるはずだと展開されます。生産と再生産の両領域を視野にどのような政策と取り組みを行っていくのか、ジェンダー平等への戦略化こそが私たちの向き合うべき課題であると提起されるのです。

　私がここまで述べてきたことは、いまや女性労働研究・ジェンダー研究の「常識」であって、竹中先生のご研究が特別なのではないと考える人も、もしかしたらいるかもしれません。しかしそれは話が逆であって、事態がまさ

に進行中のときに、すなわち同時代において、正確な見通しのもとに実証的
かつ理論的に緻密な分析を行い、その完成度によって、それまで常識でな
かったものを常識にまで押し上げたのは、竹中先生その人であったことを後
進は忘れてはならないと思います。

　竹中先生のお仕事についていうべきことはほかにも多々ありますが、先生
のなさってきた分析と提言は、どの立場であれこの日本社会のなかで悩みも
がいている女性たちに、誇りを取りもどさせ、自分もジェンダー平等を推進
していく、翼を担う存在でありたいと、決意させる説得力と魅力にあふれて
いると感じます。経済学には Cool Head but Warm Heart（冷静な頭と、温
かい心）が必要だというアルフレッド・マーシャルの言葉を、まさにそのま
ま体現されてきたのが竹中先生であり、だからこそ先生に出会った男性たち
もまた、先生の主張に敬意を払い、それを日本社会および男性自身の課題と
して積極的に受けとめたくなるのではないかと思います。

　最後に個人的なエピソードを。
　今から25年以上前のことですが、竹中先生と先生の盟友久場嬉子先生を
中心にして、いくつかの大学の教員と院生が少人数の研究会をしていたこと
がありました。今考えれば、なんて贅沢な会だったのかと思いますが、そこ
に私も院生の1人として参加していたのです。あるとき、竹中先生が「北さ
んがさっき言われたことですが、確かに以前はそれが定説で、研究者たちも
みな、長いことそう考えていたんですね。ただ実は、最近の学説では違うこ
とがわかったんです」と優しい口調でいわれました。本当は生半可な知識を
ふりかざす院生の不勉強を厳しく叱られても不思議はない場面だったと今に
して思いますが、私はむしろ半分は褒められたような気さえして、女性労働
研究の第一人者でありながら、先生は誰に対しても気をおつかいになるソフ
トな方だなと、それだけを思っていました。

　しかしながら、それはお人柄というだけではありませんでした。指摘すべ
きことはきちんと指摘するがそれに終わらず、つねに議論をより広く高い次
元に押し上げようとする先生の研究姿勢、叙述方法の表れでもあったのだと
今頃わかった気がします。

　竹中先生のご研究は高く連なる山脈のようなもので、いっぺんですべてを踏破（とうは）することはできず、かつ登るたびに以前は見落としていた景観が開けるのに気づきます。そして、そのことを竹中先生ご自身に直接お話して、コメントをいただくのは、私の人生の最高の喜びのひとつです。

　先生、ご健康にご留意のうえ、この先も私たちをご指導くださるよう、心よりお願い申し上げます。

〔話題提供3〕

小林　敏子（高齢社会をよくする女性の会・大阪代表）

　こんにちは。今日はお久しぶりにお目にかかる方も大勢いらっしゃって嬉しく思っております。私は竹中先生の理論的なご研究につきまして十分にはわかっていないのですが、先ほど伊田先生がちゃんとお話しくださいましたので、よいこととしまして、高齢社会をよくする女性の会ではとても優しい方であり、私にとりましてもすごく優しい先輩であると思っております。竹中先生は高齢社会をよくする女性の会・大阪の代表を1994（平成6）年から2001年まで受けてくださり、この会の基礎をかためてくださいました。

　2001年にドーンセンターの館長になられて、しかたなく私が代行させていただくことになりまして、今年でちょうど20年になります。

　当時のことを振り返って、竹中先生が「会報」の巻頭言に書かれましたところを読み返してみましたところ、先ほど伊田先生が言われたとおりでして、私たちは徹底的に地域に根差し、草の根を掘り起こしてそれを政策要求につなげないといけない。また、ケア労働の本質を見失わないで、大切な仕事であると言っておられます。ケア労働というものは人と人を結ぶ人間関係労働であるが、今までは女性に押し付けられて、少し低く見られているから、それを直していこうというようなことを、ずっと続けて言われております。

　先生が当会の代表をされていた1994年には、高齢社会をよくする女性の会の全国大会を大阪で受け持ち開催しました。そこで先生が3点おっしゃっ

ておられましたのは、1つは、人として尊厳をもって老いを生き、生をまっとうするために個を単位として自立をすること。2つめは、1人でも生きていける社会を形成しよう、女性の被扶養者の位置をどうしたらよいか、女性は被扶養者に留められている。働いている人もいたのですが、少ない、ということですね。3つ目は、血の通った福祉の実現のカギは地方分権にある、介護労働の労働条件を社会的に正当に評価して、男性にも就いてもらえるようにしよう、と言われています。

　介護の分野では、現在ですと男性が2〜3割就いていますが、当時は家族、それもほとんど女性に任されていました。私自身は20代後半から30代は精神科の病院で働いてきました。40歳から82歳までの42年間は高齢者介護の分野で働いてきました。大阪市立弘済院という総合福祉施設のなかにある病院や養護老人ホーム、特別養護老人ホームなどで20年間、その後は大学や他の施設で主に認知症の方とともに過ごしてまいりました。弘済院は公立の施設ですから、職員は公務員で身分保障がきちんとなされていて良かったです。しかし、介護保険が施行され始めた頃から、介護の分野の方々の身分保障が崩れてきたように思います。社会福祉協議会やホームヘルプ協会など、何か、崩されていくような感じで、常勤職員が減らされてきましたね。

　それから、先生の思い出としましては、直接に教えていただきましたこと、いろいろと本を読ませていただきましたことなど、心より感謝いたしております。先生が高齢社会をよくする女性の会にいらっしゃいましたときには、7年間の間、本当に大変お世話になりまして、まことにありがとうございました。

　その後、私事ですが、2001年11月に夫が脳梗塞で倒れ、在宅介護を8年半いたしました。そのため、高齢社会をよくする女性の会の活動は事務局長はじめ、副代表、その他多くの会員の方々におまかせしてきましたこと、今も感謝いたしております。夫が倒れる2カ月前、私は高齢者介護に関心の

高い方々 13 名と米国各地の認知症対策を視察させていただいていました。
2001 年 9 月 11 日、アメリカのビルに飛行機が突っ込んだとき、ちょうどミシガン大学で、米国流の介護実習体験をしておりました。そのとき、突然、「今からトイレに行く人は手を水道水で洗ってはいけない。毒が流されているかも知れないから」といわれ、飛行機がビルに突っ込んだことは知らされずの危機時対応です。その後は予定変更して無事帰国しましたが、夫が介護保険を使用する事態となりました。脳梗塞の治療とリハビリのため、6 カ月間入院している間に家をバリアーフリーに改造し、何とかデイサービスで入浴をさせていただき、最期まで、在宅介護を続けることができました。介護保険がなかったらとても在宅で 8 年半の間介護し続け、家で最期を迎えることは不可能でした。ただ、夜間 3 回の 2 時間ごとのトイレ介護は本当にきついものでした。介護者の私もフラフラになりましたが、介護保険がなければ要介護 4 から 5 になった人を在宅介護することはできなかったと、介護保険があってよかったなーと今も振り返って思います。

　これから先、どんなふうに介護保険が変わっていくのか、すべての人が家族にはあまり頼らず、介護保険で在宅でということは難しいのではと私は思います。
　ありがとうございました。

〔話題提供 4〕
荒木　菜穂（フォーラム　労働・社会政策・ジェンダー）

　2011（平成 23）年からフォーラム　労働・社会政策・ジェンダーの運営委員をさせていただいています、荒木と申します。
　このフォーラムの前に開催されていた、「セミナー竹中恵美子に学ぶ～労働・社会政策・ジェンダー」には、WAN（ウィメンズ　アクション　ネットワーク）の呼びかけで各回 1 名ずつ参加し、レポートし WAN のサイトで公開するという企画で参加させていただきました。その回の内容は、均等法の成立に関し、保護と平等、機会の平等と結果の平等、男性労働の特殊性についての議論であったと思います。

　フォーラムは、セミナー終了後、竹中先生の理論を受け継ぎ、研究活動を行っていく企画として始められ、私なんぞにもお声をかけていただいたわけですが、ここで扱ってきたテーマは、子ども手当のこと、自助と公助について、女性の身体、健康と労働、すべて竹中先生の提示してこられた資本主義社会と労働、そこに組み込まれたジェンダーのしくみに立脚したもの、その連続性のもとで展開されたものばかりであったと思います。北明美先生による、竹中理論をしっかり読み込む連続講座も、大変有意義なものでした。

　竹中先生の示してこられたことのなかで印象に残っているのは、2016年に参加させていただいた堀あきこさん、関めぐみさんたちとのWISHという企画での論文「男女雇用機会均等法が取りこぼした『平等』を問い直す――大阪の女性労働運動に着目して」でも目を向けた、保護と平等、女性保護を両性の保護という観点から再評価するという視点、機会の平等ではなく結果の平等を、という点でした。それまでのジェンダー構造やアンペイドワークの構造を変えぬまま、女性活躍が叫ばれる時代、ますます女性が搾取される社会、男女ともに搾取される時代に、意義をもつものであると感じました。女も稼いでいいよ、活躍していいよ、というけど、やっぱり社会は変わらんやんか！　と。

　また、これまでの竹中先生のお話、書かれたものをすべて理解できているとはいえないと思うのですが、目から鱗であると感じたのは、この社会で男女が置かれている地位とは、経済のしくみと関係しているものだ、というすごく根本的なことでした。

　私はセミナーやフォーラムに参加させていただいたのは、先ほども申しましたように2011年からだったのですが、それよりだいぶ前、先生が龍谷大学で教えられていた頃、単位互換制度で先生の授業を受講させていただいていたということがありました。そのまま、あつかましいことに、大学院のゼミにも潜り込ませていただき、あんまり言わないほうがいいのかも……、学部生で、ちゃんと議論に追いつけていないにも関わらず、ご退官まで参加させていただけました。ありがとうございました。

　私は大学時代、いわゆるジェンダー論や女性学という授業をいっさい受け
たことがなく、しかし日常的には女性であるゆえにもやもやすることがたく
さんあり、学外の授業で、ジェンダーについてのものを、と探し、登録しま
した。それで、初めて出会ったフェミニストの方は、竹中先生でした。授業
初回のとき、先生が真っ赤なジャケット、真っ赤な口紅の姿で登場され、す
ごくかっこよかったのを覚えています。この学部の授業は、なぜ女性だけが
このような地位にあるのか、そのしくみが読み解かれていくような、とても
刺激的な授業でした。男女は生まれつき役割が違うから男女はこのような立
場にあって当然、ではなく、ちゃんとそこにはしくみがある。それを読み解
く言葉、労働力の調節弁、アンペイドワーク、ケア、男性労働こそが特殊な
のだ、など、すべて女であることに閉じ込められた自分に渡された新しい鍵
のような感じがしました。私なりの理解、稚拙な理解しかできなかったなあ
とは思いますが、そのとき、授業内で印象に残っている表現で、「連続性」、
この社会問題はこの問題とのつながりのなかにあるんだ、という感覚、今で
も大好きな言葉です。個人的なことは社会的なこと、とも関係すると思いま
す。
　また、男女雇用機会均等法などのお話の際、「女性たちは何も特別なこと
を要求しているわけではないんですよ」とポロッとおっしゃったことがあり
ました。その先生の言葉が、女性差別はおかしいと思うなんて、わがままな
のか、いまや男女平等なのに何を言っているのかという、その時期の日本社
会で、少し始まりかけていた反フェミニズムの言葉にくじけそうになってい
た私にとって心強いものとなりました。もちろん今もですが、ジェンダー平
等をあきらめる必要はないのだ、それが当たり前なんだ、と私が社会批判を
やめない気持ちの根本にあったと思っています。社会のしくみの問題だ、男
性による女性支配という単純な問題ではないんだ、という認識は、多様な視
点で社会批判をしていきたい、という今の自分のフェミニズムのあり方にも
関係していると思いました。

　最後に、竹中先生の大学院のゼミでは、ひとつ、大事なことを学びまし

た。勉学、研究には、甘いものが必要だ、という、いつもお菓子にあふれていた光景を覚えています。私も今でも、自分が関わる研究会などではお菓子を忘れず準備するようにしています（笑）。本日もお茶とお菓子で、のちほど、皆さんで、先生をお祝いしたいと思います。

　ありがとうございました。

　＊ここで、この日のため寄せられた、尾辻かな子さん（衆議院議員）、井上輝子さん（山川菊栄記念会代表　和光大学名誉教授）、伊藤セツさん（昭和女子大学名誉教授）からのメッセージが会場にて読み上げられました。後日いただいたメッセージと合わせ、本章の最後でご紹介しております。

司会（吉年千寿子）

　今、北明美さんから連絡が入りましたが、北先生は、今米原に着かれたところで、JR が動かないらしいんです。ですから本当に残念ですけども、ちょっと、皆さんにお会いできる時間には来られそうもないとのことです。

〔参加者からの言葉（当日のお話順)〕

谷合佳代子さん（エル・ライブラリー館長）

　僭越ながら、トップバッターですみません。先ほどご紹介いただきましたけれど、明日、大阪社会運動物故者顕彰・追悼式第50回を開催します。皆さまのお手元にあります、竹中先生の略年譜の最後、「2019年90歳、夫姜在彦氏大阪社会運動顕彰塔に顕彰さる」という部分をご覧ください。実は明日のことなので未来形なんですが、姜在彦先生がお亡くなりになって2年、明日いよいよ顕彰させていただきます。1800人近くが顕彰されている大阪社会運動顕彰塔（1970年建立)(注)のなかで、たった3人しか在日コリアンの方はおられません。そのうち2人は1920年代、30年代に活躍した、済州島出身の社会運動の活動家でした。それから何十年も経って、同じ済州島出身の姜在彦先生が民族運動に邁進され、さまざまな形でご活躍くださいまし

た。その功績をたたえて、4人目の在日コリアンとして明日顕彰いたします。

　さて、竹中先生の思い出を語りたいのですが、先生からの学恩というのは
いろんな方がおっしゃると思うので、私はちょっと違うことを。これはエ
ル・ライブラリーのブログなんですけれど、去年竹中先生に来ていただきま
して、「著者と語る」という企画で、竹中恵美子先生の教え子さんたちやい
ろんな方々に集まってもらいました。狭いところですから、ぎゅうぎゅう詰
めて17名の方が来てくださったんですが、先ほど荒木さんがおっしゃって
ましたよね、「先生は真っ赤なジャケットで真っ赤な口紅」、検索できる人は
検索してみてください。本当に素敵ですよね。去年集まられた先生の教え子
さんたちのなかには、50年以上前の、大阪市大時代の男性の学生さんたち
も来られて、花束持ってこられて、「先生、すごい人気者！」と思いました。
皆さん口々に、竹中先生がどんなに素敵だったかとおっしゃっていて、「マ
ルクスの資本論は一行ずつ読んだ、そんな授業を受けた」など、今も忘れら
れない面持ちで語られまして、そのことが印象に残っています。

　私は、竹中先生とお知り合いになったのは1995（平成7）年が最初で、先
ほど伊田先生もおっしゃいました、『大阪社会労働運動史』の編纂にあたっ
てなんです。先生には7巻と8巻の監修をしていただきまして、そのとき
以来、本当にお世話になりました。とくにこの10年ほどはエル・ライブラ
リーを立ち上げて、皆さまのカンパでなんとか、公的補助金が全部なくなっ

注　大阪社会運動顕彰塔について
　大阪社会運動顕彰塔の意義および歴史
　大阪社会運動顕彰塔は、大阪城公園内の一角に位置し、戦前・戦後の社会・労働運動に
功績のあった方々を顕彰しています。　戦前は民衆の社会・労働運動に対して，時の権力
が弾圧で臨み，そのため多くの先覚者が無産階級解放のため，窮乏に耐え命を賭して、そ
の生涯を捧げてきました。　大阪社会運動顕彰塔は、真の歴史を創造した労働者や農民が
幾世紀にわたり、支配権力の圧政に抗して生活と権利を守り闘い続けた歴史の塔です。
「大阪社会運動協会」ホームページより https://shaunkyo.jp/shaunkyo/kenshouto.html（最
終アクセス2020年3月4日）
　「顕彰塔」の老朽化のために、2020年に解体し、「顕彰碑」に建て替え。

た状態でも、大阪の社会労働運動史の1次資料を守るために頑張ってこられたのも、竹中先生をはじめとする大勢の方の励まし、物心両面にわたって、本当に励ましていただいたおかげです。この恩を生涯忘れないために、先生にはずっとずっと長生きして、私たちの先輩として、お手本として、ずっとお元気でいてほしいと思っています。早く先生に来ていただきたいのですが、残念ですがご本人のいらっしゃらない間に私の挨拶は終わります。これからもよろしくお願い申し上げます。先生、おめでとうございます。

松野尾　裕さん（愛媛大学教授）

　松野尾と申します。愛媛大学教育学部の教員です。竹中恵美子先生の著作集完成記念のとき、そして米寿のお祝いのときに参加させていただきまして、今日お集まりの多くの皆さまとはすでにお目にかかっています。

　さて、私が大学に入学したのは1975（昭和50）年です。先ほど伊田久美子さんが紹介された『現代の婦人問題』が生協の書店に置いてありました。1972年に刊行された本です。竹中先生の単著になる最初のご著書、『現代労働市場の理論』は1969年に刊行されていますが、私が読んだのはずっと後になってからです。この本はとにかく難しい本ですね。しかし、もう一方の、『現代の婦人問題』は、新書判で、わかりやすく書かれていて、本当に頭のなかにしみ込んでくる本でした。私は早くに父を亡くし母に育てられました。仕事から帰ってきた母が「女は損だ」と言っていたことが、自然と、『現代の婦人問題』に私が興味をもつきっかけになったのだと思います。私は経済学を専攻しましたけれども、ただ今から思うと、男性中心の、ケアレス・マンの経済学に浸っていたということもありまして、もっとあとになりますが、『戦後女子労働史論』ですね、この本が1989年に出て、立教大学で助手をしていた頃に読みました。確かその頃に大森真紀さんが立教へ来られました。そのようなことで、竹中先生の言われることが少しずつわかってきたような気がいたします。

　私は経済学史、経済思想史を専門にしてきました。だいぶ時間が経ってか

らのことになりますが、2011（平成23）年に、経済学史学会で、私と同年代の東京女子大学におられる栗田啓子さんが代表幹事に就かれました。経済学史学会は、最近は少し変わってきたとはいえ、男性中心の学会でして、女性が代表幹事になるのは初めてのことでした。そこで、経済学のなかで女性はどのように位置づけられているのか、ということを学史的に問題にしたいと考えまして、栗田さんと相談して、2012年度の全国大会で「日本における女性と経済学」というテーマでセッションを組織しました。これの評判がよかったのでしょうか、2014年度の大会では共通論題に「女性と経済学」が採択されました。このときには法政大学の原伸子さんにも報告者に加わっていただきました。会場には水田珠枝先生がお見えになっておられました。こういうような流れのなかで、私は、竹中先生とは専門分野も所属学会も違うのですが、先生に直接にお目にかかっていろいろなお話をうかがう機会をいただくことになりました。竹中先生からお話をうかがいながら先生の著書を読み返し、『戦後女子労働史論』も『現代労働市場の理論』も、理解を深められたように思います。

　私が経済学史学会の2度にわたる大会で言いたかったことは、伊田さんのお話のとおりなのですが、家事労働、アンペイド・ワークを含めた労働の総体を捉えるという視点と方法が従来の経済学にはなかったということです。労働力の再生産、つまり、暮らしといのちをつなぐ人間にとってもっとも基本的な日々の営みに考えがいたらなかったということに、遅まきながら気づいたと思っています。竹中先生が「女性の経験を理論化する」という自覚に立って構築された、「労働力商品化体制」概念は、竹中理論の中核であり、経済学の枠組み自体を変える、経済学革新の武器として重要な意義をもっています。先生に教えていただいたことをきちっと理解し、学びを深めてまいります。竹中恵美子先生の卒寿を心よりお祝い申し上げます。

正路　怜子さん（編集者）

　皆さんこんにちは。懐かしい方がいっぱいですね。今、『現代の婦人問題』が何度も話題に出てきたのですが、実は私、『現代の婦人問題』という本の

編集担当者です。そこに金谷千慧子さんがいらっしゃいますが、彼女と津田美穂子さんと竹中先生との共著です。

　私と先生との出会いは私の大学時代です。1960（昭和35）年に神戸外大のロシア学科に入学。女子学生が少なくて、大学主催で「女子学生歓迎会」があり、次に学長になる教授から「僕のゼミに来た女子学生には優を差し上げます」と挨拶があったりして、私は「せっかく男女共学の大学に来たので、特別扱いはやめてください」と発言したことを思い出します。こういう経過もあって、女性問題研究会「れふぁむ」という学生サークルを作りました。60年安保と「女子大生亡国論」の時代です。そして大学祭で女性問題研究会が竹中先生の講演会を企画したのです。この会の作ったミニコミは、上野千鶴子さんらがやっているWAN（ウィメンズ　アクション　ネットワーク）のミニコミ図書館に収録されていますので、ぜひお読みください。

　そして卒業後、大阪本社の出版社に入り、創元新書の25冊目として企画したのが『現代の婦人問題』でした。1972年12月発行で420円。とてもよく売れました。5年後の1977年には同じ新書の39冊目として『婦人の賃金と福祉』（630円）を発行しています。結婚退職が当たり前の時代で、「女性の労働権」という言葉が新鮮でした。

　1975年が国際婦人年で、私は「国際婦人年北区の会」や「男女差別賃金をなくす大阪連絡会」などを作り、そこで出てきたテーマで本をつくったり、ミニコミを作ったり、「実効ある男女平等法を」という「女たちの昼休みデモ」をやりました。1985年、「国連婦人の10年」の最終年にナイロビでワークショップをもったとき「愚痴を言うだけで闘わないのか。妓生観光はやめて」と韓国の女性からいわれてショックでした。

　それから10年後の1995（平成7）年北京であった「世界女性会議」では「住友メーカーの男女賃金差別是正裁判」に立ち上がったことを報告したのです。しかし「男女差別は憲法違反だが、公序良俗違反ではない」と大阪地裁で敗訴。国連やILOに行ったり裁判所を取り巻く人間の鎖をやったり、マスコミにもたくさん載せてもらって世論を喚起し、高裁で和解となり、原

告は課長になりました。

　しかし、雇用環境は激変。いわゆる「日本型雇用」は崩れ、非正規社員が増え、格差が広がり、女性活躍はかけ声だけで、ジェンダー平等はなかなか進みません。裁判終了後、原告たちは、今もワーキング・ウイメンズ・ネットワーク（WWN）として活躍しています。

　さっき年譜を見ていたら、竹中先生は全学連の初回大会に出ていたのですね。姜さんとの結婚、子育てしながらの研究、大阪市大の経済学部長やドーンセンターの館長など、いろいろ困難ななかでも理論と実践を貫いてきました。たぶんここにいる方たちもみんな、学習だけじゃなく、具体的に運動しなきゃと思ってる人たちですよね。

　私が竹中先生から受け継いだものは、ジェンダー平等社会の実現です。毎月3の日に地域の9条の会で「安倍政治を許さない」というスタンディングをやって6年目なのですが、今ほんとに社会がめちゃくちゃです。大きな分岐点だと思いますので、100歳まで生きて、もっといい社会になるよう頑張りましょう。

　先生、これからもよろしくご指導ください。

志水紀代子さん（追手門学院大学名誉教授）

　皆さんこんにちは。今、正路さんは、地域でいろいろ活動しているとおっしゃっていましたけれど、同じ高槻で、正路さんは日吉台九条の会、私は阿武野地区の九条の会、そしてここにおられる伍賀さんも、高槻在住で、お互いに地域でもいろんな活動を一緒にしています。

　私自身が竹中先生に直接お会いして、いろいろご懇意にしていただくようになったのは2011（平成23）年からのセミナーに参加させていただくようになってからです。ちょうどその年に、37年いた追手門学院大学を退職して、セミナーに参加を申し込みました。伍賀さんには「もっと若い人に来てもらいたいの」といわれて、これは参加させてもらえないかなと心配したのですが、幸い受け入れていただきました。本当にありがとうございました。

　竹中先生とは、実は今日ここへ来ております夫が大阪市大の工学部におりまして、その関係で、学内の会議があった折にご一緒したことがありました。ご夫君の姜在彦先生との関わりもちょっとありまして、姜在彦先生に会いに来られたアメリカのバッファロー大学のチョウ・カー・キョング先生という世界的に有名な哲学者が、ぜひ姜在彦先生にお会いしたいということで、鶴橋で一緒にお会いして、その流れで、竹中先生も一緒に我が家に来ていただいたことがございました。竹中先生のお仕事につきましては、いま伊田さんはじめ皆さんのご紹介がありましたけれど、本当にそれをぜひ勉強させていただきたいと思いました。

　私は60年安保の年に大学に入学し、「安保の洗礼」を受けて、当時「女の来るところやない。女に哲学は向かない」と言われたのですが、「私が行くところはここしかない」と哲学に行くことになりました。阪大ではドイツ哲学講座のパイオニアだったようです。カントをやりながら、結果的には「カントの実践哲学を世界に実現すること」という大きなテーマで、自分のやってきたことで論文を書きまして、それを書いたばっかりに、結果的にはそれを実践する道を歩む、ということになりました。幸い、晩年カントの実践哲学をベースに政治哲学の講義をしていたハンナ・アーレントの講義録を、翻訳出版したものを送っていただいて、目から鱗が落ちる衝撃的な出会いをもつことができました。アーレントはカントをうまく引用しながら、しかし、「かのカントですらよくわかっていなかった」とカントをやんわり批判しながら、それをうまく使って自論を展開していくんです。これでいいんだ、私は私の言葉で書けばいいんだと、思いました。いまだに、そこからなかなか自分自身のやることが仕事のうえではできていません。先生の『著作集』の書評も歯が立たないまま、宿題になっています。（スミマセン!!）今は大阪10区選出の衆議院議員の辻元清美さんの市民ネットの応援団長をしていて、彼女をバックアップしています。若い人たちにどうしたらつないでいけるのか、どうしたら一緒に活動していけるか、日々試行錯誤しながら老骨に鞭打って頑張っているところです。

志水　英二さん（大阪市立大学名誉教授）

　私は 50 年ほど大阪市大におりました。市大というのは区分でいいますと、商、経、法、文（学部）です。それから、理、工（学部）。工学部にとっては、経済学部なんてものは夢のような世界。それでね、竹中先生も、姜先生も、そういうところで知っているんですよ。ちょっとハードルが高い。難儀な先生だと。私の専門はコンピュータなんですよ。新しいコンピュータ。だから、男のコンピュータとか女のコンピュータとかあるんやろか、とかしゃべらなあかんのです。これはわからん、と。

　それでは、人間とはどこで考えていると思いますか？　頭ですね。じゃあ、頭と同じコンピュータができたら、これは考えることができるコンピュータができるか。これは世界的に大きなテーマなんです。じゃあ、頭、つまり脳は何でできているのか。これは、脳細胞なんです。それでね、私たちは脳細胞と同じ働きをするトランジスタを作ったんですよ。で、アメリカの学者がそれを脳細胞と同じようにつないでみた。人間は脳で考える、脳は何でできているか、脳細胞です。じゃあ脳細胞と同じようにつないでみた。これで完成です。これで考えることができるコンピュータができる、世界にそれを発表した。で、作った人がそれを動かしてみたら、全然考えなかったのです（笑）。これはアメリカの学会で大問題になりました。私もその場にいたのですが。理論上はですね、同じものができた。同じようにつないだ塊を考えなかった。

　その会議で大問題となり、ものすごくみんなが意見を出し合ったんですが、そこで決定的な答えがひとつあるんです。人間は脳で考えているのではない。心で考えている。その学者はアメリカ人だから mind という言葉を使っていました。それで、心はどこにあるのか。心は何で作られているのか。これが、私たち工学部の人間にはわからなかった。それで、考えることができるコンピュータを作ることを世界中のコンピュータの学者が諦めました。

　それで、ものすごく「心」が気になるなあということで、哲学みたいなものはどうやろ、ということでこの人（志水紀代子さん）がちょうどおりましたので、この人と結婚せなあかん、と（笑）。男と女のコンピュータというものはいまだにできない。これは世界中のコンピュータの学者が認めるところです。女のコンピュータができたら、ジェンダーという言葉も我々が学んだかもわからない。ずいぶん、ワイフには鍛えられました。私はね、料理ができるんです。料理教室に25年通いました。だから、おいしい出汁は何や、ということはわかるんですよ。料理のしかたもベテランです。そういうふうに鍛えられました。

　しかし、今日皆さんにお会いしてびっくりしました。皆さん一人ひとりにオーラがありますね。圧倒されています。

　今、先生がおいでになりましたので、私の話は終わらせていただきます。

　　＊ここで、台風のためご到着が遅れていた竹中先生が到着され、会場が拍手に包まれます。竹中先生には少しお休みいただき、引き続き、参加者の皆さまからのお言葉をいただくこととなりました。

蓑輪　明子さん（名城大学准教授）

　皆さんこんにちは。先生、90歳おめでとうございます。名古屋の名城大学というところで経済学を教えております。私は大学に入学したのが1994（平成6）年で、その頃男女差別裁判が盛んに闘われていました。それらの運動を知るまではフェミニズムや労働運動に関心のない学生だったのですが、男女差別裁判に取り組む人たちと知り合う機会があり、女性労働者が差別是正を求める労働運動があるということを知って、とても感銘を受けました。

　ただ、その頃は、日本の労働市場が大きく変わっていく時期でした。新自由主義的改革が進んで、非正規の人たちがどんどん増えていくなかで、正

規雇用労働者の女性たちが、男女差別是正のために闘っていくだけではなくて、非正規雇用労働者の女性たちのために闘う労働運動を作る必要があると考えまして、私自身も労働運動に関わったり、非正規の女性たちを含む労働問題の研究を志してきました。

ちょうどその頃に、竹中先生の『戦後女子労働史論』を読ませていただき、初めて竹中先生を知った次第です。私は、東京の一橋大学で大学院生時代を過ごしましたので、関西との縁がなく、先生とも直接の面識がないまま、先生のご著書を読んで勉強してきました。私が通っていた一橋大学の教員であった木本喜美子先生が、たまたま私の大学院生時代に竹中理論への批判的提起をされ、家事労働の問題から女性労働を切り離して分析する視点をもつと、女性の労働過程の別の新しいダイナミズムが明らかになるという提起をされていて、そういうことも、どう捉えたらいいのか、つねづね、考えてきました。

木本先生が指摘した新しい視点は、企業の女性活用に関する新しい動きや労働者や経営者のジェンダー意識の労働過程への影響などを浮きぼりにすることができ、個々の労働過程分析でみると大きな有効性を発揮すると感じる一方、労働力の再生産領域を含む資本主義社会全体を分析しようと考えると、女性の労働力化と労働力の世代的日常的再生産やケアという営みとの関係という、竹中先生がこだわられた視座も依然として重要ではないかと私は考えていました。新自由主義的な潮流のなかで、これまでケアをもっぱら担ってきた女性の労働力商品化が進む一方、ケアワークが公的サービス、あるいは商品化されたサービスとなる時代に入って、ケアワークと女性労働のあり方がどう再編されていくのか、両者のつながりを見失わずに把握していく必要があると考え、私自身は竹中先生の方法をつねに意識しながら研究をしてきたように思います。

私が竹中先生と直接、お会いできたのはごく最近で、2014 年に社会政策学会で竹中理論の分科会を設定されて、そのときに伍賀さんと一緒に竹中理論を振り返るという報告をさせていただいたのがきっかけでした。準備会の

際に、初めて先生とお会いしまして、思ったとおり、非常に運動的で、かつお人柄がお優しいのに感動したのを覚えています。私にとっての先輩女性研究者に対しても、私自身に対しても、それぞれの良さを伸ばしてあげようと、鋭く、しかし優しくコメントされておられるのにとても励まされました。今日も、運動と研究の両面で素晴らしい方々の前で、竹中先生のお祝いをでき、感極まっています。

　竹中先生のフェミニズム視点の資本主義理論は、新自由主義あるいは資本主義とどう闘うかという、すぐれて現代的で運動的な関心と格闘に貫かれており、しかも徹底して女性労働者の視点から構築されています。企業社会のなかで、あるいは新自由主義のなかで、差別されている女性たち、歪（ゆが）められているケアの困難をどう解決していくのか。巨大企業の巨大権力が作られてしまった日本的な文脈のなかで、理論を鍛えられたと思います。そのなかで作られた理論は、新自由主義・グローバル化という困難な時代を生きる世代の大きな財産です。私は竹中先生に教えを受けた研究者の1人として、先生が作られた理論の内容はもちろんですが、理論を生み出すときの研究者としての実践的な姿勢を継承していく責任を感じています。

　先生、いつまでもお元気で、私たちの先達として、いつまでも輝いていてください。どうもありがとうございました。

時岡禎一郎さん（ドーン財団元理事長）

　先生、卒寿おめでとうございます。私は2001（平成13）年から2007年までドーンセンターで竹中館長とご一緒に仕事をして、贅沢な時間を過ごしました。ご高名な先生と仕事ができるとは夢にも思っておらず、仕事の合間に館長室にお邪魔して雑談をする時間が大変勉強になりました。それまでは、先生のことをマルクス経済学系の、ゴリゴリの研究者かなとも思っていました。でも、実際はまったく逆で、皆さんご存知のように、非常に柔らかく、心優しい先生で、本当に勉強になったものです。

館長室で30分、40分、たとえば、家事労働について、上野千鶴子さんの理論と竹中理論とはどこが違うのですか、といった話ばかりをした記憶があります。今から考えると個人ゼミナールで、無料で先生の謦咳（けいがい）に接したわけです。先生のお連れ合いである姜在彦先生の著書を私は結構読んでいて、何回か姜先生にもお目にかかれるご縁もできて幸せでした。

ドーンセンターができて、世間的には飛ぶ鳥を落とす勢いにみえたかもしれません。しかし、竹中先生と私が着任した頃から、大阪府の財政難で予算も人も減らされ、厳しい事態に陥っていきます。そこで私は、竹中先生の芯の強さに刺激を受け、「先生に嫌な思いを絶対にさせてはいけない」という思いで頑張ることができたのです。先生が館長を退任されたあと、ご承知の通りの行財政改革で財団は潰されかけましたが、そのときも「竹中先生に恥をかかせてはいかん」と必死になり、この場の皆さん含めてたくさんの方々のご支援をいただいて、今日でも財団は続いております。ただし、場所はドーンセンターから隣の民間ビルに引っ越して、安くはない家賃を払いながらなんとか頑張っております。ここまで生き延びてきたのは、竹中先生の謦咳に接したことがあってこそ、です。まだまだ大変な状況は続きますが、竹中理論を語り継ぐだけでなく、形としても続くことを願っています。

竹中理論は、今でも古くありません。岩波新書の近刊『女性のいない民主主義』といった本を読むにつけ、先生の女性労働論は古くなくて、まだまだ日本はその水準に達していない、と思っています。

先生は、卒寿を迎えられても変わっておられない。お化粧も服装も非常におきれいです。「大人とは、其の赤子の心を失わざる者なり」とは孟子の言葉ですが、若い心を失わない先生は、その言葉どおりです。卒寿から、次は白寿をめざして健やかにお過ごしいただき、我々の心の灯（ともしび）になっていただきたく思います。本当にありがとうございます。

田中美智子（高齢社会をよくする女性の会・大阪）

先生おめでとうございます。先ほど、入ってこられたとき、涙が出てしま

いまして、本当はもっとしゃべれるんですけれど、今日はとてもしゃべれない状態です。先生のお顔を見られるだけで幸せです。皆さんが、学問的なことはすでにおっしゃっていますので、私はそれこそ、心で感じたことだけ申し上げたいと思います。

　普通、学者といいましたら、難しいことをおっしゃる、私が今まで出会ってきた先生方は、とにかく、平たく言ってもいいことを難しくおっしゃる（笑）。それが学者の格づけみたいになっているようなんですけれど、竹中先生は本当にわかりやすい言葉で私たちを導いてくださいまして、私たちでも先生と同じような考えを受け継いでいけるんだなあと感じさせていただけました。高齢になりまして、先生と5つ違いでございますけれど、私もまだ、ずっとボランティア活動も続けておりまして、今、特別養護老人ホームなどを訪問し、皆さまのお気持ちを受け止めるという活動をさせていただいているのも、先生に教わったからだと思っております。

　どうもありがとうございました。今後ともどうぞよろしくお願いいたします。

田代眞朱子（高齢社会をよくする女性の会・大阪）

　皆さんがおっしゃったように、私も先生のお顔を見ただけで涙が出てきてしまいました。台風で交通事情が大変ななか、本当によく来てくださいました。ありがとうございます。

　先ほど時岡さんは、ドーンセンターの館長室で先生の謦咳に接したとおっしゃっていましたが、私の場合は車の中。車でご一緒させていただいて、「先生、助手席に乗ったら、ちゃんとシートベルトして！」と偉そうに指図したりして……（笑）。毎月「高齢社会をよくする女性の会・大阪」の世話人会の帰り、先生が助手席に乗ってくださって、お宅までお送りする30分ほどの間、先生の謦咳に触れるという、個人ゼミのような本当に至福のときでした。

　先生とは「高齢社会をよくする女性の会・大阪」に入会してからのお付き合いです。難しい学問的な面ではなく、先生とは日常的なお付き合いをさせ

ていただいています。

　今、事務局長とご紹介いただきましたが、入会してすぐは広報部、今日も皆さんのお手元にお届けしている会報の編集をしておりました。先生が代表をなさっていた頃は、今のようにメールがない時代でしたので、先生は会報の巻頭言の原稿をいつも FAX で送ってくださっていたのですね。FAX が鳴って、カタカタカタという音を聞きながら、先生が書いてくださる時宜に適った巻頭言を一番に読める、そんな幸せをいつも感じておりました。もう、言い出したら、先生とは本当にいろんな思い出がありすぎて……。

　先生が、「『高齢社会をよくする女性の会・大阪』の代表になって本当によかったと思う、学者仲間だけでなく、普通の女性の視点や考えを知ることができて本当に勉強になった」と、また、私たちの会のことを、「とてもよく頑張っている、レベルを維持して継続することは本当に難しいのよ」とおっしゃってくださって、私は、いつもその言葉を励みに活動を続けてくることができました。本当に感謝・感謝です。

　どうぞお元気でこれからもよろしくお願いいたします。

山上千恵子さん（映画監督）

　ドキュメンタリーを作っている山上千恵子です。竹中さんは私の映画に、2 作品も出ていただきました。今日は本当に、先生、卒寿おめでとうございます。私は 2011（平成 23）年に山川菊栄の『姉妹よ、まずかく疑うことを習え』という作品で、初めて竹中先生にお会いしました。

　それまで、お名前も知っていましたが、私はずっと東京で活動していましたので、直接お会いしたことはそれまでなかったのです。ただ、私も、遅れてきたウーマンリブといわれる世代で、女性のリブの視点、フェミニズムの視点から労働問題をきちんとお話しされる竹中さんは知っていたので、これはぜひ山川菊栄の映画のなかに出てほしいな、と思い、初めて、2011 年にお会いしました。初めてお会いしたときに、まあ、なんて可愛い人なんだろう、と思いました。女性運動をやっていると、どこか、ちょっと肩ひじ張っ

て、というか、ギンギンとしているところがあったりするのですが、竹中先生は原色の綺麗な色のスーツをお召しになって、にこやかに、でも、ものすごく、言われることはきちんと言われるという。すごい人がおられるんだなあと思って、それ以来、すっかりファンになりました。

　それからファンになり、今度は2017年に、『たたかいつづける女たち』という、いわゆる均等法をめぐる当時闘った女たちと、今の女性たちのことを描いて、なぜ、いまだに女たちは闘い続けなければいけないんだろう、ということをテーマに作ったのですが、そのなかでも竹中先生にお世話になりました。ちょうど姜先生がお亡くなりになりになられる前で、お家にうかがったときも、姜先生にも、ちらっとお会いしました。

　それ以来、竹中先生のドラマを、映画を作りたいとずっと思い続けています。今日も、そのひとつとしてうかがったのですけれど、ぜひ、先生を、ハンナ・アーレントの映画のように、『竹中恵美子と11人の女たち』、という映画を作ろうかなと思っております。資金がどうなるのか、なかなか難しいですが。竹中先生の、ふだんあまり聞いたことのないような、たとえば、姜先生とのこと、家庭のこと、それから子どもを育てながら一生懸命論文を書かれていた、そんな生活のことも含めて、まるごと竹中先生のことを描き、女性の歴史として残しておかないといけないな、と。私も80に近くなりましたが、ぜひ映画を撮り終えるぐらいまで生きていてくださいね。
　またお会いしましょうね。今日は本当におめでとうございます。

西野小枝子さん（元高校教諭）

　あるとき、私はドーンセンターで、先生とある方との対談をお聞きしました。
　私は高校教師として、2人の子どもを育てながら、仕事と旧家の長男の嫁として自分が壊れてしまうのではと思うほどに、当時は土曜日も出勤で追い詰められていました。先生のお話をお聞きして、山の上から下界を見下ろし

たときのように、すっと視界が晴れ、しんどくても自分の生き方を突き進んでいこうと思いました。

　先生の理論は、働く女性に取って大きな支えでありました。理論はもちろんですが、先生は豊かで魅力的なとてもチャーミングな女性です。ずっと私の憧れの方です。いつまでもお健やかで、後に続く女性たちにこれからも力をお与えください。

金谷千慧子さん（前 NPO 法人女性と仕事研究所代表）

　「NPO 法人女性と仕事研究所」の代表をしておりました、金谷千慧子と申します。今日は竹中先生にお目にかかれるなんて夢のようなことだと思い、飛んでまいりました。

　私が先生といちばん最初にお目にかかったのは、先生はご存知ないと思いますが、高校生のときで、母親大会の1つの分科会の講師をしておられたときです。働く女性の賃金はなぜ安いのか、という分科会でした。私もちょっとませた高校生だったので、これから先、女の人はずっと働けないらしい、子どもが生まれたら、どうもそこで働き続けられないらしい、という危機感をもっていて、必死になって先生のお話を聴きにいったのを覚えております。

　それからのち、私の人生の目標は竹中先生になりました。大阪市立大学、女性の教授、ベレー帽をかぶった、若々しい目元の優しいお姿でした。私の目標は大阪市大へ行って、竹中先生と同じキャンパスにいることでした。私は法学部だったんですけれど、その後院生のときに、先ほども話題に出しました『現代の婦人問題』（創元社）に、先生がお声をかけてくださって、私にも執筆の機会をくださいました。

　学生結婚だった私は、主婦とは縁遠い存在と思っていたのですが、実際のところは、なんのその、主婦とはなんでこんなに窮屈で、情けない存在なのか、と思っていました。結婚のとき約束した「洗濯は夫の担当」は放置されて、いつの間にか私がするのが当然だという空気でした。そんなことから、主婦って、結婚って、私って、何なのだという気持ちで、「主婦の家事労働

論」について、書かせてもらいました。私が本を書いたのは、そのときが初めてだったんですけれど、よくぞひっぱってくださったと今は思っています。

　その後、私は非常勤講師として「女性学」を30年間担当し続けましたが、私のメインの職業はNPOの活動です。女性が働き続けるために、再就職支援、キャリア支援を30年間やってきました。後のほうは中央大学におりまして、NPO女性と仕事研究所東京事務所と大阪を飛行機で通勤しながら、仕事をまっとうしました。2014年まで働き続けてきたのですが、NPOは次の世代にバトンタッチし、今は油絵を描いています。

　実は油絵の世界も男性中心で、「ぼく描く人、わたし描かれる人」という基本構造があります。ヌードを描いて喜ぶという男性もおります。描き方でも、女性の目線で描く、ニュートラルな視点で観るというのは難しいです。公募展なんかでも、ほとんどが男性の審査員で、なかなか女性画家が増えないというのも実態なんです。そう思いますと、まだまだやなと思います。

　先生には、もう少し私たちにお力を貸していただきたいと思いますし、日本はジェンダーギャップ指数が、2018（平成30）年度は149カ国中110位（2019年度はなんと121位）というレベルで、女性の地位はいまだに発展途上国ですので、今後ともももう少し先生のお力をお借りしたいと思います。NPOという第3セクターにも、新しい、働く女性たちが増えてきています（N女というらしいです）。高学歴、高職歴の女性たちが、NPOこそがこれから伸びていく職場だということで就職先としてNPOを選んでいるようです。労働法や労働問題もNPO関連に広がっていっています。私も微力ながらも努力を続けたいと思っているのですが、竹中先生にも今後とも、日本の女性たちの後押しをさらにしていただけますよう、もうひと頑張り、よろしくお願いいたします。

森屋　裕子（フォーラム　労働・社会政策・ジェンダー／
　　　　　高齢社会をよくする女性の会・大阪）

　先生、おめでとうございます。久しぶりにお目にかかれて嬉しいです。本

当にお元気そうでよかったです。

　私が竹中先生と初めて親しく接しさせていただいたのは、33歳のとき、日本女性学研究会で、「資本主義と家事労働」というシンポジウムを開催したときです。初めて自分が中心的に関わって企画したシンポジウムでした。40年近く前、初めてのシンポを、そのテーマで、竹中先生をお呼びして開催するとは、我ながらすごいなと、よくぞ選択したなと、自画自賛で勝手に思っているのですが……。

　実は、そのシンポは連続シンポの形をとっていて、1カ月後には上野千鶴子さんに同じテーマで講演していただきました。2つの講演がシリーズとして成立したシンポジウムだったわけです。そして、上野さんは、そのあと、『Voice of Women』という日本女性学研究会の機関紙に、ご自分の講演の報告をお書きになりました。上野さんは日本女性学研究会の会員でしたから。それで竹中先生のおっしゃったことも、「先月、竹中先生が……」というような形で書いて、それがたぶん先生の目にとまったと思うんですけれども、ある日突然私のところに竹中先生からお電話がかかってきて、「私はあれは容認できません」と……。電話を受けた本人（私のことですが）は何が起こったのかさっぱりわからなかったんですけれども、とにかく怒ってはりました（笑）。先生は、もうお忘れかと思いますが、今考えると、それが、あの「上野／竹中論争」の始まりだったのかもしれません。そうだとしたら、すごい「歴史的な瞬間」に私は遭遇したんだなって、今となっては、つくづく思います。

　そんなふうに先生からいろいろ教えていただくことが、それからずっと続きました。私の人生に大きな影響を与えてくださったし、歴史的な場面にも遭遇できたし、とっても幸せだったと私は思っています。先生は、いろんなところで私のような立場の人を、たくさん作ってこられたのかなと思います。

　竹中先生についてあと1つのエピソードは、ドーンセンターのときです。竹中先生が館長だった頃、私は「ウィメンズブックストアゆう」というフェミニズム専門書店をドーンセンター1階で経営していました。もう館長を辞められていた頃かと思うのですが、先ほど時岡理事長がおっしゃったよう

な、とんでもない知事が出てきまして、すごい大変だったんですよね。私たちは、「好きやねんドーンセンターの会」という会を作りまして、いろんな方と一緒になって、ドーンセンターを何とか守ろう、財団を守ろうという形で運動しました。パレード（デモ行進）もしました。ドーンセンターから大阪府庁までパレードをしようということで、みんなでドーンセンター1階のパフォーマンススペースに集まって、「行くぞ」というときになったら、竹中先生がすくすくっと、杖をついていらして、「私も参加します」って……。一緒になってパレードに参加してくださいました。そんな思い出もあります。

　学問的なことでは、すごいなと思いながら学ばせていただき、運動のことでは、それから日常的なことでも、仕事のことでも、本当に公私にわたって竹中先生にはお世話になりました。ありがとうございました。

　どうぞ先生、お元気で。今日お目にかかって、入院されていた頃よりもずっとずっとお元気になられたのを拝見して本当に嬉しいです。せひこれからも私たちの灯りになってずっと導いてくださいますように、よろしくお願いいたします。ありがとうございました。

中西　豊子さん（高齢社会をよくする女性の会・京都）

　先生お久しぶりです。本当に今日はおめでとうございます。

　先生といちばん最初にお目にかかったのは、先生が1981（昭和56）年のアメリカ留学からお帰りになって1982、83年の頃だったと思います。先生のお話をぜひお伺いしたいと思って、新聞のお知らせ欄を見て参加させていただいたのです。すごい刺激を受けました。アメリカでのご経験とか、アメリカでの論争とか、あの頃はまだ私は何も知らず、びっくりすることばっかりでした。興味深いお話で、ものすごく印象深かったのです。

　先生が、女性にはめずらしい経済学の研究成果を残されたばかりでなく、女性の活動を支えてくださったこと、感動しながら勉強させていただいたことをありがたく存じております。いろんなご縁があって、ドーンセンターの1階にウィメンズブックストア松香堂を開設していた時代は本当にお世話

になりました。ありがとうございました。先生には心からお礼を申し上げたいことばかりです。いろんなことがありましたけれど、先生はいつも親切で穏やかで。お人柄ですね。私なんかはそこも含めて学びたいと思ってきました。いろいろ女性のお力になっていただいて、本当に何もかもありがとうございました。

どうぞお元気で。まだまだ教えていただきたいことがあります。

堀　あきこ（フォーラム　労働・社会政策・ジェンダー）

堀あきこと申します。竹中先生、おめでとうございます。私は今、お休みしているんですけれども、このフォーラムでスタッフをしています。

竹中先生との出会いは、ドーンセンターで行われていた竹中セミナーが初めてだったと思います。その頃、私は、時岡さんが理事長だったドーンセンターで働いていました。勤務後にセミナーに参加して、会場の熱気や参加者の層の厚さに圧倒されて、「すごい所で働いているんだな」と思った記憶があります。今は大学で非常勤講師としてジェンダーやフェミニズムなどを教えています。ありがたいことに、メディアなどから「ジェンダー、フェミニズムで記事を書いてほしい」といった依頼をもらうんですが、そのときに、〈赤本〉と〈青本〉（『竹中恵美子の女性労働研究50年』、『竹中恵美子が語る労働とジェンダー』）をめくって書くことも多いのです。いつも手元に置いています。よく使わせていただくのが、「運動と理論は車輪の両軸であって、その両方がなければ前に進まない」という竹中先生の言葉です。

もうひとつが「生活経験」という言葉です。生活経験って、あまりほかの方はおっしゃっていないような気がするんですけれども、先生はよく使われるんですね。先生の理論が、本当に、ご自分が経験されてきた生活のなかから生まれてきたものであって、そこから生まれる強さというものをすごく感じています。

竹中先生にインタビューをする機会があって、そのとき、いちばん印象的だったことをお聞きしました。均等法制定のときに、「均等の入り口にも立てない層がいる、その人たちのことを考えていない法律だ」ということを

おっしゃっていたことが気になっていたんです。「どうして竹中先生は大学の先生なのに、『入り口にも立てない層』ばかりをずっと研究されてきたんですか」とお聞きしました。先生は「だって女性って、そういう層を含んでいるじゃない」っていうふうにおっしゃって、それで私は、女性問題を考えるというのは、入り口にも立てない層、見えなくされている層を含むものなんだ、それがあって初めて理論が成り立つんだ、ということが、改めて自分のなかにスッと入ってきて、今も自分のなかにそれがいちばん大きなものとしてあります。

　もう1つ、皆さん、竹中先生がとても穏やかでチャーミングで、というお話をされているんですけれども、私の竹中先生のイメージは「女性たちよ、ハンマーを持て」です。かなり過激な言葉ですよね。「壁はいつも自らハンマーを手にした人たちによって壊されてきた。座して待っていては何も変わりません」とおっしゃる先生のように、にこやかに、そして過激で力強い言葉を使えるように、私もなりたいと思っています。

　ぜひこれからも私たちに発破をかけてください。ありがとうございました。

大久保有香（フォーラム　労働・社会政策・ジェンダー）

　大久保と申します。このフォーラムのスタッフをしています。

　私が大阪市立大学の学生のときに、一般教養科目で「婦人問題論」（注）という講義が始まりました。これはあとになってわかったことですが、この「婦人問題論」は竹中先生が中心になって科目化され、いろんな講師の方々、先ほどお名前の出た上野先生などもお呼びになって、開講されたものでした。ですが、学生の頃の私はまったく興味がなくて……。一般教養科目のなかにはいろんな「問題論」があって、障害者問題論や部落問題論などは受講したのですが、婦人問題論は、「婦人」というのがまずピンとこないというか、自分とつながらなくて、受講しなかったんです。

　で、受講しないまま大学を卒業して、企業に就職をしました。そして企業のなかで働いて初めて、何でこんなに腹が立つんだろうと思うこと、たと

えば、昔なので「女の子がお茶入れてね」から始まって、何かあったら「女の子1人だからこれやってね」「女だからこの仕事はできないよ」とか、いろんなことをいわれる。働くなかでずっとひっかかりがあって、「なんで私、いつもこんなに嫌な思いをするのか。自分勝手なだけなのか」って思いながら、何年も働いてきました。

そんななか、あるきっかけがあって、ドーンセンターの「はなみずきキャリア塾」というセミナーに行ったんです。そこではさまざまな企業で働く女性たちがいろいろな経験を話してくださって、改めて自分だけじゃないんだということがわかって、共感し勇気をもらうことができました。ですが、聞いて勉強するうちにだんだん物足りなくなってきて、そんなときに竹中セミナーが始まるというチラシを、たまたまドーンセンターで見つけました。そのときは、竹中先生が大阪市大の……っていうことすら知らないという、本当に恥ずかしいんですが、そんな状態でセミナーを受けにきまして、ずいぶん遠回りをしましたが、そこで初めて理論の勉強をしました。

最初は、たとえば「労働力の再生産」というような言葉が本当にわからなくて、でもやっとそういうことがちょっとだけわかるようになって、それから、皆さんがお話しされているいろんな問題、賃金の問題も貧困の問題も、今、私が嫌な思いをしていることも、それが全部つながってぐるぐるまわっているんだっていうことが、初めてわかりました。

注　大阪市立大学「婦人問題論」設置について

　大阪市立大学の「女性学」（婦人問題論）講義は、1979（昭和54）年秋にスタートした自主講座開催の運動から始まった。5学部に在籍する13人の女性教員による、「婦人問題講座開催発起人会（以下、「発起人会」と略す）」が、「大阪市大婦人問題講座（自主講座）開催にあたってのよびかけ」として、全学に講義の必要性と開催協力を訴えたのであるが、その発起人会の中心メンバーの1人が、数少ない女性教授であった竹中恵美子先生であった。

　その呼びかけを抜粋すると、「……現在、市大に学ぶ女子学生は全学にひろがり、卒業後も社会の諸分野で活躍する女性が増えつつあります。しかしその一方で、大学の中には、依然として固定的な男女の役割分担意識をもち、女子はいずれ結婚後は家事・育児に専従するものである、という社会通念に支配されている学生も少なくありません。男女問わずすべての学生が、広く『婦人問題』の歴史と現状を知り、真に男女平等の社会を実現する

　やっと勉強を始めたところなので、本当にまだまだなんですけれども、こ
こで出会えている皆さんや先輩方の話をこうしてお伺いしながら、いつも力
をもらっています。

　ただ、今も同じ会社で働いているんですけど、やっぱりうまくいかないこ
とがいっぱいあって、皆さんがとても輝いているのを見ながら、私はどうし
たらいいんだろう、とずっともやもやと思っていた時期があったんですね。
自分に何ができるんだろうと考えても、何もできない、と。

　そんなときに、先ほど堀さんがいわれた「ハンマーを持って、壁を叩き続
ける」という、壊すというところまでいかなくても、それでも叩き続けない
といけないんだっていうのを聞いたときに、「あ、そうか」って。今、自分
ができることを、少しずつでもやっていくことが何かにつながっていくんだ
なあっていうのを、竹中セミナーを通じて、このフォーラムを通じて勉強さ
せていただいて、それからはこれを芯にして、何か自分にできること、小さ
なことでもやっていきたいなということを、いつも思っています。

　そのきっかけをくださったのが竹中先生だと思っていますので、これから
もぜひまた熱い講義を聞かせていただき、勉強させていただけたらと思って
います。

　本日は本当におめでとうございます。

担い手として巣立つこと、特に女子学生諸姉が、女性の生き方などに関して確かな自覚を
もつことは必要不可欠な課題であると思います。……」と記載されている。
　このような課題認識から、発起人会は、1979年に第1回の連続自主講座を、また翌
1980年には2回目を開催。これと並行して、学生たちもまた独自に大学へ「婦人問題論」
開講に向けて努力することなどを要求していったことにより、1981年から自主講座は大
学公認の講座に格上げとなった。
　続く1982年から1984年の間は無単位のまま正規の授業として認可され、1985年にやっ
と正規の講義として一般教育科目「婦人問題論」（現「女性学」）が設置されることとなっ
たのである。
（大阪市立大学『人権問題研究』1号　2001，29〜38頁　大阪市立大学における「女性学」
の歴史　岩堂美智子より　＊要約：フォーラム　労働・社会政策・ジェンダー）

司会（吉年千寿子）

　今、この竹中先生の年譜をみていましたら、1949（昭和24）年に大阪府
女子専門学校（女専）、その後の女子大学ですが、卒業なさっています。私、
その年に生まれてるんですね。私も大阪女子大学の社会福祉学科で学ばせて
いただきまして、卒業したのが1971年です。そのときからすぐに結婚して
しまいまして、28年間専業主婦できたわけですね。そしてその20年前に、
富田林市の市議会議員の選挙があって立候補しまして、そのときに竹中先生
にメッセージをいただきまして、「がんばれ」と。「草の根の立場でやりなさ
い」と背中を押していただきまして、そして今21年目です。

　竹中先生、お元気で今日はよくいらしてくださいました。本当におめでと
うございます。

竹中恵美子先生

　皆さんのお話を伺っていて、私がしっかりしていたのではなくて、むしろ
皆さんに励まされて、自分自身をつねに励ましながらここまで来たと思うと
ころです。今日は、私はあまり話すつもりで来てなかったので、何の準備も
ないんですけれど、とにかく私は自分の人生を振り返ってみてですね、やっ
ぱりこのドーンセンターでいろいろ話をさせていただいたり、皆さんとお付
き合いしてきた、というのは私の人生の宝だ、と思ってます。私自身にとっ
ての、自分で何をしたかなと思えるのは、ここでの生活、活動があったから
だと、本当に思います。

　で、大学ではそれなりに理論で話をしておりましたけれども、私がエネル
ギーや活力をいただいたのはここでの生活だったと思ってるんですね。本当
に感謝の気持ちでいっぱいです。皆さんと討論して、それからいろいろ活動
も、一緒にしたということが大きなエネルギーになったと。

　たとえば、府政のやり方だとか、ドーンセンターに対するいろんな仕打ち
もありましたですね。涙を流さんばかりに怒りくるったりしてたんですけ
ど、外へ出てデモをしようというときに、外で座って寝転んでハンストしよ
うかと思ったぐらい、自分でも感情が激しいなあと思ったんですけれど。そ

ういうところがあって、私自身がここで育てていただいたって思っているんです。

　それまで岐阜県におりましてね、それから府専のとき大阪に出て来て、その当時は学生運動をやってましたから、大阪府女専時代は、全学連運動などを。それから、実際に大阪市大に入って、いよいよ社会で活動する段階になって、私を育ててくれたというのはこのドーンセンターなどで皆さんと一緒に活動したことが原動力になったということで、感謝したいと思っています。私自身は、偉そうなことはいえないですが、いろいろ弱いところがいっぱいあると思うんですけど、実はまわりにいる人がけしかけてくれたんだと思うんですよ。そういうことで、やっぱり言い出した限りは、やらないといけない、ということがあって、意地でも頑張ろうと思ったりしてきたのが実情だと思うんです。振り返ってみて、この自分の人生を顧みて、本当に良かったというふうに思います。

　たいしたことを残せたものはないかもしれませんが、皆さんとのふれあい、泣いたりわめいたりしたこと、本当に悔しくて、思いつめて、ドーンセンターの屋上から飛び降りようかと思ったこともあるくらいです。そんな馬鹿なことをしなくてよかったと思いますけど。だけど、当時は若かったんでしょうね。悲痛な思いもありますし、皆さんがいてくださったから頑張れたのだと思います。運動できたということが、私の人生を豊かなものにしてくれたし、自分でもよくここまでできたと思える人生でした。そういうなかで支えてもらったのは結局皆さんです。活動をして、大阪の地で、何とか頑張ってきたということは、幸せなことだと、今、本当にそう思っています。でもちょっと、今は淋しいですね。ドーンに入ってきて、壁を見ながら、薄暗く活気がないことが何とも気がかりなことなんですけど、いろんな時代の流れのなかで、いろんな苦難を耐えているんだろうとは思いますが、やっぱり頑張っていてほしいと思うし、私もおよばずながら力になれたらと思っております。

　今日はここへ来て、皆さんとお会いできたのは、本当に嬉しい限りです。懐かしいお顔を見て。私自身は、肉体的にはガタガタになってしまったんですけれど、でも、ここに来てみて、かつての賑わいだけでなく、実際皆さん

に会ってみて、この活動をしてきたということが大きな財産、宝だったと思います。ありがとうございます。お会いできて、本当にありがたいことだと思っております。

　皆さんとの絆というものは一生忘れることができないし、皆さんとともに、何か事があれば一緒に頑張りたいと思います。これからも、およばずながら私もできることがあったら、何とか、私の命ある限り、力になって、ご一緒させていただきたいと思ってますので、どうぞ、呼び出してください。

伍賀　偕子（フォーラム 労働・社会政策・ジェンダー／高齢社会をよくする女性の会・大阪）

　閉会のあいさつとなってしまいましたが、ご挨拶は司会の方にしていただくとしまして、今回の企画についてひとこと。実は、竹中先生が体調不良のために、東京に行ってしまわれたということに、もう、はっきり言って悔しくて、皆さんもそうだと思います。大原社会問題研究所が大阪から東京に移っていった、大原社研を東京に行かせたのは大阪の恥だというのは、当時の常識になっていたのではないかと思うんですけど、竹中先生が東京にいかれた、いろんな体力的なこととか、ご事情がおありだとは思うんですが、やっぱり、関西の竹中先生を、とりもどしたい、と私は思いました。で、何とか、来ていただく企画、ということで、先ほど谷合さんがおっしゃいましたが、明日の、姜在彦先生の「大阪社会運動顕彰塔」への顕彰、この準備をして、先生の卒寿記念フォーラムの２つを重ねたら、必ず東京のご家族や皆さまがたも理解していただけるだろうと思って、この機会に、大阪の竹中恵美子、関西の竹中恵美子をとりもどそう、ということで企画しました。

　台風は、頭のなかになかったんですが、結果的には、すごく先生をやきもきさせて、昨日、一昨日も電話とメールで、帰阪できるかどうか、というやりとりで、大変ご苦労、ストレスをかけてしまいました。でも、今日開催できて良かったなあ、と思いました。皆さんのお話の、「竹中先生との出会い」、というのを全部メモしましたし、ビデオも、テープもあります。必ずこれを世の中に出したいと思っています。

　今、言えば実行しなければいけないことになりますが、1つは、さっき山上監督が言われた、「竹中恵美子と11人の女たち」、11人よりもみんなもっともっとたくさんいらっしゃいますが、そのドキュメンタリーの成功のために一緒にやりたいことと、もう1つは、『竹中恵美子の女性労働研究50年』、この本を先生と一緒に、私たち大阪総評の女性運動を領導してきた「関西女の労働問題研究会」とが作ったのですが、先生のご要望としては、この後をきっちり記録として残したいと言われています。この本のあと、立派な『竹中恵美子著作集』が出ましたでしょう。

　それから、さっき松野尾先生がおっしゃってくださいましたが、『日本における女性と経済学　1910年代の黎明期から現代へ』という本で、黎明期からの女性経済学者が取り上げられていますが、戦後の女性経済学者としてスポットを当てて、主題になっているのは竹中先生なんです。男性主導の経済学のなかで、竹中恵美子先生がなされた変革の役割、それが見事に書かれています。著作集が出て、この本が出て、今日は来られなかったことは大変残念ですが、北明美さんが大原社会問題研究所の雑誌に、「竹中恵美子著作集（全7巻）を読む」という論文を見事に書かれています。それも、大原社研の雑誌だけでなく、広く共有したいと思っています。これらだけでなく、社会政策学会で「竹中理論の諸相」という分科会が2回も設定されて、竹中理論の意義を研究する作業が重ねられてきました。

　今日、先生を大阪にとりもどした、これをきっかけに、まだまだ、私たち関西の女たちのネットワークを、自己満足ではなく、次世代に継承するために、記録化し、映画化し、ということをこれからやっていきたいと思います。

　先生、110歳まで頑張ってください。先生は今日これからお泊まりになって、明日の姜在彦先生の「大阪社会運動顕彰塔」の顕彰式に出られます。

竹中恵美子卒寿記念フォーラム（2019.10.13　撮影・植本眞砂子）

〈卒寿記念フォーラムに寄せられたメッセージ〉

尾辻かな子さん（衆議院議員）

　女性労働研究を推進してこられた竹中先生が卒寿を迎えられたことをお祝いするとともに、竹中恵美子先生から得たものを語り継ぐフォーラムの開催を心からお慶び申し上げます。多様性を認め合う多文化共生社会の実現に向け、わたくし尾辻かな子は国会で奮闘していきたいと考えています。竹中先生とご参会の皆さまのご多幸をお祈り申し上げます。

井上　輝子さん（山川菊栄記念会代表　和光大学名誉教授）

　このたび、竹中恵美子さんが、卒寿をお迎えになる由、お慶び申し上げます。

　竹中恵美子著作集 全7巻の出版が、2013年に完結するなど、竹中さんは、現代日本のマルクス主義フェミニズム経済学の第一人者として、多くの業績を残されてきたことは、衆目の一致するところだと思います。

　一方で、竹中さんは、山川菊栄記念会の主要メンバーのお1人でもあります。山川菊栄記念会は、山川菊栄が死去した翌年1981年に設立され、以後2014年度まで毎年、その年度に出版された、女性問題に関する地道な研究・調査等に、「山川菊栄記念婦人問題研究奨励金」（通称 山川菊栄賞）を贈呈してきました。竹中さんは、当初から、選考委員として、山川菊栄記念会に関わってこられました。

　また、記念会では、山川菊栄生誕100年、110年、120年の節目に、記念事業を行ってきましたが、竹中さんは、講師をお引き受けくださるなど、毎回記念事業を中心的に担ってくださいました。さらに、2010年に映画『山川菊栄の思想と活動　姉妹よ、まずかく疑うことを習え』を製作した折には、要所要所で、貴重な発言をしてくださり、山川菊栄の現代的意義を、明快に整理し、わかりやすく、若い世代に伝える役割を果たしてくださいました。本日のお祝いの会の会場でもあるドーンセンターで、竹中さんが講演されているシーンが、映画の最後を飾っていたことを、ご記憶の方も多いと思います。このように、30年以上にわたり、山川菊栄記念会の活動をリードしてくださった竹中さんに、深くお礼を申し上げます。

　山川菊栄賞は2014年度で終了しましたが、記念会は閉会したわけではなく、神奈川県立図書館の山川菊栄文庫等、関連資料の整理、写真データ等の提供などの活動に加えて、山川関連の未発掘資料並びに、最近増えつつある山川研究文献の収集などを継続しております。また、菊栄生誕130周年に当たる来年2020年には、山川菊栄研究の新展開に向

けて、何らかのイベントが開催できないかと模索しているところです。

　竹中さんの今後のますますのご活躍を期待するとともに、山川菊栄記念会に対しても、なにかとご助言等賜りたく、お願いする次第です。今日のお祝いの会の盛会を、心からお祈りいたします。

伊藤　セツさん（昭和女子大学名誉教授）

　竹中恵美子先生

　卒寿をお迎えとのこと、本当におめでとうございます。

　先生と初めてお目にかかったのは、私が大学院生の頃、北大で社会政策学会が開かれ、受付を手伝っていたときでした。あのときは、クラーラ・ツェトキーン研究の駆け出しでした。

　新川士郎先生や荒又重雄先輩に、学会の5本の指に入る女性研究者がおみえになるから、ご挨拶するようにと言われ、緊張してお待ちしていたのを思い出します。

　もう50年以上も前のことになります。

　先生は、そのときも今も、私にとって社会政策学会でもっとも尊敬する女性研究者です。

　どうぞお元気でずっと、後輩をお導きください。お目にかかりたいと思います。

　以下のお2人は、いこ☆る（働く女性の人権センター）MLに卒寿記念フォーラムの案内が掲載されたのを見て、投稿されたメッセージです。ご了解を得て共有します。

柴山恵美子さん（女性労働研究家）

　竹中恵美子先生

　90歳の卒寿おめでとうございます。

　さらに、女性解放理論と実践の発展のために生涯を捧げられた竹中先

生の献身と貢献に、心から敬意を表します。

　第2次世界大戦後、私たちの世代は、平和と女性解放のために理論構築とその実現のために連帯して行動を続けてきました。

　けれども、経済大国になった現実の日本は、経済発展の恩恵をほとんど女性に還元せず、世界の差別大国になっております。

　時代は、竹中先生に続く理論的、実践的発展を若い世代に求めています。

　世代間連帯の発展を信じて、お祝いの言葉を送らせていただきます。

竹信三恵子さん（ジャーナリスト、和光大学名誉教授）

竹中先生

　卒寿、おめでとうございます。大学時代に竹中先生のご著書を拝読し、目からうろこだった私です。その後の記者活動の方向性は、そのときに固まったといっても過言ではありません。以後は勝手に「弟子」を自任してきました。

　今は、労働基本権つぶしの総決算ともいわれる関西生コン事件、公務員の非正規化の合法化（マタハラの合法化ともなりうるものです）ともみられる会計年度任用職員問題の対応に追われ、そのほか「働き方改革」関係の危なさ満載の法制やハラスメント関係法の指針案など問題山積で、お祝いの会のご案内も見落とすありさまで、大変失礼しました。

　柴山さんのご投稿を拝見し、あっと思い、遅ればせながらお祝いのメールを差し上げました。

　本当に、ありがとうございました。

（文責＝フォーラム　労働・社会政策・ジェンダー
　　　担当：　荒木菜穂、植本眞砂子、大久保有香）

第Ⅱ部

第二波フェミニズムと女性労働研究の到達点

第2章
*
第二波フェミニズムの登場とそのインパクト
——女性労働研究の到達点

竹中恵美子（大阪市立大学名誉教授）

はじめに
——生産と社会的再生産の経済学を拓く

　第一波フェミニズムが、女性の参政権獲得を中心とした法的解放運動に特徴をもったとすれば、第二波フェミニズムは、社会における性役割（gender role）を問い直し、社会システムの改革をめざすという点に大きな特徴をもつ。こうした点からみると、1970年代以降のフェミニズム運動は、まさに個人と既存の諸組織との関連構造に対する異議申し立てであった。第二波フェミニズムがつきつけた最大の問題は、何よりも、自由と平等原理が、結局は不平等を生み出してしまう近代市民社会そのものへの告発であったといえる。労働による所有＝人格の独立の原理も、所詮それがあてはまるのは、家族という従者をしたがえた男性のものでしかなかったからである。
　市場原理を解明する経済学は、資本主義経済の解剖を行ったが、その経済を成り立たせている市民社会の全般を解剖するにはいたらなかった。むしろ、市場以外の領域を非市場として考察の外に追いやり、不問に付すか、軽視してきた。つまり、ペイド・ワーク（PW：有償労働）の対極にある膨大なアンペイド・ワーク（UPW：無償労働——従来の拙論文ではUWと略称してきたが、今後はUPWとする）の領域は、経済学の対象外に置かれてきたのである。そして、この領域をもっぱら担う女性たちは、先進国では家族のなかの生命再生産のためのシャドウ・ワークを主形態とし、途上国では自給生産のサブシステンス労働として、その非市場的位置づけのゆえに、大きな社会的役割を担いながら無視され続けてきたのである。しかし実は、もと

もと資本主義経済は、この UPW を自らの存立の基礎として花開いたもので
ある。そのうえで、資本主義が PW と UPW のアンフェアな性別振り分けと
いう家父長制構造を包摂していることをつきつけ、これを無視してきた経済
学の枠組みに異議申し立てをした 1970 年代フェミニズムの隆盛は、既存の
学問体系への果敢な闘争宣言であったといえるであろう。

　そこで本章では、第1節の1で、1970 年代マルクス主義フェミニズムの
問題提起、すなわち、階級支配と性支配の関連性を説き、続く2では、ジェ
ンダーによる経済学批判に立つ 1992 年成立の「フェミニスト経済学国際学
会」（IAFFE）の、理論的革新とはいかなる点にあったのかを明らかにし、
3では、経済のグローバル化に伴う「労働力の女性化」の実態を明らかにす
る。そして第Ⅱ節と第Ⅲ節では、それらの理論的革新は、世界的運動として
どのように展開されたのか、また、第3節で 20 世紀型福祉国家から 21 世紀
型福祉国家に向けて、何が変わらねばならなかったのかを解明する。最後の
第Ⅳ節では、国際的流れとの対比で、日本がたどってきた軌跡とその問題点
を明らかにし、日本の当面する課題とは何かについて論じたいと思う。

第Ⅰ節　ジェンダーによる経済学批判

1　1970 年代マルクス主義フェミニズムの問題提起
　　──階級支配と性支配の関連性

　1960 年代の先進資本主義国におけるフェミニズム運動は、高度経済成長
と技術革新に対する近代主義批判を思想的背景として台頭したものである。
その思想の系譜は多様であるが、マルクス主義フェミニズムは、直接的には
1960 年代半ば、マルクス主義に対するアンチ・テーゼとして起こってきた
ラディカル・フェミニズムに対する批判として登場した。

　その特徴は、階級支配一元論に立つマルクス主義とは異なり、階級支配と
性支配の弁証法的二元論に立つ点にある[1]。その意味で、「マルクス主義フェ

1) マルクス主義フェミニズム・グループの研究活動は、1970 年に創立されたイギリス
　「社会主義経済学者学会」（Conference of Socialist Economists──CSE）を中心に行わ

ミニズムが女子労働研究に貢献した第一の点は、古典派以来の経済学が、社会の基本単位となっている『家族』というカテゴリーを、理論体系に内蔵してこなかったことに対する批判的分析を示したことである」[2]。たとえば、V. ビーチ（Veronica Beechey）は、「女性の賃労働の分析は、（中略）女性の賃労働の位置の特殊性を規定する家族に関する分析と、労働過程に関する分析を統合しなければならない」[3] と述べたが、A. クーン（Annette Kuhn）や A. ウォルプ（AnnMarie Wolpe）、J. ガーディナー（Jean Gardiner）は、マルクス主義者の階級分析のやり方は、女性の男性への依存関係が理論的にも政治的にも提起している問題点を何一つ取り上げていない、と批判した[4]。さらに、H. ハートマン（Heidi Hartmann）は、マルクス主義フェミニズムの理論的貢献として、労働組合のセクシズムを挙げている[5]。

　拙稿ではこうしたマルクス主義フェミニズムの問題提起を受けて、「女子労働論の再構成」のなかで次のように述べた。「まず女子労働の特殊理論的性格を明らかにするためには（ただし、このことは男性労働が一般理論であることを意味しない——筆者注）、女性を市場経済領域と直接的生命生産領域を包摂する賃労働の再生産のトータルな構造のなかに位置づけて分析することが不可欠である。つまり雇用における性別分業の究極的原因は、労働市場の成立そのものが、労働力の直接的生産単位としての家族を内的存在条件とし、労働力の再生産労働（家事労働）を女性の排他的機能とする性別分業を内包した労働力商品化体制に基礎をおいている点にある」[6] とした。

　なお、マルクス主義フェミニストを自称する上野千鶴子の代表的著作は、『家父長制と資本制——マルクス主義フェミニズムの地平』であるが、そこ

れており、CSE の定期刊行雑誌 *New Left Review*、*Bulletin of CSE* のほか、*Socialist Review*、*Review of Radical Political Economics*、*Capital and Class* などの誌上で活発な論争が行われてきた。竹中（2012-b）52 頁を参照。

2）竹中（2012-b）26 頁。

3）Beechey（1978）195 頁、上野ほか訳（1984）174 頁を参照。

4）Kuhn and Wolpe（1978）8 頁、上野ほか訳（1984）9 頁を参照。 Gardiner（1977）158 頁、大橋・小川ほか訳（1979）238 頁を参照。

5）Hartmann（1983）223 頁、竹中（2012-b）28 頁を参照。

6）竹中（2012-b）49 ～ 50 頁。

では、階級支配と性支配を独立の変数とみなし、相互の関係の固有な歴史的
形態を解明しようとする点に特徴がある。その点では、拙稿が家父長制の物
質的基盤を労働力商品化体制（労働力の再生産を家族のなかで女性の無償労
働に割り当てていること）におく点で、見解を異にしている。私は拙著『著
作集Ⅶ』の「あとがき」で次のように述べた。

　「まず生産様式に結びつかない自立した家父長制なるものは存在しないこ
と、したがって、家父長制資本主義を成立させる物質的基盤とは、資本制生
産様式が労働力の再生産を女性の無償の家事労働に委ねる労働力商品化体制
として組織している点にあるとした。労働力商品の特殊性は、生きた人間と
不可分離であり、その生産が非市場領域である家族の中の無償労働によって
再生産される点にある……。経済学がもっぱら市場経済を分析の対象として
捨象してきた非市場の人間関係に目を向け、（財、サービスの）生産と（人
間の）再生産をトータルに捉えた上で、性抑圧の物質的基盤を明らかにした
のが MF の特質であることを論じた」[7] と。

　もとより労働力商品化体制は、資本蓄積体制の変化のなかで変容を余儀な
くされてきた。それはどのような過程をたどってきたのか、そして、いま解
明すべき課題とは何かについて、論議が今日に引き継がれている [8]。

2　1990 年代「フェミニスト経済学国際学会（IAFFE）」
　　成立とその意義

　1960 年代からのいわゆる「第二波フェミニズム」は、学問の領域にもさ
まざまな問い直しを生み出してきた。山森亮が指摘しているように、「フェ
ミニスト経済学」が公然と姿を現したのは 1990 年代に入ってからである。
「1989 年のアメリカ経済学会と（アメリカ）南部経済学会で初めてフェミニ
スト理論と主流派経済学の関係についての議論がもたれ、それと翌 1990 年
の（アメリカ）中西部経済学会での会議をもとに出版されたのが『経済人
（男）を超えて：フェミニスト理論と経済学』であった。これがフェミニス

7）竹中（2011-a）326 頁を参照。
8）詳しくは、竹中（2011-b）を参照されたい。

ト経済学の最初の出版物で、ヨーロッパでは 1993 年にアムステルダムで会議『周辺から飛び出して：経済理論のフェミニスト的視角』が開かれ、その内容も出版された（中略）。この間 1992 年に「フェミニスト経済学国際学会（International Association for Feminist Economics, IAFFE）」が設立され、第一回国際会議が開かれた。1995 年には学会誌『フェミニスト経済学（Feminist Economics）』が創刊された」[9]。ただし本学会は、それぞれの学派出身者で構成されたアソシエーション（連合体）で、ジェンダー視点を共通の基盤としたゆるやかな広がりをもつ点に特徴がある[10]。

そこで以下では、フェミニスト経済学の展開と革新とは何であったかについて、（1）家事労働の発見（UPW として概念化）、（2）主流派経済学の仮説（エコノミック・マン）批判、（3）経済学厚生におけるケア役割の重視（A. センの所論との結合）、の 3 点を中心に、ジェンダー視点から何が批判され、何が問い直されたのかについて述べることとしたい。

（1）家事労働の発見（UPW として概念化）

第 1 の特徴は、家事労働を無償労働（UPW）として概念化したことである。近代経済学であれ、マルクス主義経済学であれ、従来の経済学の分析の射程は、市場領域であり、市場労働であった。市場外の活動は、経済活動の外側にあるものとして捨象ないしは無視され、したがって、女性の経験は公然と無視されてきたといえる。

それは 20 世紀に発展した国民国家が、人間活動の第 1 目標を、財やサービスの増大という GNP 至上主義に置いてきたことと大きく関わっている。

---

9) 山森（2002）83 ～ 84 頁を参照。

10) なおフェミニスト経済学の研究活動の概要を知るには、本格的な解説書として、Peterson and Lewis eds.（1999）が有益である。またフェミニスト経済学研究が 1990 年代半ばから、①ミクロレベル、②メゾレベル（集団組織内部レベル）、③マクロレベル（マクロ経済へのジェンダー分析）、④グローバルレベル（グローバル化へのジェンダー分析）、へと発展してきた歴史的歩みを知るには、足立（2013）51 ～ 81 頁が参考になる。なお、「日本フェミニスト経済学会（The Japan Association for Feminist Economics—JAFFE）」は 2004 年に立ち上げたフォーラムを前身に、2008 年に創設された。

しかしこうした労働概念の狭さは、単に概念が広い狭いの量的問題だけではなく、実は資本制経済システムそれ自体が抱え込んでいる家父長制を、社会的に眼にみえないものにしてしまうという、質的問題をもはらんでいる。その点で、（人間の）再生産に関わる活動に労働概念を与え、これを UPW と定義したことは、1970 年代以降のフェミニズムの最大の功績といってよいであろう[11]。

　この点で注目されるのが、V. ビーチの労働概念の再定義である。彼女は第 1 に、既存の経済概念を PW と UPW を含む領域概念として再構成した。第 2 には、経済決定論的な分析方法を排して、A. スコット（Alison Scott）などの「『純粋に経済的な諸要因』が、（中略）政治的イデオロギー的諸要因によって修正される」[12] という、歴史・人類学的分析を導入し、生産・再生産領域における社会的アクターとしての国家・企業・労働組合などのジェンダー・ビヘイビアと、その歴史分析の重要性を強調した。つまりビーチは、「社会的再生産」という概念それ自体が、まさに政治的イデオロギー諸道程を充分に考慮すべきだとする彼女の方法論的把握に基づいている。そして第 3 に、「社会的再生産」は家族の分析に限定されるものではなく、パブリック・セクターの福祉領域をも含むものとして捉えられ、「さまざまな種類の労働の、公的領域と私的領域への割当てが、どのようにしてジェンダー関係と結びつけられているのか」[13] を分析することに、大きな関心を寄せた。こうした視角は、ジェンダー視点からの福祉体制の類型分析に大きく寄与することになったといえるであろう。

11）たとえば、G. ベッカー（Gary S. Becker）に代表される「新・家庭経済学（New Home Economics）」は、すでに 1960 年代にブラック・ボックス化されていた家族や世帯の領域を、経済学に組み入れる試みを行ってきたが、それは主流派経済学の基礎概念を、単に非市場領域にまで拡張していたに過ぎない。つまり、合理的経済人の家庭への拡張でしかなかった。Becker（1981）を参照。

　　また、イタリアの女性解放運動「ロッタ・フェミニスタ（Lotta Femminista）」の「家事労働に賃金を」のスローガンに立脚した論文も、これを契機としてマルクス主義フェミニストたちによって議論されたが、経済学の主流にはほとんど影響を与えなかったという。山森（2002）82 ～ 83 頁を参照。

12）Beechey（1988）50 頁、安川訳（1992）158 頁を参照。

13）*Ibid.* 59 頁、安川訳（1992）170 頁を参照。

（2）主流派経済学の仮説（エコノミック・マン）批判

　第2の特徴は、主流派経済学の依って立つ「合理的経済人」モデルと「方法的個人主義」に対して、ジェンダー視点から厳しく批判したことである。

　「合理的経済人」モデル批判を説くJ. ネルソン（Julie A. Nelson）によれば、"エコノミック・マン"とは、①他人の助けを何ら必要としない自立的な存在であり、②自分自身以外の誰にも責任をもたない分離独立した自己であり、③「家族」や「共同集団」もなく、④子ども時代も老年時代もない、したがって、家族や共同体という非市場領域がすべて「ブラック・ボックス」とされた存在である [14]。つまるところ、「合理的経済人モデル」とは、家族や共同体における再生産労働から切り離された「ケアレス・マン・モデル」にほかならない。したがって、フェミニスト経済学にとっての基本的課題は、「ブラック・ボックス」として扱われてきた「家族や世帯の再生産労働であるケア労働を、どのように経済学の対象に組み入れるのかが最大のテーマ」[15] とならざるを得ない。

（3）経済的厚生におけるケア役割の重視（A. Sen の所論との結合）

　第3の特徴は、「ブラック・ボックス」を開けるにあたって、A. セン（Amartya Sen）[16] の「世帯経済（Household Economics）」論と、その「協力的対立（Cooperative Conflicts）」論が、大きく寄与することになったことである。A. センは、家族や世帯内を規定している社会関係を「協力的対立の関係」として特徴づけている。したがって、家族や世帯内のジェンダー対立は、もっぱら経済的利害が衝突する階級対立とは異なるとする。つまり、人間の再生産のための労働は、貨幣によって媒介されない必要（ニーズ）を満たすものであり、とりわけコミットメントや責任が深く関わるケアは、経済的福祉を増大させるものであると考える。

14）Nelson（1996）cf. 30 ～ 31 頁。

15）久場（2002）32 頁を参照。

16）A. センには、経済学における倫理学的研究（福祉の経済学）を含め、多くの業績がある。1998 年度ノーベル経済学賞を受賞。また、フェミニスト経済学国際学会（IAFFE）設立のメンバーであり、今日までその学会誌編集メンバーの1人である。主要文献については、参考文献を参照されたい。

　こうした考え方を共有するフェミニスト経済学においては、男性ならびに女性は、有償労働とともに、家族や世帯の内部における「ケアへの権利」や「ケアの責任」をもつ存在である。したがって、フェミニスト経済学の政策では、「ケア労働の平等な配分」と、「それを可能とするための経済的資源（時間と貨幣）の社会的再配分が要請される」[17] こととなる。つまり、フェミニスト経済学の革新は、単なる「生産経済学」ではなく、「生産と社会的再生産（＝人間の再生産）」をトータルに捉えた点にある。

　以上述べてきた現代フェミニズムの 3 つの主張は、ジェンダー平等社会の実現のための戦略的道筋、その理論と運動を拓くものになったといえるであろう。

3　経済のグローバル化に伴う「労働力の女性化」の実態

　周知のように、資本主義経済は 2 度の石油危機に見舞われた 1970 年代を通して、それまでの高度経済成長を支えてきた好循環はその歩みを止め、低成長の時代に転換する。以来、先進諸国はより大規模な経済のグローバル化を進める一方、新しい賃労働関係の形成によって、高度経済成長に代わる新しい蓄積体制と成長モデルを模索してきた。では、この過程を通してドラステイックに進んだ「労働力の女性化」は、どのような結果をもたらしたのであろうか。「労働力の女性化」とは、基本的にいえば、総労働力人口に占める女性労働力人口の割合の増加を意味するが、そこで明らかになった実像とは何であったのか。

　J. ジェンソン、E. ハーゲン、C. レディ編の『労働力の女性化』は、1986年にハーバード大学で開かれた先進 7 カ国（イギリス、カナダ、フランス、西ドイツ、イタリア、スウェーデン、アメリカ）の女性労働の現状に関する国際会議の記録である [18]。そのなかで、I. バッカー（Isabella Bakker）は、

17）久場（2002）48 ～ 49 頁を参照。
18）竹中・久場（1994）6 ～ 9 頁を参照。この共編著は、女性労働を基本的な資本蓄積過程に位置づけるとともに、その過程は、生産と（人間の）再生産の両領域を含む社会・経済システムのトータルな構造変化に結びつくこと、かつその変化は、社会的アクター

OECD 諸国に共通する労働力の女性化の指標として、次の4点を挙げている。第1は、男性を上回る女性の労働力率の上昇。第2は、1973年以降の際立った女性パートタイマーの増大。第3は、女性の失業率が男性のそれを上回る傾向にあること。第4は、性別職務分離が依然として大きいことである。ではこの労働力の女性化をめぐる分析結果を、フェミニスト経済学者はどう分析したのか。

アメリカのフェミニストであるC.ブラウン（Carol Brown）は、1970年代後半以降のアメリカを、社会のあらゆる領域においてジェンダー関係が根本的かつ長期的に変化していった画期として、公的家父長制は、職種分離や労働市場における性別分業、あるいは女性の低賃金雇用という形をとって、女性と男性を社会的に異なる階層として位置づける企業や国家の行動様式の結果としてあらわれていると述べた[19]。またH.ハートマンも、人的サービスは多様な形態の人間の再生産労働を含んでおり、かつ女性が私的な家父長制家族のなかで担っている労働に深く関わっているが、それは企業によって新たに組織され、そのことが女性職をめぐる多様な低賃金職種を生み、女性職をめぐる労働市場の分断、つまり、ジェンダーの階層的関係が形成されている、と論じた[20]。一方イギリスでは、S.ウォルビー（Sylvia Walby）やV.ビーチが、雇用労働への女性の統合は、フルタイムの女性労働を増大させたのではなく、主婦のパートタイム労働を増大させ、労働過程と労働市場にジェンダー関係が形成され、再編されたと主張した。

他方、ドイツのフェミニスト、C.ヴェールホーフ（Claudia von Werlhof）、V.ベンフォルト＝トムゼン（Veronika Bennholdt-Thomsen）、M.ミース（Maria Mies）は、アメリカやイギリスのフェミニストたちとは異なって、雇用の女性化を、何よりも経済のグローバル化という今日の資本主義の新しい展開のなかに位置づけた[21]。そしてヴェールホーフ

として、国家・企業・労働組合そして家族などのビヘイビアを媒介とし、展開するものとして捉え、その理論的整理とともに現状分析を行ったものである。

19) 久場（1994）295 〜 297 頁を参照。

20) 久場（1994）298 頁を参照。

21) Bennholdt=Thomsen (1988) cf. 162 頁、吉田・善本訳（1995）。竹中・久場（1994）305 頁を参照。Mies (1986)、奥田訳（1997）も参照されたい。

たちは、世界的規模で進む資本の新しい蓄積過程に統合される女性労働を「不自由な賃労働（unfree wage labour）」、あるいは、「賃労働の主婦化（housewifezation）」、「賃労働の風化」と呼んだ[22]。

　もとより、労働力の女性化は各国一様ではなく、それぞれの特質をもつ。日本については、拙論「変貌する経済と労働力の女性化—その日本的特質」[23] で論じているので参照願いたいが、1970 年代以降のフェミニズム経済学の視点から「労働力の女性化」の特質を総括した久場嬉子は、次のように述べている。「いずれにしても資本は、家族領域で、自らのはもとより家族の労働力の再生産労働をも無償で担うこのような『労働リザーブ』を創出することによって、なによりも労働力の再生産費用を『外部化』（非資本制的領域にゆだね、節約）し、それを蓄積の基盤とすることができる。そしてこの『労働リザーブ』は、今日的な、資本主義経済の再編成と資本制的蓄積の新たな段階で、資本主義と家父長制との再度の妥協の産物として生まれているのである」[24] と。

　また、イギリスのマルクス主義フェミニスト、V. ビーチは、現在、フォーマル労働とインフォーマル労働、フルタイム労働とパートタイム労働、そして収入労働と無償労働、さらに賃労働と家事労働というように、多様な労働が人口のさまざまなグループ（年齢、ジェンダー、そして人種など）の間に不平等に配分されている、と述べ、したがって将来のあるべきヴィジョンは、「あらゆる形態の労働（有給、無給の）が、もっと弾力的に編成され、かつ人々のあいだにもっと平等に分配されており、また、人々は有給の雇用であると否とにかかわらず、品位が保てる生活水準が保障されているようなそのようなヴィジョンである」[25] と主張している。

　ここでは、労働市場のみならず、家庭内の労働力の再生産労働にも分析の射程を広げつつ、労働の公平な編成をはかることが要（かなめ）の問題として捉えら

---

22) ドゥーデン／ヴェールホーフ、丸山編訳（1986）172 頁を参照。竹中・久場（1994）306 〜 307 頁を参照。
23) 竹中・久場（1994）第 1 章。
24) 久場（1994）307 〜 308 頁。
25) Beechey（1987）195 頁、高島・安川訳（1993）239 頁。

れている。そこで続く第Ⅱ節では、とくに雇用におけるジェンダー平等に向けた国際的な取り組みが、どのようになされてきたかを見ることとしたい。

第Ⅱ節　雇用における男女平等の新段階

1　ジェンダー・ニュートラルな社会の再構成に向けて
——国連、ILO 条約・勧告、OECD などを中心とした取り組み

　1979（昭和 54）年、国連で採択された「女性差別撤廃条約」（1981 年成立、以下「条約」と略）は、男女平等政策を転換させる分水嶺（ぶんすいれい）となった。この「条約」に連動して 1981 年に ILO「家族的責任条約」（156 号条約）が成立したのをはじめ、先進諸国では構造調整政策へと新しい段階に入ることとなった。もちろん、国際レジュームを構成する主体は、国民国家や多国籍企業、国際機関、NGO といった違いによって、そのめざすグローバル化の方向も一様ではない。

　しかし、少なくとも国際労働権・人権レジュームについていえば、ILO の一連の決議や勧告・報告によって、パートタイム労働者の権利、ジェンダー平等、ＵＰＷの社会的評価の問題が次々と取り上げられるようになり、国際労働権・人権レジュームは、ジェンダー平等への大きな推進力となってきた。そしてその政策の推進において、フェミニスト経済学の果たした役割がいかに大きかったかを知ることができる。その研究動向が社会政策論議に与えた影響は、次の 3 つに要約される。

　第 1 は、社会政策の守備範囲（政策領域）が拡大され、あらゆる社会政策をジェンダー視点から問い直す政策へと転換する必要性を提起したことである。第 2 は、男女の「経済的福利（economic well-being）」の平等を達成するうえで、近代家族＝性役割分業家族（patriarchal family）を下支えする社会政策に批判を加えたことである。たとえば J. ガーディナーは、「経済的福利」は、市場のなかでの財の再配分のみではなく、家事労働分野を含むトータルな社会的分業のありようを踏まえた潜在能力（capability）の再配分を

含むべきだと論じた[26]。そして第 3 に、ジェンダー・アプローチからみた社会政策の最大の課題は、ジェンダー・ニュートラルな社会システムの形成にあること、したがって、経済活動における PW と UPW の構造を分析し、そこに存在する性別隔たりをフェアにする構造調整政策が重要な鍵であるとした[27]。

2　OECD「構造変化の形成と女性の役割──ハイレベル専門家会合報告書」

こうした方向への転換に拍車をかけたのが、1991（平成 3）年 11 月にOECD 事務局に提出された「構造変化の形成と女性の役割──ハイレベル専門家会合報告書」[28]である。この報告書が平等政策への転換の画期となったといえる理由の 1 つは、「標準労働者モデル」（男性＝ブレッドウイナー・モデル）を否定し、「税制から社会保障政策まで、成人二人の家庭で一人だけが稼ぎ手であることを基本的な規範とすることを撤廃する」[29]としたことである。いま 1 つは、基本的な家事および介護サービスを社会的インフラストラクチャーとする認識に立って、その調整によって女性の労働市場への参加や家庭の型の多様化を支援することを提起したことである[30]。

したがって、これまで「平等と効率は相互に矛盾するものであって、トレード・オフの関係にあるという伝統的な前提に挑戦」して、「平等と効率の 2 つの目標（The twin goals of equity and efficiency）」[31]を掲げるとともに、経済問題を解決できるかどうかは、女性の経済的役割を強化できるかどうかに左右されるとし、その政策課題達成のために、「経済と社会を根本から改革する世界的でダイナミックなプロセスとしての構造改革」[32]、つまり、

26）Gardiner（1997）233 ～ 234 頁参照。
27）竹中（2011-c）262 ～ 263 頁を参照。
28）OECD（1994）、OECD 訳（1995）6 ～ 40 頁。
29）*Ibid.,* 23. OECD 訳（1995）16 頁。
30）*Ibid.,* 23. OECD 訳（1995）16 頁参照。
31）*Ibid.,* 17. OECD 訳（1995）6 頁。
32）*Ibid.,* 17. OECD 訳（1995）7 頁。

「システム」変化の重要性を強調した。ここには、従来の「機会の平等」政策を超える社会の構造調整が提起されており、男女平等政策への新段階を拓くことになったといえる。

3　国連を中心としたＵＰＷ問題への取り組み
──ＵＰＷの測定・評価・政策化への具体化

　いま１つの革新は、国連を中心とした UPW 問題への取り組みである。女性の UPW に光を当てる仕事は、1975（昭和 50）年の国連第１回世界女性会議以来、グローバルな規模で取り組まれるべき重要な課題となってきた。とくに UPW を考える女性運動の起点となったのは、1980 年の「女性は全世界の３分の２の労働を担いながら、収入は 10％、資産は 1％以下を所有するにすぎない」という ILO の発表である[33]。以来、国連を中心にこの問題への取り組みがいっそう強められ、1980 年のコペンハーゲン「行動プログラム」では、「男女両性が遂行しているあらゆる種類の家事・農場における無償労働を認識し、公式な統計データに反映する道を採らなければならない」（128 項）と規定された。そして 1985 年の「ナイロビ将来戦略」では一歩進んだ規定がなされ、1995（平成 7）年の北京「行動綱領」では、この無償労働を国民経済統計のサテライト（補助的）勘定などの方法で表示することが提起された。

　この国連を中心とした UPW 問題への取り組みや、カナダ・EU・オランダの政策的取り組みについては、詳しくは拙稿[34]を参照されたいが、その目的・意図を明確にするために、1993 年 6 月に発表された EU 欧州議会・女性の権利委員会の「女性の非賃金活動（unwaged work=unpaid work）に関する報告」を紹介したい。そこでは、UPW を圧倒的に女性が担っていることの社会的意味を、1 つには、女性の労働市場へのアクセス権が侵害されていること、2 つには、社会保障への平等なアクセス権が侵害されている（女性は男性の扶養家族として派生的資格しかもちえない）ことであるとし、

---

33)「世界婦人会議」（1980）『あごら』23 号 269 頁を参照。

34) 竹中（2011-c）274 〜 282 頁。

家庭内労働と職業労働の再分配を容易にするための措置として、次の5項目を挙げている[35]。

①労働時間の短縮（男性を家庭・社会的ボランティア活動へ、女性を有償労働へ）。

②子育て・介護のために職業を中断した人のための休暇政策（育児休暇・産前産後休暇など）の立法の整備。

③UPWに従事してきた人の再就職を容易にする諸施策（移行措置、十分な職業訓練の供給、家庭内で取得された能力の社会的評価、子育て・介護のための雇用中断期間を年金受給期間に含める、など）。

④自営業などの専門的無償労働に従事する人々への社会保障政策。

⑤婚姻の地位にのみ基づいた税の控除方式を改め、カップルではなく個人として課税する。扶養する子どもの数に応じた免税システム、子育て責任を担う人に対する第1子からの十分な児童手当、ボランティア活動への年金権の付与。

　上記の取り組みに示されるように、UPWの社会・経済的評価の目的は、PWとUPWがジェンダーによって編成されている社会システムそれ自体の構造変革をめざす点にある。日本に則していえば、現状のPWとUPWのジェンダー・ギャップは、ほかならぬ日本の雇用管理、労働時間、性差別賃金管理、女性をUPWに囲い込む税制・社会保障制度などの、労働・社会政策のあり方と不可分に結びついている。UPW改革のための制度・政策課題は、日本のもっとも取り組みの遅れた課題である[36]。

4　ILOの「ディーセント・ワーク」と「ジェンダーの主流化」

　1990年代半ば以降、男女平等政策の新しい流れを総括する潮流が現れる。その1つが、1995（平成7）年の北京世界女性会議の「行動綱領」で強調された「ジェンダーの主流化（gender mainstreaming）」であり、いま1つが、1999年にILOの正式目標として掲げられた「ディーセント・ワーク（decent

---

35) Keppelhoff-Wiechert（June 1993）より抜粋・要約。

36) 竹中（2011-b）164 ～ 169 頁を参照。

work）」である。「ジェンダーの主流化」とは、これまでのように女性を対象とした政策だけではなく、あらゆる政策をジェンダーの視点から問い直し、ジェンダーに中立的な制度に組み替えることであり、この政策は、一国レベルの政策と超国家レベル（EU や、発展途上国であれば UNDP など）の政策が連動しながら展開されつつある。

　一方「ディーセント・ワーク」とは、「働く人の権利が保障され、充分な収入を得、適切な社会的保護のある仕事」とされているが、ILO がこの「ディーセント・ワーク」をあらゆる場所の人々に保障することを提起するにいたった背景には、グローバリゼーションが引き起こすマイナスの影響が深刻になってきたという事情がある。少し長くなるが、ロンドン大学教授であり、ILO の「社会経済保障プログラム」の責任者であるG．スタンディング（Guy Standing）の言葉を概略引用しておきたい。

　「20 世紀は、労働という行為を一つの社会的権利にまで高めた人類史上最初の世紀であった。労働することは権利という名において義務となり、賃金を稼ぐ能力を極大化する方向に進んだ。しかし不幸なことに、本来ケアを与えるとは、人間の行為の価値ある一部であり、ケアを必要とすることが人間の権利の一部であるにもかかわらず、むしろケア・ワークが労働することにとっての障害、つまり“労働の障壁”とみなされるようになった。本来ケア・ワークとは、他人の身体・精神・発育に関するニーズ（必要）の世話をやく仕事であり、相対的に高度な社会的習熟を要し、利他精神に富む情緒的で人間関係的な労働（したがって、非効率を暗に含んでいる）である」。

　そこで、ケアする権利を圧縮して労働の権利を追求してきた 20 世紀を、「レイバリズム（労働主義）の世紀」と名づけたG．スタンディングは、「21 世紀こそ、レイバリズムを超えた人間の尊厳ある働き方である『ディーセント・ワーク』が目指されなければならない」[37]と論じた。そのためには、ケアのための社会的資源（時間、貨幣）をどのように配分していくのか、ケアの供給組織としての世帯（男女）、市場、国家（政府）を、ジェンダー平等に向けてどのように再編していくのか、その戦略の具体化が問われることに

37）Standing（2001）cf.17 ～ 19 頁。

なったといえるであろう。

第Ⅲ節　「20世紀型福祉国家」から
「21世紀型福祉国家」への変化

1　20世紀型福祉国家の前提とその危機がもたらしたもの

　戦後福祉国家システムの基礎を示すものとして広く知られているのが、イギリスの「ベヴァリッジ報告」(1942) である。そこで提示されているのは、男性（夫）が家族賃金を稼ぎ、女性（妻）が家事労働を専業とする、いわゆる「パンの稼ぎ手モデル（Bread Winner Model）」にほかならない。そこでの社会保障の権利は「家族化」され、女性は「被扶養者」として、間接的な権利をもつ者として位置づけられた。

　これに対して久場嬉子は痛烈な批判を行っている。「つまるところ、このような制度や政策は、市場における『男性のバーゲニング地位を支援』し、男性優位の、性別分業を基礎とした労働力再生産の制度をめざすものといえる」[38] と。そして、戦後の欧米の福祉国家全盛時代は資本主義の黄金時代と重なり、資本と労働との「妥協」を図ることにより、継続的な経済成長を背景に経済と福祉の「好循環」を実現しようというものであった。しかし、「福祉国家の経済政策のコアであるケインズのマクロ政策では、家族や世帯のなかで行われているケアなどの無償の再生産労働や、またそれをめぐって成立しているジェンダー関係には目をつむるものである。また完全雇用は、ブレッドウイナーである男性の雇用を確保するものであり、性別分業の核家族は、経済の『好循環』を支える不可欠の構成要因であった」[39] と述べた。慧眼というべきであろう。

　しかし先進諸国の福祉国家体制は、やがて1970年代以降の本格的な「経済のグローバル化」のなかで大きな転機を迎えることになる。1970年代から80年代にかけての福祉国家の危機とその再編過程は、福祉国家の再私化

38）久場（2001）62頁。
39）久場（2001）62～63頁。

（re-privatization）の流れを生むことになった。「『再私化』とは、一つは、社会福祉サービスの供給を市場化し、二つは、再生産労働を家族の『不払い労働へと再度切りかえ』（V．フレーベル）ようとするものである」[40]。「'80年代にサッチャー政府は、公的な社会福祉サービスの供給を制限するかたわら、再生産労働の市場化とインフォーマル化を奨励し、また家庭で女性が無償でなさねばならない再生産労働を増加」[41]させた。したがってパートタイム就労とは、女性が市場労働と再生産労働を両立させるための方途であり、「V．ビーチによれば、70年代中頃以降、イギリスでは、公共部門で非常に多くのパートタイムの職務が創りだされた」[42]。

そして久場は、結論として次のように論じている。「70年代以来のリセッションの進行と『雇用のフレックス化』は、かたや男性の失業率の増加やいわゆる『家族賃金』の減少するなか、労働力の再生産のための『間接賃金』（社会保障費用）を支払われない女性の周辺労働者化を推進している。そして福祉国家の停滞と『危機』は、女性や低賃金の移民労働者の境界的な労働を梃子としながら労働市場に競争と選別を呼び戻すという、（中略）労働市場における『現代の労働リザーブ』機能の回復に対応するものに他ならない」[43]と。

そこで以下では、21世紀型福祉国家への転換を促すための政策課題について、フェミニストはどのように論じたのか、とくにケア供給のあり方についてみることとしたい。

2 21世紀福祉国家の政策課題
——「社会的再生産」様式の変容：ケア供給の
ジェンダー・アプローチ

ポスト産業社会に伴う高齢化・少子化・労働力の女性化は、ケア・サービ

40）久場（2001）63頁。
41）久場（2001）64頁。
42）久場（2001）64頁。
43）久場（2001）65頁。

スの拡大とその重要性をますます増大させることになった。家族（男性）賃金の一定の補充という貧困防止の救貧政策という性格を変化させ、家庭内の福祉サービス（UPW）を公的に制度化する方向を推し進めることになった。こうした状況のなかで多くのフェミニストたちは、現金給付（キャッシュ・サービス）とケアの関係を再検討する必要性を主張し、ケア・サービスに対する市民権（ケアを受ける権利とケアを行う権利を同時に保障する）を提起することになった。

（1）社会的市民権からのアプローチ

　社会的市民権とは、公的援助の制度化に基づく国民の社会保障および社会福祉の権利をいう。1980年代のフェミニストたちは、社会的市民権が母親ではなく被保険者である男性労働者の妻という立場からのみ、重要な福祉施策の請求権を得るにすぎないという、社会的市民権のジェンダー不平等に関心を向け、介護労働を通して、女性が無償で福祉に貢献することを貨幣的に評価する方法を模索することになった。

　社会的市民権におけるジェンダー不平等の問題解決の方法は、大きく2つに分けられる。1つは、女性も男性と同じように稼ぎ手になり、社会的給付（social allowance）を受ける資格をもつ方向（スカンジナビア諸国に代表される）と、いま1つは、家庭における女性のケア労働の社会的評価を行い、社会的給付資格をもつようにする方向である（ドイツ、フランスなどに代表される）[44]。J.ルイス（Jane Lewis）とB.ホブスン（Barbara Hobson）は、社会的市民権保障のケア体制の理念型を、「家族介護者社会賃金モデル」と「両親／労働者モデル」（両親がともに稼ぎ手となるモデル）に分類している[45]。しかしJ.ルイス自身が「両親／労働者モデル」が果たして理念型としてふさわしいかどうかに疑問を呈しており、深澤和子も、両親が稼ぎ手となっても、依然UPWを女性が担うという現実を踏まえ、UPWとPWをトータルに捉えた両性の分担の平等が不可欠であると指摘した[46]。こうした

44）竹中（2001）35〜37頁を参照。
45）Lewis with Hobson（1997）15頁。竹中（2001）37頁を参照。
46）深澤（1999）14頁を参照。

なかで注目されるのが、D. セインズベリ（Diane Sainsbury）の主張である。彼女はかつて N. フレイザー（Nancy Fraser）の提起した、①両性稼ぎ手戦略（universal-breadwinner strategy）（デイケア・サービスによって、女性が男性と同等に労働市場に参加できるようにする戦略）と、②均等ケア戦略（caregiver-parity strategy）（家庭内ケア労働への援助によって、介護者が稼ぎ手と同等に処遇される戦略）のほかに、いま1つ、③稼ぎ手であり、かつ介護者である戦略（earner-carer strategy）という第3のモデルを立てた。この第3のモデルこそ、今日のフェミニストのケア戦略であるべきだと主張した[47]。つまり、UPW を評価する社会システムと、PW と UPW とをトータルに捉えて UPW の男女平等分担をめざす戦略こそが、「女性に優しい福祉国家」の新しい段階を拓くものだと提起した。さらにセインズベリは、給付の受給権が真の社会的市民権であるためには、世帯を単位とするのではなく一市民として、妻としてではなく母親として、また国籍ではなく居住を条件にその資格をもつべきだと主張した。伝統的家族モデル（一家族に一人の男性の稼ぎ手を想定）を廃止し、男女を問わず個人を単位に制度を設計する「個人単位モデル」を対比させたことは注目すべきである[48]。

(2)「時間のフェミニスト政治」からのアプローチ

いま1つの注目される主張が、「時間のフェミニスト政治」からのアプローチである。N. フォルブレ（Nancy Folbre）と S. ヒメルワイト（Susan Himmelweit）は、2000（平成12）年の論文で、ケアに対する国家のサポートのあり方について7カ国を特集し、その序文で次のように述べている。「明らかに進歩的な家族政策というものは、金銭や精神面での援助だけではなく、ケアを供給する場合、時間という側面をインプットすることが決定的に重要である。女性が雇用における伝統的男性モデルを単純に援用して、全

47）Sainsbury, ed.（1999）cf. 265頁。なお日本型ケアは、「男性稼ぎ手の雇用と家族における主婦の育児・介護を連動させるという『疑似福祉システム』である」。宮本（1999）25〜26頁を参照。

48）*Ibid.*, cf. 264〜266頁。 Sainsbury（1996）cf.45~46頁 竹中（2001）32〜39頁を参照。

てのケア責任を市場に出すことも可能ではあるだろう。それは両性稼ぎ手モデルに従うことである。しかし、このような戦略はケアの質を引き下げるであろうし、また多くの女性を伝統的な女性職の低賃金職務に閉じ込めることになろう」[49] と。したがって、家庭責任を果たすなかでジェンダー平等を進めるには、何より「時間のフェミニスト政治」が必要であるとしている。

　日本でも「ワーク・ライフ・バランス」政策をジェンダー平等に結びつけるには、理論的にも政策的にも、家族とそこで行われる無償のケア労働の意義を概念化することが重要であることが、久場、原伸子、竹中によって主張されてきた。原は「福祉国家は家族の多様化や女性の社会進出によってケアが不足する事態に対して、『社会的ケア』とジェンダー視点によって、新たなケアを保障する制度を作り上げる必要がある」[50] と述べる。

　そしてそれには、「ワーク・ライフ・バランス」政策が時間政策であるという観点が重要であり、竹中や久場がいうように、「時間」とケアとの関係を経済学の中心に位置づけることである。伝統的経済学にみられるような「有償労働」と「レジャー」という「時間の二分法」を超えて、「有償労働」、「ケア」、「レジャー」という「時間の三分法」が求められている。時間政策は「社会的生産と（人間の）再生産を視野に入れる」必要があると主張している [51]。

　日本においても時間政策を、ケア供給レジューム論として展開する視点が重視されつつあるといえるであろう。

第Ⅳ節　いま日本の労働フェミニズムが提起すべき改革とは

はじめに

　1990 年代初めのバブル崩壊と、それ以降の急激なネオリベラリズムの進展は、「日本的経営」から「新日本的経営」への転換を促し、労働ビッグバ

---

49) Folbre and Himmelweit（2000/1–3）2 頁。
50) 原（2012）81 頁。
51) 原（2012）81 頁を参照。

ンといわれる大々的な規制緩和が進展することとなった[52]。1990（平成2）年から2010年にかけて、女性労働者総数に占める非正規労働者は、37.9%（646万人）から53.8%（1217万人）へと増大し、女性の非正規労働者は圧倒的比重を占めることになった。だが同時に注目されるのが、男性の非正規労働化である。同期に、8.8%（235万人）から18.9%（538万人）へと、これまた著しい伸びを示している（総務省「労働力調査」）。しかし、バブル崩壊後の男性の非正規化が注目される一方で、女性の圧倒的多数が非正規労働者であるという、そのジェンダー的性格が後方に押しやられ、見えなくされるという危険性も生じている。そこで、この点に留意しながら、以下では、日本における労働のジェンダー平等実現のための主要な3つの課題について論じたいと思う。

1　見えざる福祉国家の超克
——「男性稼ぎ手モデル＝専業主婦モデル」から 「個人単位モデル」へ

　先進諸国では1970年代の第1次オイルショック以降、それまでの高度経済成長が終焉して、低成長（産業構造の第2次から第3次産業への移行、単品種大量生産から多品種少量生産へ）に移ることになるが、そのとき企業が直面した最大の問題は、いかに生産と労働をフレキシブル（弾力的）にするかということであった。その際日本が選択したフレキシビリティの特有の形態とは、性役割分業家族と結合させた、質的フレキシビリティ（雇用保障のなかの多能工化、大企業を中心とした男性労働力）と量的フレキシビリティ（パート・派遣・アルバイトなどを中心とした女性労働力）の使い分けであった。それを図示したのがフローチャート「日本的経営とジェンダーの関係性」である[53]。しかし、1980年代以降の日本的経営のフレキシブル戦略は、その後のバブル崩壊と経済のグローバル化によって、日本的経営の3特徴といわれた年功賃金、終身雇用、企業別組合の変容を余儀なくされ、そ

52）労働の規制緩和の実態については、関西女の労働研究会（2004）102〜113頁を参照。
53）竹中（2011-c）341頁、ならびにその解説339〜343頁を参照。

して 1995（平成 7）年の日経連「新時代の『日本的経営』―挑戦すべき方向とその具体策」の発表とともに、終身雇用や年功賃金はしだいに崩壊しつつある。つまり大企業でも、リストラによって正社員もまた解雇から無縁の存在ではなくなり、能力主義人事管理と賃金制度の改変が進みつつある。

　しかしここで私があえて、1980 年代以降の日本的経営のフレキシブル戦略の要となった性差別システムを重視するのは、新自由主義台頭以前の性差別システムを温存したうえで、新自由主義的規制緩和が始まったところに、日本の雇用の惨状、とりわけ女性労働者の惨状があると考えるからである。この点については栗田隆子の見解に共感する[54]。とはいえ、2010 年に成立した第 3 次「男女共同参画基本計画」においては、片働き「世帯単位」の制度・慣習を「個人単位」にすることを明確にし、具体的には、税制では「配偶者控除」の見直し、年金制度の第 3 号被保険者問題の改善が掲げられており、今まさにその実行が問われる段階にある。また、1985（昭和 60）年に成立した「男女雇用機会均等法」（以下「均等法」と略）は、その後 2 度の改正をみたが、"間接的差別の禁止" がごく一部に限られるなど、その法的不備がつとに指摘されてきた[55]。したがって 2013 年に入り、第 3 次「均等法」改正については、これを「男女平等法」へ転換すべきだとする運動が高まりつつある[56]。雇用平等に向けた新段階に入ったといえるであろう。

54）栗田（2013）187 頁を参照。

55）竹中（2011-c）第 8 章「日本の男女雇用政策のいま―『男性稼ぎ手モデル』は転換しうるか」、第 9 章「女性労働の今日的課題を考える―『均等法』施行 20 年を顧みて」を参照。

56）2013 年 9 月 28 日、均等待遇アクション 21 事務局からの「（緊急アピール）男女雇用機会均等法を男女平等法に！」（14 名の呼びかけ人による）は、以下、10 項目の要求を掲げている。①均等法第 1 条の「目的」に「仕事と生活の両立保障」を明記すること。②均等法第 2 条の「基本的理念」に女性差別撤廃条約第 1 条の「差別の定義」を明記すること。③労基法 4 条と均等法が管轄事項を縦割りにしている状況を改善し、双方が協力して賃金差別の解消、格差の改善を行えるよう、均等法が賃金の男女格差の縮小に機能する旨を明確にすること。④指針から雇用管理区分を廃止し、男女間の待遇等の格差を性別以外の合理的な要素の有無によって判断する枠組みとすること。⑤第 7 条を「間接差別禁止規定」とし、具体例を例示列挙すること。⑥性中立的で客観的、国際基準に沿った「職務評価」を賃金等待遇格差を是正させる判断基準とすること。⑦募集・採用にあたり、婚姻・妊娠の状況による差別を禁止すること。⑧婚姻に対する不利益取り扱

　ところで、日本を「見えざる福祉国家（Invisible Welfare State）」と呼んだのは M. レイン（Martin Rein）であるが、その含意は、福祉が貨幣的に評価されない女性の UPW にもっぱら依存している国ということにほかならない。それは家族関係に関する政府支出（保育や就学前の教育、現金・現物給付、出産・育児休暇、育児手当など）が、国際水準からみてきわめて低いこと（スウェーデン 3.21％、イギリス 3.19％、日本 0.81％）とも関連している[57]。

　しかし 1995（平成 7）年「北京行動綱領」において、UPW を国民経済統計のサテライト勘定などの方法で表示することが提起されたことを受けて、「第 3 次男女共同参画基本計画」（2010 年）で、初めて無償労働の把握と育児や介護の経済的・社会的評価のための調査と研究が挙げられることになった。ただし、この歩みは遅く、「『第 4 次男女共同参画基本計画』策定にあたっての考え方（素案）」（2015 年 7 月）においてもなお、"各種制度等の整備についての調査・研究を進める"にとどまっている。とくに 2013 年以降、「男性稼ぎ手モデル」から「個人単位モデル」への脱皮という課題は、アベノミクスの逆流に翻弄され、立ちすくむ現状にある。均等法制定 30 年の今こそ、男女の実質的平等に向けた「男女平等法」の制定が喫緊の課題であるといえよう[58]。

2　「同一価値労働同一賃金原則」の実現に向けて

　第 2 の日本の課題は、雇用分野を両性で二分する女性の労働力化が進んで

いを禁止すること。⑨セクシュアルハラスメントの被害を受けた女性が職を失うことのないよう、退避の権利、復帰の権利を明確にすること。⑩性的指向に対する差別を対象とすること。フォーラム「女性と労働 21」（2013）年を参照。

57）内閣府（2010）18 頁。

58）なぜ男女賃金格差が大きいのか、その原因を、労働市場形成および賃金闘争のあり方の特殊性から論じた「男女賃金格差をめぐって―労働市場研究からのアプローチ」竹中・関西女の労働問題研究会著（2009）、および（竹中（2012-a）8 章に収録）、ならびに、90 年代に入り再燃する男女同一価値労働同一賃金原則（コンパラブル・ワース）の意義とその原則具体化への課題を論じた、同書 96 ～ 105 頁（竹中（2012-a）9 章に収録）を参照されたい。

いるにもかかわらず、大きな男女賃金格差を是正しえないでいることである。この点については、すでに 2007 年、2008 年と相次いで、ILO 条約勧告適用専門家委員会から日本政府に対して、法的措置が求められているだけではなく、2009 年には国連の女性差別撤廃委員会からの総括所見においても、同原則が労働基準法にないことが指摘されている。こうした要請に応えた業績としては、森ます美・浅倉むつ子編『同一価値労働同一賃金原則の実施システム――公平な賃金の実現に向けて』の共同研究の成果がある。また森ます美氏が、同一価値労働同一賃金原則の実施システムの提案を具体的に論じた「今日の『均等・均衡待遇政策』論議への批判――同一価値労働同一賃金原則の実施に向けて」[59] は、必要な法改正の指摘など、きわめて具体的、実践的である。

　そこで本稿では、上記の課題に加えて、同一価値労働同一賃金原則（Pay Equity、以下、PE 原則と略）の実現において社会保障制度（社会手当としての児童手当）との結合が必要不可欠であること、ならびに、ジェンダー・ペイ・ギャップ（GPG）を克服するために必要な団体交渉範囲、最低賃金制度への取り組みの重要性について付言しておきたいと思う。

　私はかつて、PE 原則は性差別賃金の是正にとって有力な原則ではあるが、それは個人単位を原則とするものである限り、この原則の貫徹のためには社会保障制度との関連を明確にすること、「つまり、社会保障制度としての児童手当は、同一価値労働同一賃金原則のバックグラウンドだという認識が不可欠」[60] であると論じてきた。いうまでもなく、賃金は労働力商品の再生産費であり、本来労働力の価値には、次世代の子どもの再生産費を含むものと規定されている（なぜなら、労働力は世代を継ないで供給されなければならないから）。

　しかし資本主義生産の発展は、女性労働の進展によって労働力の価値分割を進め、労働者個人の再生産費である個人賃金と、一方で子どもの再生産費は社会保障費としての家族手当（子ども手当）へと、形態分離を遂げてきた。したがって労働力の価値法則を実現するには、ひとつには、公平な労働

59）森（2012）7 ～ 28 頁。
60）関西女の労働問題研究会ほか編（2004）133 頁、竹中（2012-a）303 頁。

の職務評価技法を開発し、同一価値労働に対する同一賃金原則を普遍化すると同時に、もう一方で、子どもの生活費としての児童手当を、別途社会保障費として実現すること。つまり両者を結合することが不可欠である[61]。

日本の児童手当制度成立とその歴史ならびに現在の問題点について、鋭い分析をしている北明美が指摘しているように、「日本の児童手当制度がいまだに受給資格における男性世帯主中心主義を払拭でき」ず、また、所得制限にこだわる児童手当政策は、「国際的にみても明らかに異様」[62]である。その意味で、PE原則の確立にとって、普遍主義的かつジェンダー中立的な児童手当制度の確立が不可欠な課題であることを強調しておきたい。

なおPE原則の確立の今日的意義にもかかわらず、男女平等賃金実現にとって残されたいくつかの課題がある。

第1は、PE原則は職務内容の相対的比較の問題であっても、賃金の絶対的水準そのものを決定する原則ではない。正規労働者に対する非正規労働者の代替が大規模に進みつつある今日、生存権に値する賃金の最低限保障のためには、賃金の絶対水準を決定する最低賃金制や、「リビング・ウェィジ」（地域条例による生活賃金）のような運動との結合が不可欠である。

第2に、職務評価が主に企業内ベースであることからも、これだけでは大きな産業間・企業間格差の問題は解決しない。かつて日本では、横断賃率論者の取り組みが挫折に終わったが、企業の枠を超えた職種別の横断賃率、"労働の社会的格付け"をめぐる、産業別労使交渉機関の設立が構想される必要があろう。

第3は、いうまでもないことだが、男女賃金格差には2つの問題が重複している。ひとつは、男女同一労働に対する差別賃金であり、いまひとつは、男女の性別職務分離による男女の賃金格差である。

したがって、男女賃金格差の解決には、賃金と雇用の両側面からの差別是正への課題がある。「男女雇用平等法」実現が大きな意味をもつことを強調しておきたい。

61）竹中（2011-d）42 ～ 43 頁を参照。
62）北（2013）150 頁。

3　労働時間のフェミニスト改革
――二分法から三分法へ

　第 3 の課題は、「時間政治（time politics）」のフェミニスト改革（二分法
から三分法へ）である。その理由について、拙稿で概略次のように述べてき
た。「時間に対する政策に関しては、日本は決定的に遅れている。その発想
の基本は、一日 24 時間を『労働』か『非労働』かという二分法で捉えるも
ので、『非労働』とはつまり『余暇』という意味で、結局労働時間短縮運動
は、『余暇』を拡大するためにという発想で行われてきたことである。しか
し、本当に人間らしい生活を実現していく、あるいは現在の性別分業のシス
テムを変えていくための時間政策を考えるには、『労働』と『非労働（余暇）』
という二分法から、そこに家事労働やケアを中核に含む無償労働の分野、人
間の再生産に不可欠な労働の分野を入れて考えるという、三分法への発想の
転換こそ不可欠である。二分法には、時間の概念の中に女性の経験がすっぽ
りと抜け落ちている。1997（平成 9）年の『均等法』改正の際には、女子保
護規定が撤廃され、女性の深夜業と時間外労働が男性並みになったが、その
とき、むしろ男性の異常な時間外労働を規制して国際水準並みにするという
運動につなぐことができなかったのは、もともと時間概念における男性的な
発想が根強く残っていたからにほかならない。したがって、労働組合運動の
中に『フェミニストの時間政治』を根づかせていくことは、とりわけ現在の
性別分業社会のシステムそのものを変えていくために不可欠な重要課題であ
る」[63]。

　国際的には、1981（昭和 56）年に成立した「女性差別撤廃条約」に連動
して、ILO の「家族的責任条約」（156 号条約）および同勧告（165 号）が成
立した。しかし残念ながら、日本では家族責任は両性にあるとした「時間の
三分法」を明記した 156 号条約はただちには批准されず、本条約を批准した
のは、出生率低下が大きな社会問題となった 14 年遅れの 1995 年になってか
らである[64]。

63）竹中（2011-b）222 ～ 223 頁を参照。
64）竹中（2011-d）39、46 ～ 47 頁を参照。育児休業については、1985 年に成立した「均

　原伸子は1990（平成2）年以降の福祉国家の変容として、イギリス労働党の「第三の道」を論評し、次のように述べている。「福祉の契約主義、社会的包摂論、社会的投資アプローチという『第三の道』は、市場の力を最大限利用しながら、社会的公正を達成するというものであった。（中略）（エスピン・アンデルセンの指摘のように——引用者）これは素朴な楽観主義である」[65]と。ここでも前節の引用を繰り返せば、むしろ、「福祉国家は家族の多様化や女性の社会進出によってケアが不足する事態に対して、『社会的ケア』とジェンダー視点によって、新たなケアを保障する制度を作り上げる必要がある」。それは「『時間』とケアとの関係を経済学の中心に位置づけることである。伝統的経済学にみられるような『有償労働』と『レジャー』という『時間の二分法』を超えて、『有償労働』、『ケア』、『レジャー』という『時間の三分法』が求められる。時間政策は『社会的生産と再生産を視野に入れる』必要があ」[66]ると。

　同じ立場から、私は拙『著作集第Ⅵ巻』の「あとがき」でほぼ以下のように論じた。少し長くなるが引用しておきたい。

　「21世紀に入ってケアの社会化をめぐる新しい戦略が生まれ、ひとつには、1980年代以降の福祉国家の縮減過程で、家族と市場と国家の関係が複雑に変化したことがある。労働力の女性化は、必然的に家庭での育児や介護でのケアの不足を生み、『キャリア』の獲得とケアの負担との相克は、非婚・晩婚化、出産の先延ばしが少子化につながると同時に、高齢化と表裏の関係ともなっている。かつて経済効率を高めるために寄与するものとして選択された性別分業社会は、いまや社会的非効率を生み出し、性別分業システムの見直しが政策的に現実性を持つことになった原因でもある。（中略）こうした認識は、『ケア不在の男性稼ぎ手モデル』を政策の単位とする社会システムから、男女がともに自立してケアを担う『ケアつき個人単位モデル』への転

等法」28条に規定。ただし、企業の努力義務、所得保障なし、女性のみ。1991年改定では男女両性が取得可能、ただし所得保障なし。1995年改定では25％の保障、同年ILO156号条約を批准。2001年に40％、2007年に50％、2014年には180日目まで67％、それ以降は50％の所得保障。

65）原（2012）80頁。

66）原（2012）81頁。

換の動きを強めたといえる。特に新しい動きとして注目されるのは、介護の
外部化（公共化、共同化、企業を含む社会サービス）とは異なる、男女とも
に『ケアする権利』が保障される『時間確保型社会化』の方法といわれるも
のである」。

　例えば、オランダの例、ならびにドイツにおける 2001 年の育児休暇制度
と 2007 年の「パパ・クォータ制」などの動きがそれである。「育児・介護を
含むケアの社会化は多様化し、これまで私的領域とされてきた家族とのジェ
ンダー関係にメスを入れる方向へと（中略）、性別分業を超えるための多様
な模索が進行中である」[67) と。性別分業を解体する時間政策こそ、日本に
とってさし迫った課題といわねばならないであろう。

　なお、日本で労働権改悪が目白押し（労働者派遣法改悪、限定正社員制
度、労働時間制をはずす残業代ゼロ作戦など）である現状を考えると、こ
の危険な方向への挑戦は不可欠である。

むすびに代えて

　20 世紀を「経済の世紀」と呼んだのは、地球環境学者の E. ワイツゼッ
カー（Ernst U.von Weizsäcker）であるが、この「経済の世紀」は、国民国
家の経済力（GNP）をいかに最大限にするかで 鎬 を削った[68)。しかし、そ
れは果たして真に平等で豊かな社会を創り出したのであろうか。経済効率至
上主義の 20 世紀社会は、労働者やその家族のニーズや願望を、市場を通し
た消費財によって賄うという形態で構造化され、PW への守銭奴化は、人間
関係的側面を削り取りながら、労働者と労働の分離が進められてきた。こう
した経済至上主義に立つ 20 世紀の労働を "レイバリズム"（labourism）と
呼び、これを 超 克する「ディーセント・ワーク」こそ、21 世紀の課題だと
した国連ならびに ILO 政策の基調をつくり出したもの、それはまさに、本
稿第 Ⅱ 節で述べた、雇用における男女平等のための「ジェンダーの主流化」
政策であったといえるであろう。

67）竹中（2011-b）294 ～ 295 頁を参照。
68）ワイツゼッカー（1994）第 1 章を参照。

本章では日本にとってのディーセント・ワークをめざす課題として、4点
―①時間政治の改革、②「ケア不在の男性稼ぎ手モデル」から「ケア男女共
有モデル」の確立、③「ケアしない権利」と「ケアする権利」の選択的保
障、④機会の平等の徹底と均等待遇原則の確立―にしぼって論じた[69]。

ディーセント・ワークの実現は、人類社会が生き残るためのかけがえのな
い道であり、第二波フェミニズムの思想と営為が生み出してきた最大の功績
といいうるであろう。

（初出：栗田啓子、松野尾裕、生垣琴絵編著『日本における女性と経済学
―1910年代の黎明期から現代へ』2016年　北海道大学出版会）

参考文献

Becker G.S.（1981）*A Treatise on the Family,* Harvard University Press

Beechey, V.（1978）"Women and Production : A critical analysis of some
sociological theories of women's work" in *Feminism and Materialism :
Women and Modes of Production,*ed.by Kuhn,A. and A.Wolpe,Routtledge
and Kegan Paul 上野千鶴子訳（1984）『マルクス主義フェミニズムの挑戦』
勁草書房。

Beechey,V.（1987）*Unequal Work,* Verso　高島道枝・安川悦子訳（1993）『現
代フェミニズムと労働―女性労働と差別』中央大学出版部。

Beechey,V.（1988）"Rethinking the Definition of Work : Gender and Work" in
Jenson,J., E.Hagen and C.Reddy eds. *Feminization of the Labour Force :
Paradoxes and Promises,* Polity Press 安川悦子訳（1992）「労働の定義を再
検討する―ジェンダーと労働」名古屋市立女子短期大学生活文化研究セン
ター『生活文化研究』第3集所収。

Bennholdt=Thomsen,V.（1988）"Why do Housewives continue to be created
in the Third World too?" in Mies, M., V.Bennholdt=Thomsen and
C.v.Werlhof, *Women : The Last Colony,* Zed Books 吉田睦美・善本裕子訳
（1995）『世界システムと女性』藤原書店。

Folbre, N. and S.Himmelweit（2000/1-3）"Introduction. Children and Family
Policy : A Feminist Issue", in *Feminist Economics,* Vol.6, No.1

Gardiner, J.（1977）"Women in the Labour Process and Class Structure" in

---

69）この点については、関西女の労働問題研究会他編（2004）201 ～ 205頁、および竹中・
関西女の労働問題研究会著（2009）149 ～ 154頁を参照されたい。

Class and class Structure, ed. by A.Hunt,Lawrence and Wishart 大橋隆憲・小川陽二ほか訳（1979）『階級と階級構造』法律文化社。

Gardiner, J.（1997）*Gender, Care and Economics,* Palgrave Macmillan Press

Hartmann,H.（1983）"Capitalism,Patriarchy and Job Segregation by Sex" in *The Signs Reader : Women, Gender & Scholarship,* ed.by E.Abel and E.K.Abel,The University of Chicago

Jenson,J.,E.Hagen and C.Reddy eds.（1988）*Feminization of the Labour Force : Paradoxes and Promises,* Polity Press

Kepelhoff-Wiechert,H.（June 1993）"Report of the Committee on Women's Rights on the Assessment of Women's Unwaged Work", European Parliament Session Documents

Kuhn,A. and A.Wolpe（1978）"Feminism and Materialism" in *Feminism and Materialism : Women and Modes of Production,* ed. by Kuhn,A. and A.Wolpe, Routtledge and Kegan Paul 上野千鶴子ほか訳（1984）『マルクス主義フェミニズムの挑戦』勁草書房。

Lewis,J. with B.Hobson（1997）"Introduction" in Lewis,J. ed. *Lone Mothers in European Welfare Regimes : Shifting Policy Logics,* Jessica Kingsley

Mies,M.（1986）*Patriarchy and Accumulation on a World Scale : Women in the International Division of Labour,* Zed Books 奥田暁子訳（1997）『国際分業と女性―進行する主婦化』日本経済評論社。

Nelson,J. A.（1996）*Feminism, objectivity and economics,* Routledge

OECD（1994）"Shaping Structural Change : The Role of Women-Report by a High-level Group of Experts to the Secretary-General" in OECD ed. *Women and Structural Change : New Perspectives,* OECD　OECD 訳（1995）『産業構造変化と女性雇用《OECD レポート》』21 世紀職業財団。

Peterson,J. and M.Lewis eds.（1999）*The Elgar Companion to Feminist Economics,* Cheltenham UK, Edward Elgar

Sainsbury,D.（1996）*Gender, Equality and Welfare States,* Cambridge University Press

Sainsbury,D.,ed.（1999）*Gender and Welfare State Regimes,* University of Oxford Press

Sen,A.（1990a）"Cooperation, Inequality and the Family" in Folbre, N. ed. *The Economics of the Family,* Edward Elgar

Sen,A.（1990b）"Gender and Cooperative Conflicts" in Tinker,I.ed. Persistent *Inequalities : Women and World Development,* Oxford University Press

Standing, G.（2001）"Care Work : Overcoming Insecurity and Neglect" in

Mary Daly ed. *Care Work : The Quest for Security,* ILO

足立眞理子（2012）「女性と経済─フェミニスト経済学のあゆみ」大阪府立大学
　女性学研究センター「第3回女性学講演会」『女性学講演会』16, 51 ～ 81
　頁。

上野千鶴子（2009）『家父長制と資本制─マルクス主義フェミニズムの地平』改
　訂版（初版:1990）岩波書店。

関西女の労働問題研究会・竹中恵美子ゼミ編集委員会編（2004）『竹中恵美子が
　語る「労働とジェンダー」』ドメス出版。

北明美（2013）「年功賃金をめぐる言説と児童手当制度」濱口桂一郎編著『福祉
　と労働・雇用』（福祉＋α⑤）ミネルヴァ書房、所収。

久場嬉子（1994）「新しい生産と再生産システムの形成へ向けて─21世紀へのパ
　ラダイム」竹中恵美子・久場嬉子編『労働力の女性化─21世紀へのパラダ
　イム』有斐閣、所収。

久場嬉子（2001）「『経済のグローバル化』における労働力の女性化と福祉国家
　の『危機』」伊豫谷登士翁編『経済のグローバリゼーションとジェンダー』
　（竹中恵美子・久場嬉子監修『叢書 現代の経済・社会とジェンダー』第5
　巻）明石書店、所収。

久場嬉子（2002）「ジェンダーと『経済学批判』─フェミニスト経済学の展開と
　革新」久場嬉子編『経済学とジェンダー』（竹中・久場監修『叢書 現代の経
　済・社会とジェンダー』第1巻）明石書店、所収。

栗田隆子（2013）「読書案内」女性労働問題研究会編『女性労働研究』No.57 所
　収。

「世界婦人会議」（1980）「『国連婦人の10年』後半期世界行動プログラム」第1
　部第1章A『あごら』23号所収。

セン・A.（1977）／杉山武彦訳『不平等の経済論』日本経済新聞社。

セン・A.（1988）／鈴村興太郎訳『福祉の経済学─財と潜在能力』岩波書店。

セン・A.（1989）／大庭健・川本隆史訳『合理的な愚か者─経済学＝倫理学的探
　究』勁草書房。

セン・A.（1999）／池本幸生・野上裕生・佐藤仁訳『不平等の再検討─潜在能力
　と自由』岩波書店。

竹中恵美子（2001）「新しい労働分析概念と社会システムの再構築─労働におけ
　るジェンダー・アプローチの現段階」竹中恵美子編『労働とジェンダー』
　（竹中・久場監修『叢書 現代の経済・社会とジェンダー』第2巻）明石書
　店、所収。

竹中恵美子（2011-a）『竹中恵美子著作集 Ⅶ 現代フェミニズムと労働論』明石
　書店。

竹中恵美子（2011-b）『竹中恵美子著作集 Ⅵ 家事労働（アンペイド・ワーク）論』明石書店。

竹中恵美子（2011-c）『竹中恵美子著作集 Ⅴ 社会政策とジェンダー』明石書店。

竹中恵美子（2011-d）「日本のジェンダー主流化への取り組みの現段階」大阪府立大学女性学研究センター 日韓シンポジウム『ジェンダー研究の現在』所収。

竹中恵美子（2012-a）『竹中恵美子著作集 Ⅳ 女性の賃金問題とジェンダー』明石書店。

竹中恵美子（2012-b）『竹中恵美子著作集 Ⅱ 戦後女子労働史論』明石書店、所収

竹中恵美子・関西女の労働問題研究会著（2009）『竹中恵美子の女性労働研究 50 年—理論と運動の交流はどう紡がれたか』ドメス出版。

竹中恵美子・久場嬉子編（1994）『労働力の女性化—21 世紀へのパラダイム』有斐閣。

ドゥーデン・B., ヴェールホーフ・C.v. / 丸山真人編訳（1986）『家事労働と資本主義』岩波書店。

内閣府（2010）『子ども・子育て白書 平成 22 年版』。

原伸子（2012）「福祉国家の変容と家族政策—公私二分法とジェンダー平等」法政大学大原社会問題研究所・原伸子編著『福祉国家と家族』法政大学出版局。

フォーラム「女性と労働 21」（2013）「均等法の抜本改正を求める意見」『女性と労働 21』Vol.22,No.86 所収。

深澤和子（1999）「福祉国家のジェンダー化—1980 年代以降の研究動向（欧米を中心として）」『大原社会問題研究所雑誌』No.485 所収。

宮本太郎（1999）『福祉国家という戦略—スウェーデンモデルの政治経済学』法律文化社。

森ます美（2012）「今日の『均等・均衡待遇政策』論議への批判—同一価値労働同一賃金原則の実施に向けて」女性労働問題研究会編『女性労働研究』No.56 所収。

森ます美・浅倉むつ子編（2010）『同一価値労働同一賃金原則の実施システム—公平な賃金の実現に向けて』有斐閣。

山森亮（2002）「合理的経済『男』を超えて—フェミニスト経済学とアマルティア・セン」久場嬉子編『経済学とジェンダー』（竹中・久場監修『叢書 現代の経済・社会とジェンダー』第 1 巻）明石書店、所収。

ワイツゼッカー・E.U.v. / 宮本憲一・楠田貢典・佐々木建監訳（1994）『地球環境政策—地球サミットから環境の 21 世紀へ』有斐閣。

『日本における女性と経済学—1910年代の黎明期から現代へ』

栗田啓子・松野尾 裕・生垣琴絵　編著

（北海道大学出版会、2016年　A5判338頁）

　本書は、東京女子大学女性学研究所プロジェクト研究と日本学術振興会の助成を受けた共同研究の成果で、8名が執筆している。

　テーマは、日本において女性に対する経済学教育はどのように成立したのか、女性の経済学者はどのように誕生したのかの歴史的研究を通して、女性が経済学に関わることによって、どのように既成の経済学を変えていく視点が提出されたのか、その現代的意義を投げかけることにある。そして、経済（学）教育を通じた新しい女性像の検討が、新しい社会のビジョンと新しい女性の生き方を浮き彫りにすることに期待する、と結ばれている。

　もくじは、以下の3部構成と巻末に「対談」が配置されている。
第1部　女性への経済学教育—新渡戸稲造と森本厚吉
第2部　生活への視点
第3部　労働への視点
対談「女性と経済学」をめぐって　竹中恵美子・村松安子

　第1部では、女性に対する経済（学）教育の草創期を取り扱い、東京女子大学初代学長（1918＝大正7年創立）の新渡戸稲造と、日本における消費経済研究の先駆者である森本厚吉が、どのように女性に対する経済（学）教育に貢献したかを研究している。サブタイトルは、この二人の男性研究者になっているが、第1章で、1910〜20年代に発表された山川菊栄の論説を詳細に分析し、日本において、この時代に、女性が経済学と出会う必然性が醸成されていたことを提示しているのが、興味深い。

　第2部「生活への視点」では、日本初の女性経済学者・松平友子とその系譜が明らかにされている。松平によってつくられた「家事経済学」が、家庭・家族における主要な関心事である家事労働や消費生活に関する社会科学的研究を開始させ、それらが現代に通じる問題意識をもったものであることを示している。

　従来家政学部における「特殊」な経済学とみなされ、「普通」の経済学

と分断されてきた家庭経済学を、「初めて経済学史に正当に位置付ける試み」であるとしている。経済学史ではほとんど知られていない（女性運動においてもそうであるが）松平友子について、その人物像が表紙の写真とともに次世代に伝えられたことの意義は大きい。

第3部「労働への視点」では、戦後いち早く女性経済学者として学会に登場した竹中恵美子の業績の検討を中心に編成されている。「竹中恵美子著作集」全7巻は、日本における女性の経済学者の著作集として最初のものであり、「女性の生活経験を理論化する」というテーマが貫かれているとされている。

第6章で1960年代までの竹中における女性労働研究の理論構築の軌跡が丁寧に展開されている。第7章では、竹中自身の執筆によって「1970年代以降：第二波フェミニズムの登場とそのインパクト─女性労働研究の到達点」が展開されている。70年代以降の女性労働研究の展開を追い、日本における労働のジェンダー平等実現のための主要な3つの課題を論じている。そして、これらの研究は、つねに関西を中心とする女性労働運動、市民運動の現場が求める理論的支柱となってきたこと、理論と運動の相互交流の軌跡が第8章で証言されている。手前味噌になるが、この章は筆者（伍賀）が自らの体験を通じて証言させていただく光栄に浴している。

巻末の「対談：『女性と経済学』をめぐって」は、竹中恵美子と村松安子という労働経済学と開発経済学で先駆的な女性経済学者の対談であり、編者によると、本書の総論とも言えるものである。対談から読み取ることができるのは、(1) 女性が経済学研究に向かうとき、既成の経済理論に違和感をもち、その違和感を大事にしながら、新たな研究領域を切り拓いていったことであり、(2) 経済学研究を通じて、社会あるいは女性の生き方を変えてゆこうとしたことである（残念なことに、村松安子は2013年逝去、2部で松平友子との回想を記した亀高京子は2015年逝去している）。

本書は社会の基本的構造を分析し、その矛盾を変革する方途と生きていく起点を豊かに示唆する書であり、「経済学」に関心のある人のみならず、広く読まれることを願う。

（伍賀偕子　元関西女の労働問題研究会代表）
エル・ライブラリー Blog「寄贈本紹介」（2016 04 26 より）

コラム

第Ⅲ部

竹中理論の意義をつなぐ

第3章

*

労働フェミニズムの構築
—— 竹中「女性労働」理論の "革新"

久場　嬉子（東京学芸大学名誉教授）

はじめに

　竹中「女性労働」理論の形成は、1960・70年代以降、世界的な広がりを
もって展開し、経済・文化・政治などの諸領域で大きな思潮や運動を推進し
てきた第二波フェミニズムとの出会いによって、一つの画期を迎えている
と思われる。それまで手がけられてきた「婦人労働」研究は、「女子労働」
研究や「女性労働」研究、また、「労働のフェミニズム分析」、「労働分析の
ジェンダー・アプローチ」という形をとって進んでいる[1]。

　今回の報告は、第1に、以上のような竹中「女性労働」研究における主に
理論的課題について考察しようというものであり、まず、大きく「3つの柱」
（「3つの課題」）で捉えている。

　1つ、女性労働分析の基本的視点と枠組みについて—マルクス主義フェミ
ニズム。

　2つ、「労働力商品化体制」とペイド・ワーク（PW）とアンペイド・ワー
ク（UPW）。

　3つ、資本制蓄積の現段階と「労働力の女性化」である。

　それぞれ、労働のフェミニズム分析の方法的特徴、「労働力商品化体制」
における性別分業と「労働力の再生産」労働、さらに、現代の資本制蓄積と
女性労働の現状分析についてであり、竹中「女性労働」の理論の射程を示す
ものとなっているといえる。「3つの柱」は相互に関連しあうものと捉えら

---

1) 大森真紀（2009）「高度経済成長期の'婦人労働'研究—社会政策学会における"脱落"
　と"伏流"」『早稲田社会科学総合研究』第10号第1号、参照。

れ、1970・80 年代から今日にいたるまでの竹中「女性労働」研究において広げられ、深められて、一貫した課題として追求されている。

　最近、社会政策学会会員である武川正吾氏は、第二波フェミニズムがもたらした成果であるジェンダー社会科学によって、「社会科学の基礎範疇の水準で、……どのような革新がもたらされたか（その可能性はあるか）」と問う、興味深い問題を提起している。関連させて「生産にたずさわる人間を産み、育て、ケアする過程」である「再生産」や「再生産レジーム」をキー・カテゴリーとして挙げている[2]。また労働法理論の研究分野では、「従来"女性労働問題"として取り上げられてきた問題……を、……"男女"のあらゆる労働者に、より広範に適用する」ことの重要性が指摘されている[3]。さらに、そもそも「労働と社会政策」論の基本的視座に、「労働力の市場化の限界」という問題をおくところの興味深い課題が提起されている[4]。

　ところで、竹中「女性労働」の理論の基本的な課題は、第二波フェミニズム（マルクス主義フェミニズム）に立って、資本主義経済を「生産と労働力の再生産のトータリティ」として捉え、市場労働である「有償労働」と家族など市場外労働での「無償労働」の両方をめぐる女性差別や抑圧の構造を明らかにしようとするものである。ほかならないこの試みは、「労働力商品」（賃労働または雇用労働）というまさに、「社会科学の基礎範疇」をめぐり、そして、ジェンダー視点からする新しい探求であり、革新的な意義をもつものといえる。

第 I 節　竹中「女性労働」の理論における「3 つの柱」

(1) 女性労働研究の基本的な視点と枠組み
──マルクス主義フェミニズム

　産業資本主義における女性差別や抑圧の源泉をどのように捉えるか。リベ

2）武川正吾（2011）「承認と連帯へ──ジェンダー社会科学と福祉国家」、大沢真理編『承認と包摂へ──労働と生活の保障』ジェンダー社会科学の可能性、第 2 巻、93 頁。
3）浅倉むつ子（2011）「労働法の再検討──女性中心のアプローチ」、同上、46 頁。
4）大沢真理（2011）「序論　経験知から学の射程の広がり」、同上、2〜6 頁。

ラル・フェミニズムとともに、第二波フェミニズム理論の二大勢力の一つで
あるマルクス主義フェミニズムは、この課題をめぐり、いわゆる「二重シス
テム論」と「統一論」に分かれる。「家父長制（近代家族）」を男性による
女性支配を可能にする一連の関係であり、資本制経済とは分離した自立した
システムであるとしつつ、性支配を両者の相互作用の生み出したものとする
「二重システム」論と、性支配を資本制的生産関係と結びついたものとし、
資本制的家父長制（あるいは家父長制的資本主義）という単一のシステムの
産物としてみる「統一論」とである。

　1970・80年代から展開していく竹中「女性労働」の理論は「統一論」に
立ち、その代表的論者の一人であるⅤ.ビーチの理論を高く評価している。
「統一論」は、家父長制（近代家族）を、相対的に自律性をもちながら経済
の不可欠な一部分として位置づけ、女性の賃金労働または雇用労働ととも
に、同時に家族のなかで女性が担っている労働の重要性に注目する。言い換
えれば、「性（ジェンダー）と階級の関連」を明らかにすることが、そこで
の基本的な課題となっている。そもそも、「労働市場は性的に中立的な存在
ではなく、ジェンダー関係が生産組織そのものに具体化」している[5]。

(2)「労働力商品化体制」と PW ／ UPW 論

1）生産と労働力の再生産

　マルクス主義フェミニズム（統一論）にみられる以上のような基本的な視
点と枠組みは、資本主義経済を「'労働力商品化'体制」として把握し、考
察する竹中「女性労働」の理論の基礎である。

　いうまでもなく、資本主義経済はモノ・サービスなどを物的財貨として生
産し、この生産を担う賃金労働あるいは雇用労働、つまり、労働市場で、生
活の資である賃金と引き換えに、生きている人間に付随している労働（能）
力を商品として売るところの賃金労働、あるいは雇用労働を前提として成立

5）竹中恵美子（1989）「1980年代マルクス主義フェミニズムについて―Patriarchal
　Capitalismの理論構成をめぐって」大阪市立大学経済学会『経済学雑誌』第90巻第2
　号、（『著作集』、第Ⅶ巻第2章）参照。

している。労働力は、生産（労働）過程で労働そのものとなり、資本家の取得する利潤を、また資本蓄積の元をつくりだしている。

　竹中「女性労働」の理論は、資本主義経済がその「原型」において、このような、本来商品ではない「本源的な生産要素」である労働力が「商品化」されている特殊な「労働力商品化体制」であるとみている。「労働力商品化体制」は、労働力の「日々、かつ世代的な再生産」を前提にしており、日々の心身の休息を必要としているだけでなく、故障（病気）、減耗（高齢化）、失業などへの対応がなされねばならない。とともに、もう一つ、「労働力商品化体制」は、家族など非市場の領域で行われている労働力（人間）の再生産のための労働を前提に成立している。すなわち、子産みや子育て、家族員である高齢者や病人のためのケアや家事労働であり、それらは女性の役割となっている。言い換えれば、「労働力商品化体制」は、その「原型」（歴史的、理論的発生）において、家族のなかの「再生産労働」を女性が担うところの性別分業の「体制」（家父長制）を基盤に成立している。これは、竹中「女性労働」の理論の基本的な認識となっている。

2）労働概念の拡大（PW／UPW）と「社会的再生産」

　マルクス主義フェミニズムの労働理論（竹中「女性労働」理論）の課題は、1つ、労働を、賃労働など市場労働である「有償労働」（PW）と市場外の「無償労働」（PW）との二つで把握する、2つ、「無償労働」（UPW）もまた、「労働力の再生産」に不可欠な労働となっており、「無償労働」（UPW）も含めるよう「労働概念」を拡大する、3つ、労働力の再生産費用である賃金は、家族という市場外の組織のなかで行われている労働力の再生産労働をカバーしておらず、労働力再生産費の一部は女性が担う「無償労働」に転嫁され、「外部化」されている。言い換えれば、労働の分析には、「ジェンダーが生産と再生産の両領域で作用している……相互の関わり方を、歴史的……に分析すること」、すなわち、「女性の賃労働を分析するためには、賃労働における女性の位置を特殊なものたらしめている家族に対する分析とともに、労働過程に関する分析とを統合しなくてはならない」のである[6]。

6）竹中恵美子（1985）「女子労働論の再構成―雇用における性別分業とその構造」、社会政策叢書編集委員会編『婦人労働における保護と平等』啓文社、（『著作集』第Ⅱ巻第1章）

もとより、家族のなかで生活を維持し、とくに子育てや、高齢者、障害者へのケアなどの「無償労働」を、もっぱら家族のなかの女性の役割とする性別役割分業から解き放ち、パブリック・セクターの福祉領域を含むよう、「社会的に必要な労働」であり、社会的な「再生産労働」として再分配することが、今日の不可欠な課題となる。

(3) 資本蓄積の現段階と「労働力の女性化」
──「スタートラインの平等」とジェンダー平等の
雇用政策・雇用戦略の基本

　性別分業と結びついた「労働力の商品化体制」として、その「原型」において把握された資本主義経済の仕組み（基本的構造）は、ア）労働市場に登場する際の男性と女性の労働力化に影響をおよぼし、イ）国家の雇用・労働政策や社会保障政策、ウ）企業での性別雇用管理や賃金管理、労使の賃金交渉のあり方に深く影響を与えているとみられている。労働市場への入り口において、女性と男性の「スタートラインの平等」[7] を語ること、すなわち、「マラソンへの出場権の獲得」[8] を実現するだけではまったく不十分だとしている。なぜなら、それらは「家族責任をもたない男性を基準とした"機会の均等"[9] に過ぎない。そもそも、性役割分業が前提となっている限り、スタートラインにおける「均等」はありえない。竹中「女性労働」研究におけるこの基本的認識は、リベラリズム（およびネオリベラリズム）の経済学の前提に対する批判としっかりと重なっている。すなわち、これらの経済学では、労働市場は労働力商品の売買・取引の場であり、労働力商品の交換は、基本的に「自由で合理的な個人」を前提にしていると考えられている。とくに日本において、多くを女性が担っている無償の「労働力の再生産労働」につい

参照。なお、今回の報告では、著者が参照している元の文献は確認していない。初出の発表年、タイトルを示す。

7) 竹中恵美子、2008、「いま労働のフェミニズム分析に求められるもの─日本の課題について考える」『女性・戦争・人権』9、（『著作集』第Ⅶ巻第6章）参照。

8) 同上書。

9) 同上書。

ての認識はない。竹中「女性労働」の研究は、1985年の「均等法」制定と
その後2度のその改正を、基本的に「男性基準の"機会の平等"」[10] を進め
るものに過ぎないと厳しく批判をしている。

第Ⅱ節　竹中「女性労働」の理論の"革新"

　これまで、竹中「女性労働」の理論の基本的課題について、「3つの柱」
にまとめてみてきた。竹中「女性労働」の理論は、新しい労働フェミニズム
の構築と労働研究の発展にとって、貴重な2つの"革新"を拓くものとなっ
ている。

　第1、社会政策学会会員の佐口和郎氏は、1950年代から現在にいたる半世
紀以上にわたる社会政策学会の歩みを振り返るとともに、日本の労働研究が
取り組むべき課題について興味深い指摘をしている[11]。なにより、雇用制度
についての原理的な問い直しと、雇用制度や雇用社会についての「理論的更
新」を行うことが求められているという。1980年代以降の資本主義経済に
もたらされた変化、すなわち、経済のサービス化を伴ったグローバル化の進
展、女性の雇用労働者の大量進出が、男性稼ぎ手システムを想定している
20世紀の雇用制度と整合しないことを顕現化させていることなど、そこに
みられる事態は、それまでの雇用社会の「展開とは異質」なものだとみてい
る[12]。そして、日本の労働・社会政策研究をリードしてきたマルクス学派に
対して、雇用や労働に関わる制度を自明なものとし、十分な理論的・歴史的
な深堀りをしてこなかったのではないかという問題を提起している。

　しかし、竹中「女性労働」論は、マルクス学派の労働論の立場に立ちつ
つ、その「理論的更新」を試みるものといえる。なにより、竹中「女性労
働」の理論では、資本制経済の基本的関係は資本―賃労働関係であるが、そ
の社会関係は、男性―女性の性差（ジェンダー）に基づく関係や性差別構造

---

10)『著作集』第Ⅶ巻第6章参照。
11) 佐口和郎（2008）「制度派労働研究の現代的価値―社会政策研究との関連で」、社会政
　　策学会編『社会政策』、ミネルヴァ書房、44～58頁、参照。
12) 同上書。

に「接合」されていると捉えられている。なにより近代労働市場の成立自体が、労働力の直接的再生産単位としての家族の存在を前提にしており、「労働力の再生産労働」を女性の無償労働にゆだね、性別分業と性支配を前提にしている。資本制的な「生産と労働力の再生産」についてのこのような把握は、マルクス学派の労働理論にみられる階級一元論を超えており、「階級とジェンダー」視点に立つものといえよう。

第2、繰り返しみてきたように、竹中「女性労働」の理論とは、「労働力商品化体制」の形成という資本主義経済の出発的にたちかえり、ジェンダー視点からの、その原理的な問い直しを試みており、"革新"的な意義をもっている。

女性の子産みや子育て、またそのほとんどを女性が担っている家族員である高齢者や障害をもつ人たちへの「無償労働」であるケア労働、すなわち「他者」のためにされている「再生産労働」について、市場労働をメインの課題とする労働研究がどのように理論的、かつ政策論として把握するか、試みは始まったばかりだといえる。

竹中「女性労働」の理論は、早く、1980年代のマルクス主義フェミニズムとの出会いのなかで、資本制的な「生産と労働力の再生産のトータリティ」をテーマ化することにより、先駆け的にこの課題に取り組んできたものであり、その意義は大変大きい。とともに、もはやいうまでもなく、この課題設定は、「生産労働」と「再生産労働」、「有償労働」と「無償労働」、「雇用労働」と「家事労働」をそれぞれ男性と女性とが性別に分担するという「前提」、あるいはこの「前提」自体が課題化されない従来の労働理論や労働研究を乗り越える試みとして位置づけることができる。

むすび

世界的な規模での資本制的市場主義の拡張という目下の急速、かつ多様な変動のなかで、ネオリベラリズムを"伴走"としてきた第二波フェミニズム自体、新しい転機を迎えている。典型的な性別分業家族は大きく減少し、労働市場への女性の進出はめざましい。第二波フェミニズムの代表的な政治理

論家であるＮ. フレーザーによれば、アメリカでは、かたや "ガラスの天井" を破ろうとしているキャリア・ウーマン、かたや女性テンプスタッフや家庭内労働者、サービス産業などの低賃金従事者という両方の極で、伝統的権威からの解放を求める女性の夢が、「資本蓄積のエンジンにくくり付けられ」ている。資本はグローバルな規模で、さらに自由に活動するため市場を「社会制御」から解放しようとしている。第二波フェミニズムの軌跡を、資本主義の最近の歴史との関係で問い直し、新たに理論化することが必要となっていると提起している[13]。

　ジェンダーと労働に関する研究の領域では、「ジェンダー・バイアス」（男性中心主義）を問い直す試みが進んでいる。マルクス学派に限らず、広く経済学における労働概念そのものの再考をすすめるフェミニスト政治経済学の新しい潮流は、第二波フェミニズムの貴重な一翼を担うようになった。竹中「女性労働」の理論はこの潮流と切り結ぶものとなっている。相互の関連についてのいっそうの考察は今後の課題として残されている[14]。第二波フェミニズムの転機が語られるようになった今、1970・80 年代以降の日本のマルクス主義フェミニズムの諸潮流をサーベイし、そのなかでの竹中「女性労働」の理論の特徴と意義を論じることも必要である。「労働フェミニズムの構築」のための課題は多い。

報告で取り上げた竹中恵美子氏の主な文献

(1980)「労働力再生産の資本主義的性格と家事労働—家事労働をめぐる最近の論争によせて」（大阪市立大学経済学会『経済学雑誌』第 81 巻第 1 号）、『著作集』第Ⅱ巻 (2012) 所収。

(1985)「女子労働論の再構成—雇用における性別分業とその構造」（社会政策叢書編集委員会編『婦人労働における保護と平等』啓文社、1985 年）、『著作集』第Ⅱ巻 (2012) 所収。

---

13) N. フレーザー (2011)「フェミニズム、資本主義、歴史の狡猾さ」、関口すみ子訳『法学志林』法政大学、第 109 巻第 1 号、参照。

14) 久場嬉子、2002、「ジェンダーと'経済学批判'—フェミニスト経済学の展開と革新」、久場嬉子編『経済学とジェンダー』叢書 現代の経済・社会とジェンダー　第 1 巻、明石書店、参照。

(1989)「1980 年代マルクス主義フェミニズムについて―Patriarchal Capitalism の理論構成をめぐって」(大阪市立大学経済学会『経済学雑誌』第 90 巻第 2 号)、『著作集』第Ⅶ巻(2011)所収。

(1990)「保護と平等・対立の構造を斬る―山川菊栄の女性労働論」(山川菊栄生誕百年を記念する会編『現代フェミニズムと山川菊栄』大和書房)、『著作集』第Ⅶ巻(2011)所収。

(1991)「日本におけるマルクス主義フェミニズムの源流―山川菊栄の今日的意義」(『日本婦人問題懇話会会報』第 51 号)、『著作集』第Ⅶ巻(2011)所収。

(1993)「総括　現代の女性労働と社会政策―論点のサーベイ」『現代の女性労働と社会政策』(社会政策学会年報 37 集、御茶の水書房)、「大沢真理氏による批判―"女子労働の特殊理論"に終止符を!について」(竹中恵美子・関西女の労働問題研究会著『竹中恵美子の女性労働研究 50 年―理論と運動の交流はどう紡がれたか』ドメス出版)、『著作集』第Ⅴ巻(2011)付論。

(2001)「新しい労働分析概念と社会システムの再構築―労働におけるジェンダー・アプローチの現段階」(編著『労働とジェンダー』竹中恵美子・久場嬉子監修『叢書　現代の経済・社会とジェンダー』第 2 巻、明石書店)、『著作集』第Ⅶ巻(2011)所収。

(2002)「家事労働論の現段階―日本における争点とその特質」(久場嬉子編『経済学とジェンダー』竹中恵美子・久場嬉子監修『叢書　現代の経済・社会とジェンダー』第 1 巻、明石書店)、『著作集』第Ⅵ巻(2011)所収。

(第 126 回 社会政策学会ジェンダー部会報告 2013 年 5 月 26 日)

〈注〉

＊第 126 回社会政策学会大会(2013 年春)でのジェンダー部会主催
分科会「竹中理論の諸相(第 1 回)―労働フェミニズムの構想」
　報告 1.　竹中「女性労働」理論の"革新"＝久場嬉子(東京学芸大学名誉教授)
　報告 2.　竹中理論と社会福祉研究＝北明美(福井県立大学教授)
＊第 129 回社会政策学会大会(2014 年秋)
分科会「竹中理論の諸相(第 2 回)―女性労働運動と家族」
　報告 1.　関西における女性労働運動と竹中理論＝伍賀偕子(元大阪総評オルグ)
　報告 2.　新自由主義時代の労働・家族分析の課題＝箕輪明子(東京慈恵医科大学講師)

第4章
*
竹中理論と社会政策
──「著作集」第Ⅴ巻『社会政策とジェンダー』を中心に

北　明美（福井県立大学教授）

竹中先生との関わり

　私は竹中恵美子先生が勤務しておられた大学に在籍して教えを受けた正式の弟子ではありません。よその大学にいながら師事させていただいた、いわば外からの「押しかけ弟子」です。そのうえ最初に就職したのは遠い関東の地でしたので、直接お会いできない時期がしばらく続いたこともありました。ですが、大学院生の頃から、論文を一応書き終えると、そのとたん真っ先に考えるのは竹中先生にお送りしようということでした。そうやって、書いたもののほとんどすべてを竹中先生にお送りし、ご意見をうかがってきましたので、その意味では継続的にご指導をいただく幸運を得た一人だと思います。

　皆さんのなかにも同じ体験をなさったかたが少なからずおられるはずですが、竹中先生は、そういうとき本当にすぐに折り返し、とても丁寧なお手紙をくださって、コメントを書いてきてくださいます。しかもだいたいほめてくださるんですね。実はご自身のエッセイでも書いておられるのですが、竹中先生は「ほめて育てる」タイプの教育者だということで、私もその恩恵にあずかったことになります。

　とはいえ今日は、そのようにご指導を受けながら、この程度かと皆さんにがっかりされるのが心配なのですが、拙い報告になりましても、それはもちろん私の非力によるものですので、なにとぞご了解をお願いいたします。

竹中理論の先駆性について

このたび公刊が完結した竹中恵美子著作集は大変よく構成が考えられていまして、とくに学術論文と講演録が両方おさめられている巻では、学術論文が少々難解であっても、講演録のほうを読めば、学術論文の内容もだいたい理解できるというように工夫されています。

そのように各巻は、論文の発表順というよりは、テーマごとにいろいろな時代の著作を巻ごとにそろえるという構成になっているのですが、私はこのシンポジウムの報告者を引き受けるにあたり、あえて発表年次・初出の順に各論文をたどって読むということをしてみました。その結果、気がついたことを第Ⅴ巻『社会政策とジェンダー』に主な焦点をあててこれからお話ししたいと思います。また、第Ⅱ巻『戦後女子労働史論』、第Ⅳ巻『女性の賃金問題とジェンダー』についても関係する箇所に言及します。

まず1962年初出の「わが国における婦人の雇用構造と賃金—婦人の賃金構造の特徴について」ですが、そこで竹中先生は「家族のもつ機能の完全な社会化は、……社会保障制度がかなり発達したとしても、……資本にとって冗費とみなされるかぎり、たえず制限されざるをえない。したがって近代的家族といえども、労働力再生産の過程を主婦の私的労働で遂行させる家父長制（エンゲルスのいう「家内奴隷制」）は、基本的に維持される」と書かれています（第Ⅱ巻、204頁）。

「冗費」というのは利潤獲得に直接役立たないという意味ですが、それはともかくとして、この一文は竹中理論のなかで社会保障がまずどういう文脈で登場したかを示す最初の例の一つだと思います。

次に同じく1962年の「婦人の賃金」では、「男女の労働を比較することができないような隔絶された職場では、女子に対する不当な社会的評価が、そのまま低い労働の価値評価として現われていることを見過ごすことはできない」と指摘されています（第Ⅳ巻、43～44頁）。今回の私の報告のテーマに直接の関係はないのですが、今日でいう「職務分離」や、そこで提起される「コンパラブル・ワース」運動につながる論点を、1960年代の初期とい

う早い段階で取り上げられていたことは、やはり記憶にとどめられるべきことだと考えます。

　さらにその2年後の1964年の「婦人賃金の問題点と課題」では、「すでに世界六〇ヵ国の批准をみている家族手当制（扶養する児童の数に応じて、賃金とは別途に社会保障の形で支給する制度）の実現も、年齢による生活費の違いを楯にして、若年者の半人前の賃金を合理化している年功賃金制度を変え、同一労働同一賃金を実現する前提としてきわめて重要な課題であります」と述べられています（第Ⅳ巻、79頁）。

　「家族手当制」というのは、今でいう「児童手当制度」のことですが、ここで注目したいのは、竹中先生は、社会保障というよりはむしろ賃金問題をテーマとするときに児童手当に言及されることが多いということです。つまり年功賃金の変革には、それと並行して児童手当制度の確立が求められているということをこの時期から一貫して指摘なさっていたわけです。

　このことに限らず、竹中先生の著作集を読んで改めて強い印象を受けるのは、先生の主張内容と理論の組み立てが、研究者になって間もない1950年代・60年代の時期から今日まで一貫しているということです。逆にいえば、当時から今日を予測しているかのような先駆性が示されていると思います。

竹中理論において「母性保護」はどう捉えられてきたか

　次に、1965年発表の「育児休職制度とその問題点」では、「もともと婦人のもつ母性的機能（とくに出産・育児）に対する社会的配慮とは、次代を生み育てる機能を、単に労働者の個人的責任の問題としてではなく、社会的機能と認め、私的労働から社会的労働へと、育児の社会化（集団的・社会的保育）へ発展させることを基本としている」としたうえで、「ただ、資本主義社会においては、……企業にとっては冗費と考えられ、労働運動を通してのみ政策的譲歩として実現をみるにすぎないため、この方向がたえず阻止され、労働者個人の無償労働、私的労働の領域におしこめられている。こうした体制的限界が、資本主義制度のもとでの婦人労働をしばしば一時的労働にとどめ、合理化の手段に利用されてきたのである」と指摘しておられます

（第Ⅴ巻、27頁）。

　ここには育児休業ないし「育児休職」はあくまで過渡的な改良策として評価されるにとどまり、育児の社会化は集団的・社会的保育を本筋とするという当時の支配的な論調が反映されているのですが、同時に私が注目したいのは、育児は「個人の無償労働、私的労働の領域におしこめられている」、すなわちそういう現象形態をとっているのだが、その内実は本来「社会的機能と認め」られるべきものであり、したがってまた社会がそれに配慮すること、社会政策・社会保障で対応することは当然なのだという分析と主張です。

　しかし、現実にはそれは主に女性の家庭内でのただ働き・無償労働によって担われている。そのことがしばしば「腰かけ」と呼ばれ、「臨時」雇いと軽視されるような働き方に女性労働を追いやり、そのようにして資本主義制度のもとでの合理化の手段として利用される事態を作り出してきたのだと、展開されるわけです。

　上記の「母性的機能（とくに出産・育児）に対する社会的配慮」、言い換えれば「母性保護」については、1972年の「母性保護問題」という論文でも取り上げられています。当時は「母性保護」ないし「女子保護」は「過保護」であるということがさかんにいわれていたわけですが、竹中先生はそれに対し、「夜業に関する国際条約および国際水準に照らすならば、日本の深夜業禁止の緩和がいかに時代逆行的であるかは論をまたない」と指摘します（第Ⅴ巻、45頁）。すなわち、「過保護」どころか、日本の「母性保護」は国際的水準でみればむしろ不十分で遅れているのだと指摘しておられるのです。

　そしてさらに、「第二は、母性保護を労働条件を向上させる先達とするともに、男子の労働条件を高めることによって、不断に男女の取り扱いの差をなくしていくことである。……時間外労働の制限や深夜業禁止などは、男子にも一般化する方向で、男女の取り扱いの差を縮めていくことが必要である」とすでにこの時点で主張されています（第Ⅴ巻、63頁）。

　のちに、男女雇用機会均等法の改「正」によって「女子保護」や「母性保護」が廃止されていくときに、女性たちは、男性も含めた「両性保護」とす

べきだという主張でその動きに対抗しようとしました。このことは比較的記憶に新しいと思いますが、しかし、それよりはるか前の1970年代初期という時点で、竹中先生がすでにそれを主張されていたということに、私はやはり強い感銘を受けるのです。

　そして、もちろん1986年の「働く女性を支える社会システムの構築を──『雇用均等法』後の課題をさぐる」という論文の段階では、雇用平等のために女子保護規定の見直しが必要な段階にきているが、それは「①生殖機能の保護を……両性保護にレベルアップ」し、「②妊娠・出産（哺乳を含む）の保護は、女子の出産保護としてその内容を拡充」する一方、「③育児のための保護は、……両親の権利へと移行させる」べきであるというように、改めて整理されることになります（第Ⅴ巻、128〜129頁）。

社会保障におけるジェンダー・バイアスの分析

　上述の1972年論文の３年後となる1975年には「国際婦人年」がやってきます。日本では当時、世界会議の動きは女性の職場進出をめざし、女性も男性と対等にいわゆるペイドワークができるように支えようという呼びかけとして、主に受け止められていたと思います。しかし、実はそれだけでなく、そしてこのことはなぜか当時の日本の女性運動や労働運動のなかではあまり注目されなかったようなのですが、メキシコ「世界宣言」や「世界行動計画」では、社会保障における男女平等、社会保障における女性の地位の引き上げも要求されていたのです。

　ですが、ここでも竹中先生はまさに同時代の1975年に「社会保障における女性の地位」という論文を発表なさって、「しかし……日本の論議はまだ十分成熟しているとはいいがたい。……一九七三年の年金統一ストを皮切りに、社会保障闘争は一つの高揚への転換期に入ったとはいえ、いまだ女性の立場からする社会保障制度の改革提言が一つの大きな運動の流れをなすまでには至っていない現状である。……これまで一般的に社会保障制度における婦人問題が比較的看過されてきた理由の一半は、……女性解放の視点からの社会保障の重要性が十分認識されてこなかったことによるように思われる」

と、いち早くこの問題に着目しておられます（第Ⅴ巻、156頁）。

　さらに、この遅れの理由として、「日本の家族制度は、揺りかごから墓場までの多様な生活的機能を家庭の中の個人的機能の領域にとどめ、女の、とりわけ妻の役割としてきた。このことは社会保障の発展を遅らせたばかりでなく、女性の一時的な労働の性格を強めてきた……。まさしく労働運動の中での社会保障闘争の弱さは、女子労働問題、ひいては女性解放と社会保障との関連が十分認識されていなかったことに起因している」と述べられ、「現行社会保障制度における女性の従属的地位の問題」は、「日本の社会保障制度が……市民的個人単位原理に立っていないこと……を示す」と指摘されているのです（第Ⅴ巻、157頁）。

　妻や子どもが個人として社会保障の受給権をもつ必要性を認めず、代わりに夫・父親が社会保険の受給資格を保障されていれば、妻や子どももその扶養家族として医療保険や年金等を享受できる――これを派生的権利といいます――のだから、それで十分だという男性「世帯主」中心の社会保障システム、これが社会保障におけるジェンダー・バイアスの問題として世界的に批判されるようになるのは、1980年代くらいからだと私は不勉強にも思っていたのですが、ここでもすでに1970年代半ばに竹中先生は実質的に同じことを指摘されていたことになります。

　（注：国民健康保険の保険料納付等には扶養家族という概念はありませんが、基本的に世帯単位、世帯主中心主義の仕組みであることにかわりはありません。）

　こうした問題意識は雇用保険（失業保険）や医療保険、年金制度を対象とした当時の他の論文でもかいまみることができます。竹中先生のご研究領域の広さには本当に驚かされるのですが、それだけでなく、たとえば女性の年金権について書かれたこの時期の論文の分析・主張は、今の第3号被保険者制度にかかわる論議にもほとんどそのまま通じる内容になっています。

「労働力商品化体制」論

　竹中理論は1980年の「労働力再生産の資本主義的性格と家事労働――家事労働をめぐる最近の論争によせて」では、次のように定式化されていま

す。

「本来生産様式概念は、財貨ならびに人間の二つの生産領域の再生産を包括する」。「労働力商品化体制は、この二つの生産領域の性格を決定する結節環をなしている」。

「……自己再生産システムとしての資本主義経済は、消費を生産から分離し、市場を通じてのみ生産と結びあう労働力商品化体制を歴史的に前提するのであるが、こうしたもとでは、生きた人間の生産（生活）は、社会的分業回路の外部にある個別家族の私的労役にゆだねられるために、社会的生産の外部の見えざる労働として、経済関係の表面にあらわれない」。

「……ブルジョア単婚家族は、その内実において、労働力の再生産を個別家族の私的労役によって果たす家父長制をうちに含むものとして存在している」（第Ⅱ巻、92頁）。

私のみた限りでは、「労働力の商品化体制」というタームが竹中先生のご研究に初めて登場するのは、おそらくこのご論文くらいからではないかと思います。といっても、これまでとは別個のまったく新しい概念として登場したのではなく、それまでの竹中先生のご研究の蓄積が、この「労働力の商品化体制」というタームにひとまとまりのものとして概念化されたといってよいでしょう。

そして、同論文の「むすび」では、「今日、資本＝国家の女子労働政策が、一方では女性を家庭から職場にひき出す女子労働力開発政策としてのウーマン・パワー政策をとりながら、他方では、女性の家庭的責任を強調する家庭政策をとっていることは、……一見矛盾したようにみえながら、……労働力商品化体制の維持をもとめる資本の経済的合理性の見事な政策的表現にほかならない」と総括されます（第Ⅱ巻、94頁）。おそらく当時の少なからぬ女性たちが、自分たちの板ばさみの状況をかくも端的に表現し、そのよってきたるところを喝破したこの分析に涙し、また、社会をこのままにしておいてはいけないという怒りと決意をもってこぶしを握りしめたのではないか、とそんなふうに思います。

家事労働の社会化とケアの権利の保障

ところで、ここで課題の一つとなってくる「家事労働の社会化」について、1976年の論文「家事労働の経済的評価」の時点では、「資本主義的私企業によって……個別家族に私的に供給されるかたちをとる」、すなわち「資本制商品・サービス労働へのおきかえ」として進行する家事労働の社会化という方向に対しては、いわば否定的な位置づけがなされていました。

そして、これとは対照的なもう一つの方向、すなわち「社会政策・社会保障の実現として」、「社会的公共的消費手段」が提供される形で家事労働の社会化を実現することこそ、運動が目的意識的に追求すべき目標であると竹中先生は主張されていたのです。伊藤セツ氏の著作の引用ですが、「労働者の個人的消費が社会的に結合され、労働力の再生産が社会的形態で達成されていく」方向がのぞましいとされていました。たとえば公的な集団保育はその一つの典型です（第Ⅱ巻、110頁）。

ここではまた前者の方向にはらまれる問題点が、次のように指摘されています。つまり労働者、とくに低賃金の労働者にとっては、資本制商品・サービスの購入によってどこまで家事労働を代替できるかについては、なによりその購買手段すなわち賃金収入のレベルによって課せられる限界というものがあります。そこで、結局多くの場合、女性がその限界を自らの無償労働で補う―たとえばクリーニング店に出すのではなく、購入した家電で自ら洗濯する―ことになります。さらに、女性がそのように依然として家事労働に拘束されつつ同時に賃労働者化するということは、そういう事情を資本が有利に利用して、女性を景気調節弁的労働力に位置づける条件ともなります（第Ⅱ巻、106～107頁）。

（注：家事労働の社会化の2つの方向についてのこうした評価と分析が、上記の1980年の論文「労働力再生産の資本主義的性格と家事労働―家事労働をめぐる最近の論争によせて」にどう受け継がれ、あるいはそこでどう変容したかは、重要な論点ですが、時間の関係で取り上げることはできませんでした。）

しかし、1987年の論文「家事労働の価値観」の段階では、この点に関わっ

てある変化が示されているように思います。すなわち、たとえ家事労働が個別家族の範囲内で行われるものであっても、あるいは100％社会的サービスにゆだねるのではなく、父や母が自ら育児をする、あるいは家族自身が介護の相当程度を担うといった選択をしたとしても、それはそれで人間らしい営みなのだ、そういう「ケアをする権利」を労働時間の短縮等をとおして両性に保障する、そうした方向も忘れてはならない大切なことなのだという視点・評価が新しく加わってきます。

　つまり個別家族の範囲内で行われる家事労働についても、上述の単なる市場化とは異なる社会化、すなわち家族ないし個人に対して社会がケア時間を保障するという形での家事労働の社会化もありうるということです。

　それはたとえば、次のような箇所にも示されています。

　「では家事労働が女性の抑圧の物質的基礎であることをやめ、真に創造的な労働力の再生産労働としての意味をとり戻すにはどうすればよいか。……それは家事労働のコストを、両性および社会によって共同分担していくための社会システムをいかにつくりだしていくかにある」。

　「一つは、家庭のなかで個人がおこなう、自由で自主的な生産活動という領域であり、二つは、それとは対照的に、社会的な共同的労働として、外部化すべき領域である」。

　「第一の領域は、……権利として位置づける……この家事労働を社会的必要労働として評価する」。

　「そして、……男女両性の権利でなければならない」。「なかでも労働時間の短縮が前提とならなければならない」。

　「第二は、いわゆる見えざる家事労働にゆだねられている労働を、社会的な専門福祉労働へ移行させていく方向で」「その専門化をはかり、広く共同利用を考える必要が、ますます緊急な課題となっている」（第Ⅱ巻、126～128頁）と。

　このように竹中理論において、ケアの権利・時間の保障という形での理論化がなされたのは、だいたい1980年代の後半ではないかと思いますが、すでに述べたように、竹中先生はすでに1960年代において、育児が私的でありながら、同時に社会的労働としての意義をもっていることを指摘しておら

れました。その意味では、これも新しい変化というより以前の研究の発展というべきなのかもしれません。

　竹中先生は1990年代以降もディーセント・ワーク、「時間政治のフェミニスト改革」等、その時代の最先端といってよい新しい概念、キーワードを積極的にその主張と分析に取り入れてこられました。しかし、それもまた1960年代に組み立てられたご自身の理論の柱をさらに太くしていく、枝葉を豊富化していかれる過程であって、そこで主張される内容そのものは1960年代からほとんど変わらない、首尾一貫したものであったと改めて思います。

　総じて、竹中先生の社会政策論というのは、労働力商品化体制と社会保障が資本蓄積過程において相互規定的に発展していく、そのなかで変容していくジェンダー関係のダイナミズムを描き出そうとするところに大きな特徴があると考えます。とりあえずこのことを今日の私の報告の一応の締めくくりとさせていただきます。

（本稿は当日の報告を大幅に加筆訂正したものです。）

（初出　竹中恵美子著作集完成記念シンポジウム〈2013 2 2〉
～竹中理論の意義をつなぐ～報告集）

第5章
＊
『竹中恵美子著作集』（全7巻）を読む

北　明美（福井県立大学教授）

はじめに

　1952（昭和27）年に大阪市立大学経済学部助手として研究者の道を歩み始めた竹中恵美子が、最初に発表した論文は1953年「男女賃金格差と男女同一労働同一賃金原則についての一考察」（『経済学雑誌』第29巻第3・4号）であった。ただしこの論文は、『竹中恵美子著作集』[1] 全7巻（明石書店、2011年刊行開始・2012年完結）には収録されていないため、「本著作集」中、もっとも古い論文は、1961年初出の「労働市場の構造とその運動」（「本著作集」第Ⅰ巻第一章）となっている。そして、そこから2010（平成22）年「私たちの求めるワーク・ライフ・バランス―雇用の保障と家族政策の充実を」（「本著作集」第Ⅶ巻第七章付論三）にいたるまで、竹中の半世紀以上にわたる研究活動の主要な成果がこの本著作集に収められることになった。
　各巻のタイトルと出版年は、以下のとおりである。
　　著作集第Ⅰ巻『現代労働市場の理論』2012年
　　著作集第Ⅱ巻『戦後女子労働史論』2012年
　　著作集第Ⅲ巻『戦間・戦後期の労働市場と女性労働』2012年
　　著作集第Ⅳ巻『女性の賃金問題とジェンダー』2012年
　　著作集第Ⅴ巻『社会政策とジェンダー』2011年
　　著作集第Ⅵ巻『家事労働論（アンペイド・ワーク）』2011年
　　著作集第Ⅶ巻『現代フェミニズムと労働論』2011年
　上記の1953年論文を外した理由について、竹中は直接には説明していな

---

1)　以下、「本著作集」。巻号と頁は示すが、章タイトルは示す場合と省略する場合がある。

竹中恵美子著作集　全7巻

い。だが、おそらく自身の労働研究の本格的なスタートは、1960年代に始まると考えていたと思われる。すなわち、1962年に発表した「わが国における婦人の雇用構造と賃金―婦人の賃金構造の特徴について」(「本著作集」第Ⅱ巻所収[2])で、竹中は上記の1953年論文に触れ、そこでは「当時の賃金論争第一段階の一般的欠陥」として、各種労働市場の労使の競争により具体化される労働市場分析が欠けていたと回顧し、約10年の時を経て、かつての論文の不十分な点を補いつつ女子賃金の内的構造の解明をめざすことにしたと冒頭で述べているからである(「本著作集」第Ⅱ巻197～198頁)。さらにこの1962年論文は、竹中の最初の単著『現代労働市場の理論』(日本評論社1969年、増補1979年)に収録され、次の代表的単著『戦後女子労働史論』(有斐閣、1988年。「本著作集」第Ⅱ巻所収)にも再収録されたが、そこでも竹中は、「労働市場論なき賃金論、さらに労働力の再生産構造(家族)

2) 第六章「戦後の労働市場構造と女性の地位(1945～1960年)」として所収(「本著作集」第Ⅱ巻197～265頁)。以下、「1962年論文」とする。

との接合を欠く労働市場論への批判的視点は、今日まで私のつよいモチーフ
となっている」と自ら解説している（「本著作集」第Ⅱ巻 18、258 頁）。

　こうした視点の獲得によって労働研究を再スタートした竹中は、日本の資
本主義経済・社会の展開にとって、女性労働と男女賃金格差がいかに枢要な
位置に立ち、高度経済成長と低成長期のそれぞれにおいて、高蓄積の源泉と
なったかを明らかにする諸論文を次々に発表していく。筆者が本稿で述べよ
うとするのは、竹中のこうした研究は、日本の労働市場の特殊性についての
ジェンダー分析の先駆といえるものであり、しかもそれを同時代的かつ系統
的に行い、発表していった点に竹中の特徴と功績があるということである。

　もとより竹中の著作は、学会からも社会からも高い評価や支持を受けてき
た。にもかかわらず、その理論や主張に対する誤解は少なくない。その理
由のひとつは、批判者の多くが上記の『戦後女子労働史論』のみを引き、膨
大な他の諸論文を十分参照しないまま、竹中の全体像について語る傾向にあ
るように思われる。そこで本稿では、著作集の書評としてはやや異例である
が、各巻ごとに概要を紹介するのではなく、主題ごとに各巻を参照しつつ、
竹中の分析の特徴と広がりをみていくことにしたい。

　ところで、1980 年代以降、竹中と理論的協働関係を築いてきた久場嬉子
は、その 1987 年の論考で、マルクス主義フェミニズムは日本に定着したと
はいえないとして、その背景となる事情を 3 点あげている。第 1 は、日本に
おける性別分業肯定論の根強さ、第 2 は、日本が"マルクス経済学先進国"
であったという事情が、かえってマルクス主義フェミニズムの理解を妨げた
こと、他方でフェミニズム運動の側では、伝統的マルクス主義が「女性抑圧
を階級抑圧の問題へ還元させてきたという歴史」があるゆえに、「女性抑圧
の物質的基礎」などという概念に対しては「アレルギー」があること、第 3
は、日本のフェミニズムが女性抑圧を現代資本主義というよりは、近代主義
や産業社会の問題として分析・批判する方向に傾斜したということである
（久場 1987、46 〜 47 頁）。

　これらは竹中の業績に対する学会やフェミニストのまなざしにもあてはま
るように思われる。あとでもみるように、マルクス主義労働経済学者として
出発した竹中の著作には、マルクス経済学の用語や概念が頻出する。しかし

著作集の全貌から浮かび上がるのは、それにとらわれて看過するにはあまりに惜しい、現時点につながる洞察の数々である。本稿ではそれを示しつつ、竹中の研究に対する批判についても若干の言及と検討を行うことにしたい。

第 I 節　横断賃率論と竹中の男女同一賃金論

　上述の 1950 年代までの「賃金論争第一段階の一般的欠陥」とは、賃金格差論争が「労働力の価値論」レベルで展開され、男女賃金格差についても、それらの労働力の価値差にストレートに結びつけて論じられるという「プリミティブな」学会状況を指している（「本著作集」第 II 巻 18 頁。同第 V 巻 362 頁）。その結果、男女が同一労働をしても労働力の「自然的差異」のため、差別賃金とならざるを得ないとする「価値法則＝同一労働差別賃金原則」説が唱えられ、男女同一労働同一賃金原則は「資本主義社会では実現不可能な社会主義的原則」であるという主張さえみられたのである [3]（「本著作集」第 I 巻 p.233）。

　その後、労働市場分析をぬきにした賃金決定論に「鋭いメス」を加えたと評される氏原正次郎の 1957 年論文「労働市場論の反省」や 1960 年代における吉村励の「労働力の市場価値」論の提起等を契機として、論争は第 2 段階に入り、労働市場論を媒介にした賃金格差論が登場する（「本著作集」第 I 巻 227 頁。同第 II 巻 257 頁）。この段階において竹中は、産業別組織による横断的賃率（仕事別賃金）の確立をめざす「横断賃率」論者として新たに論陣を張るようになったのである。

　本来、労働市場の機能は賃金・労働時間等の労働諸条件の統一化にあり、同一労働力については同一労働市場が成立すべきである。だが、現実には労働市場は分断され、その作用はねじまげられて労働力の単一の市場価値の成

3）竹中の 1953 年論文もまた、「男女同一労働同一賃金の原則は、賃金の本質規定から労働力の商品化を止揚せる社会主義分配原則」であるとして、その実現こそが「労働者階級の基本的目標」としていたが、同時に、資本主義体制の段階においても、「男女同一労働に対する差別賃金率による搾取方式を排除」し、「賃金水準の不断の低下を阻止」するための「公正原則」として、男女同一労働同一賃金原則の意義を認めていた（竹中 1953、56、59 ～ 62 頁）。

立が阻まれるのみならず、各労働市場における個別の労使の競争・力関係によってさらに賃金格差が生み出される。だからこそ、同一の労働については「労働力の市場価値法則にもとづいて、同一賃金という一物一価の法則が要求される」のである。言い換えれば同一労働同一賃金原則は、労働力の市場価値から「労働の価格」への転化過程において、価値から乖離（かいり）する価格運動を規制し、労働力の市場価値法則の貫徹＝労働の価格（賃率）の実現を要求するものであり、労働組合が担うべき「労働市場統括の機能」を支え、同一労働として交渉力を統一し高めるためのメルクマールということになる（「本著作集」第Ⅰ巻 142、202、246 〜 247 頁）。

　竹中の「男女同一労働同一賃金」論も、この労働市場論を媒介にした同一労働同一賃金原則のうえに立って展開される。各労働力の個別価値はその労働力の個別的な再生産条件によって規定される。しかし、賃金論争の第 1 段階で想定されていたように、労働力の個別価値の男女差が直接に現実の男女差別賃金を規定したり根拠づけたりするのではなく[4]、同一熟練度の労働市場においては男女とも労働力の一つの市場価値[5] に規定されるのであり、これが男女同一労働同一賃金原則の根底的かつ客観的な基盤となる（「本著作集」第Ⅰ巻 104 〜 105、110、228 頁。同第Ⅱ巻 263 〜 264 頁。同第Ⅳ巻 73 頁）。

　しかし、実際には個々人の賃金は、分断される各労働市場での需給関係や、そこでの労使の力関係による「労働の価格」の決定と、それに加わる「個別企業の賃金制度」という「二重の屈折」を受ける。「したがって同じ労働をおこなう男女労働力は、本来同一労働市場を形成して、一物一価の法則にしたがい、同一価格をもつはずであるが、同一であるべき労働市場が意識的に分断されたり、差別的な賃金管理が支配するもとでは、こうした賃金決定の現実的過程をとおして、同一労働差別賃金が現実化されることになる」（「本著作集」第Ⅱ巻 305 頁）。上記の 1962 年論文はまさに「男女の賃金格差を労働市場構造における女性の地位を明らかにすることによって、はじめて

---

4)　竹中は 1953 年論文ですでにこの点について指摘していた（竹中 1953、59 頁）。
5)　平均的労働力価値。竹中にあっては、その労働市場の労働力群の個別的価値の加重平均（「本著作集」第Ⅰ巻 110、228 頁）。

その分析を試みた」ものであった（『本著作集』第Ⅱ巻 18 頁）。

　したがって、このような二重の屈折という視点に立つ竹中にあっては、男女同一労働同一賃金原則の要求は企業内の差別賃率・昇給の撤廃にとどまらず、性・身分・学歴・年齢・勤続に関わりなく、同一労働同一賃金を実現するための企業の枠を超えた運動、「実践的には労働の社会的格付けにもとづく職種別・熟練度別横断賃率要求」の展望につながることとなる。

　しかも竹中は、このような同一労働同一賃金原則を「同じ有用労働にかぎられる要求ではなく、同一質の労働力（具体的有用労働の差を超えた熟練・強度の等しい同一労働市場に属する）に同一賃率を要求する内容をもつもの」と広く捉える立場に立っていた（『本著作集』第Ⅰ巻 233、235 頁）。「男女同一労働同一賃金の原則には、職種賃率の不当な差別を廃止するという内容が含まれている」。そのためには「差別をみつけだすことではなく、同じ労働をみつけだす」ことによって、「女性の不当に低い職種賃率」を引き上げ、合理的な職種別賃率を確立すべきであると竹中は主張した。竹中のこの 1962 年の呼びかけは、のちのコンパラブル・ワーク、ペイ・エクイティ運動を想起させるが、それもまた竹中のこうした理論的立場に裏付けられたものだったのである（『本著作集』第Ⅳ巻 63 頁）。

　のみならず、いわゆる熟練概念が必ずしも客観的科学的なものではなく、ジェンダー性に彩られたものであることを指摘し、生産や経済をジェンダーが組み込まれたものとして概念化することを主張した現代フェミニズムの視座は[6]、すでに上記の 1953 年論文において萌芽的に獲得されていたものであった。「婦人の不熟練労働概念が何らその科学性を保有しない」ばかりか、女性が熟練度や経験年数の高い労働を行っていてもそれが正当に評価されず、「不熟練男子労働者階層以下を示す一つの賃金階層に分類され」てしまうという、「婦人労働に対する因習的規定性」を指摘した記述は、すでにそのことを示しているといえよう[7]（竹中 1953、32、48 〜 50 頁）。

6）のちの時代に竹中は、ブレイヴァマンの熟練解体論をジェンダー・ブラインドな労働過程論として批判したビーチを高く評価した（『本著作集』第Ⅶ巻 157 頁）。

7）この記述について、竹中はウェッブ夫妻等によったほか、『資本論』の以下の記述を引いている。すなわち K・マルクスは同書第Ⅰ巻で、簡単・複雑労働、熟練・不熟練労働

　むろんこの視点は、その後も引き継がれ、単純労働という理由も男女同一
労働のなかの差別賃金を説明できないし、女性だけで占められている専門技
術職の低賃金も説明できないという指摘や、むしろ「女子がつく職業である
から不熟練労働の分野と単純に考えられている」という批判として現れた。
のみならず、それは女子職種を熟練度と労働市場の性格 (労働市場範囲と
男女競合状態) によって類型化し、当時は「比較的看過されてきた分野」で
あった看護師、保育士、美容師等に着目して、こうした男子と競合関係に
立たない「女子の閉鎖的な労働市場」を形成する女子特有の専門・技術職
が、その熟練水準に対する不当な過小評価によって類似の熟練資格をもつ男
性より低い賃金となっていることを実証する研究に発展していった[8] (「本著
作集」第Ⅳ巻 43 〜 44、47、71 〜 72 頁。同第Ⅱ巻 207、225 〜 226、247 〜
251、256、312 〜 313 頁)。

　さらに、上述の『現代労働市場の理論』所収の「職務給反対闘争の現状と
問題点」(初出 1963 年。「本著作集」第Ⅰ巻所収) では、竹中は当時提起さ
れていた「年齢別最低保障賃金要求」について、「年齢以外の差別賃金をな
くすという点で、同一労働同一賃金に近づく一ステップであることは評価」
されるべきだが、「熟練度格差を無視する点で、職務給に対決する場合の労
働者の団結の条件とはなりがたい。とくに女子の専門職および女子だけで占
められている職種の不当な低賃金が明らかにされている現在、この要求方式
だけでは、男女の差別賃金克服にとって大きな限界がある」と指摘していた
(「本著作集」第Ⅰ巻 253 頁)。

　大森真紀は、竹中の最初の単著である同書とそこに収録された上述の
1962 年論文について、竹中はこの単著によって社会政策学会の「主流の中
に足場を固め」たとしながらも、女性労働と賃金についての実証分析を多く
含む 1962 年論文は、抽象的理論的色彩の濃い同書のなかでは異色であり、

　の区別は「一部分は単なる幻想」、他の場合は「久しく実在的ではなくなっていて、た
　だ伝統的慣行にのみ存続する諸々の区別」であり、さらに「自分の労働力の価値を強要
　する力の乏しい諸層」の存在に基づくと述べていた (竹中 1953、32、50、55 頁)。
8)　今もよく言及される看護師・保健師と放射線技師の賃金比較は、神代和欣によって
　1966 年にすでになされており、竹中はその意義に注目して 1969 年以降自身の論文で繰
　り返しこれを引いている (「本著作集」第Ⅳ巻 103 〜 104 頁。同第Ⅱ巻 313 頁ほか)。

学会のメインストリームは、この章をネグレクトする傾向があったのではないかと推測している。とはいえ、同時に大森が述べるように、「竹中会員自身にとって、労働市場研究と『婦人労働』研究は表裏一体」であったろうことは（大森2014、230頁）、年齢別最低保障賃金要求に対する上述の批判的指摘においても読み取ることができるのである。それはまた、あとでもみるように、横断賃率論者のなかにあってほとんどただ一人、男女同一価値労働同一賃金原則の発現が著しく阻害されている状況を単に運動課題としてだけでなく、日本資本主義とその労働市場の特異性に内在する主要な規定要因として捉え分析した竹中の独自性を示しているといえよう。

第Ⅱ節　年功賃金論

　上述のように、1960年代には学会や労働界の一部から「横断賃率論」が提起されたが、それに対する批判も多く、当時の総評等は、賃金体系は搾取手段である以上、労働者側からの理想の代案などはあり得ないというスタンスであった。研究者の側からも資本の主導する職務・職能給攻撃に対しては「年功式賃金に依拠しながらたたかうほかには依拠するものはほかにはありえない」とする主張や、同一労働同一賃金原則についても、それは「差別賃金に反対し、その縮小、撤廃をめざす要求」としてのみ解釈すべきであって、「労働の質と量に応ずる賃金の確立」とは異なるといった見解が出され、さらには、同一労働同一賃金原則に対置して、同一労働ではなく同一生活条件を基準に同一賃金を、という「同一生活条件同一賃金」論も唱えられていた（「本著作集」第Ⅰ巻235、243〜248、315〜317頁）。

　そうしたなかにあって、竹中が労働の社会的格付けに基づく職種別熟練度別横断賃率論の側に立ったのは、自身も述べているように、男女同一労働同一賃金原則の現実化は、企業の支払い能力別に分断された賃金決定機構の変革ぬきにはあり得ないと考えたからであった。すなわち竹中の横断賃率論、日本の労働市場についての一般理論は、まさに竹中の女性労働・賃金構造の具体的分析の到達点だったのである（「本著作集」第Ⅳ巻165頁）。実際、竹中の「著作目録」（「本著作集」第Ⅶ巻巻末）からは、その女性労働・賃金

分析が日本資本主義分析よりある意味先行していたこと、そしてその両主題が、入れ子のように代わるがわる発表されていたことがみてとれる。一般・抽象理論から特殊・具体論へというその理論構成が与える印象とは逆に、女性労働・賃金の具体的な研究こそが、竹中の日本資本主義分析と横断賃率論の基盤だった。

　では竹中恵美子の年功賃金論・日本的労使関係論はどのようなものであり、それは竹中の女性労働分析とどのように接合していただろうか。ここでは、まず竹中の 1968 (昭和 43) 年初出「恐慌と戦争下における労働市場の変貌─戦間期」[9] (「本著作集」第Ⅲ巻所収) 等から、その点をみておきたい。というのも、竹中の日本的労使関係論が労働市場の歴史的展開を論拠としていることは重要な点だからである (「本著作集」第Ⅲ巻 318 頁)。

　標題が示すように、この 1968 年論文は、いわゆる戦時国家独占資本主義段階における労働市場の変貌に焦点を当てたものである。竹中はこの期に、国と資本の労務政策を基軸とする労働市場展開が可能となったのは、1930年の昭和大恐慌が労資の力関係を後者に有利な状況へ導いたことと、労働組合とその諸機能が日本ファシズムによって抹殺されていったことによるとした。本来労働組合は賃率、労働時間、労働能率を標準的に規制するという労働市場統括機能をもつ。そして、それは資本間の競争条件を均等化させ労働生産性の向上に導く一要因ともなるはずだが、当時の日本独占資本と国家は、労働組合のこうした機能をしだいに圧殺していき、労務管理の近代化に向かうというよりは、身分制の強固な維持による労働者の分割支配策を追求していった。そこに日本資本主義の歴史的特殊性があると同時に、あとでみるような「上からの権力的な労働市場の組織化」は必然的に低技術と生産手段の荒廃、強制された低賃金による低生産性と生活破壊に帰結した。その「歴史的悲劇」を竹中は、戦時労働市場論として描き出そうとしたのである (「本著作集」第Ⅲ巻 17 ～ 19、72 ～ 73、83 頁)。

　このように、労働組合のあり方を労働市場の内在的な形成要因として位置づける視点は、どの場合にも竹中の一貫した特徴の一つである[10]。あとでみ

---

9)　以下、1968 年論文と呼ぶ。
10)　年功賃金の成立について、労働組合は経済外的な「制度的要因」であって、労働市場

るように、この 1968 年論文で竹中は、「戦時過程でもっとも日本的といわれ
る形態の年功賃金の形成が行われた」と結論し、戦後との連続性を明らかに
した。その一方で竹中は、同じくこの連続性を強調した孫田良平の 1965 年
「戦時労働論への疑問」と自らの立場の相違に言及して、「日本ファシズムの
崩壊は、戦後の日本的労使関係、労働市場の接続を準備すると同時に、断絶
の客観的条件の道をひらいた」ことを軽視すべきでないとも主張している。
これもまた、労働市場の性格の決定要因として労働組合のビヘイビアを重視
する竹中の理論的立場の現れであった（「本著作集」第Ⅲ巻 19、69 頁）。

　こうした視点に立ったうえで竹中は、上記の 1968 年論文および 1969 年初
出「年功賃金の内的論理について」[11]（「本著作集」第Ⅰ巻所収）と 1975 年
初出「日本の企業内賃金構造の特質—いわゆる年功制の分析視角をめぐっ
て」（「本著作集」第Ⅳ巻所収）において、年功賃金の原型は経済の二重構造
が成立する第 1 次世界大戦後、大正末期から昭和初期の独占大企業にみられ
るが、これが制度として定着するのは準戦時体制下であるとした（「本著作
集」第Ⅰ巻 296、302 頁。同第Ⅲ巻 70 ～ 71 頁。同第Ⅳ巻 224、232 頁）。

　その成立条件の 1 つめは、壮年労働力の軍隊召集、および技術水準の低位
を背景に熟練労働者が零細自営業者化しえたという当時の事情によって、ピ
ラミッド型の年齢別勤続年数別従業員構成を維持できたことである。その結
果、賃金原資を節減しつつ年功的昇給と終身雇用の両立を可能にする自律的
内転力が保持されることになった。

　2 つめは昭和大恐慌による労働供給過剰を背景に、満州事変後の軍需生産
の活況のなかで、終身雇用の「不可欠の補完物」たる景気調節弁的臨時工労
働市場と下請け制が広範に形成・確立されていったことである。

　この期において財閥系大企業は、監督管理者層の直接的掌握と企業内養
成・訓練機関の整備によって、主に農村の初等教育修了者を給源とし、極端

構造決定の主体ではないとした舟橋尚道に対し、竹中は労働力の生産・流通過程への労
働組合の介入の欠如—労働の社会的格付けと社会的賃率の欠如—が、労働力の企業内封
鎖・養成を成功させたと強調している（「本著作集」第Ⅳ巻 214 ～ 221、226 ～ 228 頁）。

11)「本著作集」第Ⅰ巻の第九章に「日本の労働市場と賃金決定—とくに年功賃金成立の内
　的論理をめぐって」とタイトルを改めて所収（同 275 ～ 308 頁）。

に低い初任給から出発する新規子飼い労働者の定着をはかる一方、いったん排出した経験工を臨時工として吸収して臨時工制度を定着させ、同時に中小零細企業を下請けとして再編することにより、企業規模別の賃労働の階層化を推進した。それは相対的過剰人口の累積という客観的条件のみならず、「労働組合の右傾化と結びついた賃金決定機構の個別企業化」という主体的条件によって初めて実現可能であったと、竹中は指摘している（「本著作集」第Ⅰ巻295、297頁。同第Ⅲ巻31～32頁、36～44、70～71、82、320～322頁）。

　さらに、こうした展開において竹中が特筆したのは、産業別企業別の労働市場構造が、日雇い労働市場への朝鮮人労働者の大規模な編入・定着化と「民族的差別賃金」を伴い、本工対臨時工および本国労働者対植民地労働力という二重の賃労働の二層構造が生じたことであった。加えて戦争末期には朝鮮人・中国人の強制連行が行われ、日本人がもっとも忌避（きひ）するような生命の危険を伴う軍需産業の「基底部分」に強制配置された。戦時労働統制は、激化する労働力不足のなかで本工化されていった臨時工の代わりに、女性労働者、徴用工、動員学徒を新たに追加して日雇い・臨時工制度を再編しただけでなく、これらの朝鮮人・中国人をそこに組み込むことによって、身分的位階的民族差別的な賃労働の階層構造を維持・強化した。竹中は、当時の低賃金の平準化をこうした労働市場分断の産物として描き出したのであった（「本著作集」第Ⅲ巻20、28～29、50～58頁）。

　また当然のことながら、竹中は昭和大恐慌の影響が男女で異なり、かつそれらが相互規定的関係にあったことを明らかにしている。すなわち、賃金切り下げは「熟練労働者より不熟練労働者に、男性労働者より女性労働者に、長勤続（経験）者より低勤続（未経験）者にシビアに」行われ、これらの間の賃金格差の拡大を通じて、いわば低賃金の二重構造が確立していった。同時に農村労働力から工業への男性の転出比重は上昇していったが、女性では逆に低下し、代わりに家事使用人への転出比重が高まることで、女性労働者の農村からの流出条件はより悪化した。とくに竹中は、女性および若年者に対するより大きな切り下げが、男子および高勤続者に対する切り下げ幅抑制の手段となったことに着目して、低賃金政策と「生活賃金的配慮」の不可分

な関係を指摘している（「本著作集」第Ⅲ巻28 〜 31頁）。

　さらに戦時過程では、農商業・サービス部門の切り捨てによって重化学工業への移動を促進する労務動員計画と大企業の養成工制度普及のもとで、主に中層農家出身学卒者の大工業への流入と、工業の地方分散化に連動する半農半工型の労働者の増加がみられたが、それらは男子労働力を中心とする動きであったため、残された部門では女性比率の上昇と労働力の高齢化がもたらされた。他方で、徴兵による男子労働力の不足は激化し、国家統制のもとで女子労働力による男子職種への代替も大幅に進んだが、それは何よりも女性の低賃金の利用と、平時復帰後の「家庭への還元」という「景気調節弁的臨時工的性格」をテコとするものであった（「本著作集」第Ⅲ巻20、53 〜 54、60 〜 61頁）。

　とはいえ、女性のなかでは相対的に高賃金の機械器具・金属工業に対する女性労働者の求職率は繊維を大幅に上回るようになった。さらに機械工業における女性労働者は年齢構成がより高く都市出身の通勤工が主である等、農村からの出稼ぎ・寄宿工が大半を占める繊維労働者とは対蹠的な特徴をもっていた。竹中は、こうした男性職場への女性の進出と「女子労働の型」の変貌を、日本の戦後における男女同一労働同一賃金・労働諸権利運動への結節点として位置づけている（「本著作集」第Ⅲ巻54 〜 57頁）。

　ところで、基幹労働力部分への未経験者や中途採用者の投入は、この期の年功賃金の形態変化を必然化した。すなわち第1次・第2次の2つの賃金統制令を経て、年功賃金は企業貢献度中心の勤続給的年功給から、年齢と勤続基準中心の国家に対する奉仕としての年齢給的年功給に変化し、全員一斉の定期昇給制度が実施されるようになったのである[12]。同時にそれは産業別年齢別性別「平均時間割賃金」の設定によって、各企業の支払い総額を一定の枠内に抑える方策を伴った。この「戦時年功賃金制度」を支えたのは、賃金統制による低初任給水準の強制と壮年労働力の軍隊召集によるピラミッド型従業員構成の維持であった。「産報運動の『事業一家』的『生活給』思想」と結びついたこの戦時年功賃金制度は、「労働者の生活給思想をテコとする

12）また基本給を中心に、家族手当・住宅手当等の「生活補助給」および出勤奨励給と能率給を加えた「家族扶養的生活賃金」の形態が整備された（「本著作集」第Ⅲ巻70頁）。

労働力の分割、支配の方法」として、賃金水準の絶対的低下のもとで、世帯もち男性労働者の不満をそらす方策にほかならなかったと、竹中は分析している（「本著作集」第Ⅰ巻 297 〜 298、302 頁。同第Ⅲ巻 64 〜 66、69 〜 73、82 〜 83 頁。同第Ⅳ巻 224 頁）。

　このようにして竹中は、戦後の定期昇給制度の原型は戦時過程にあることを見出したのであるが、それにとどまらず、竹中が重視したのは戦時年功賃金の形態においてあらわになった、労働の社会的格付けとは無縁の「賃金率の無規定性」、「社会的賃率」の欠落という年功賃金の本質であり、それが戦後に継承されたという問題であった（「本著作集」第Ⅰ巻 279、281、288、297 〜 298 頁。同第Ⅲ巻 64、69 〜 70、73 頁）。

　「同一労働同一賃金原則」は、標準労働日・作業量の労働組合による規制を前提とし、それに対応する同一賃率を職種の熟練・複雑度ごとに要求する原則であるが、日本の労働組合は、このような「労働の価格」を企業の枠を超えて取引できる主体として自らを確立することができなかった。すなわち労働の社会的格付けの客観的基礎となる職業技術教育・訓練の社会化を欠いた日本の労働組合[13] は、こうした社会的賃率基準を団体交渉で設定する企業横断的組織に飛躍することがないまま推移したのである（「本著作集」第Ⅰ巻 143 〜 144、288 〜 289、291 頁。同第Ⅱ巻 316 〜 318 頁。同第Ⅳ巻 206、215 頁）。

　戦後、日本の労働組合は飢餓的水準に落ち込んだ賃金に対し、年齢別最低生活保障としての生活賃金要求をもって臨み、他方、企業の側は臨時工をテコとしつつ、子飼い労働力養成のための勤続・企業貢献度中心の年功制度の確立に向かった。戦後の年功賃金と労働市場の企業別分断は、この労使「両者の結合型」、「癒着」として再編されたと竹中は指摘している（「本著作集」第Ⅲ巻 83 頁）。

---

13)　竹中はその歴史的背景として、日本の労働組合にはイギリスのクラフト・ユニオンがもちえた徒弟制度の前提が欠け、それに代わるべき公的な徒弟教育も成功しなかったこと、その結果、外来技術に応えられる基幹労働力は独占資本の企業内養成に依存し、そのことがまた労働市場の企業内封鎖を強めたこと等をあげている（「本著作集」第Ⅰ巻 289、291 頁。同第Ⅳ巻 215 頁）。

　この再編の第1の理由は、低初任給の維持と労働力の需要独占を可能にする若年労働力の過剰供給、第2は、労働条件の有利な確保のために相対的過剰人口の圧力の遮断と企業排他性の選択を自らのメリットとみなす大企業労組の「現実主義」である。竹中によれば、ここではGHQの対日労働政策、とくに1947年2・1ストの敗北がもたらした挫折感の影響も大きく、このことが敗戦直後の産業別組織の分解につながったという。第3の理由は、手工的熟練から客観的熟練への客観化の立ち遅れにより、年功的労務管理が戦後も当面有効であったことである。竹中はさらに第4として、社会政策・社会保障の遅れが大企業労働者の企業依存意識を導き、後者がまた前者の発展を阻害する結果になったことをあげている（「本著作集」第Ⅲ巻94～95頁。同第Ⅳ巻224頁）。

　さらに敗戦でいったん失われたピラミッド型従業員構成の自律的内転力は、人員整理と労働組合の従業員組合化によって再構築された。また、臨時工だけでなく社外工・パートタイマー等の新たな景気調節弁的労働力の形成と中小企業の下請け利用によって、大企業の終身雇用を存立させる労働市場の二重構造も再確立された（「本著作集」第Ⅰ巻299頁。同第Ⅲ巻94～96、323～324頁）。

　こうしたなかで行われる企業別賃金交渉と春闘は、上述の戦時の「平均時間割賃金」にルーツをもつ1人当たり平均額のベースアップという方策によることとなった。

　もともと独占資本の賃金管理の基本は、総労働給付に対する総賃金原資の最大限節減の原理だが、それに対抗して、工場・プラント支部を基礎とする産業別組合は、最終的には企業・事業所レベルで決定される賃金水準の下支えとしての標準的協約賃率と、工程別作業の内容・標準作業量・標準時間の組織的把握によって賃金規制を行う。しかし日本の労働組合はこうした機能を十分もつことがなかった。企業間競争による労務費均等化の論理に包摂される「ベース賃金交渉は、協約標準賃率の設定には無効」であり、「賃金原資を最小に節減しつつ、近代的経営管理の浸透を可能ならしめた」と竹中は指摘する。のみならずその配分権限が経営者に基本的に握られている限り、賃率不在のもとではあらゆる差別的配分が可能である。竹中はこの段階で女

性労働者、とくに中高年女性労働者の賃金切り下げがもっとも顕著になることに着目している（「本著作集」第Ⅰ巻 250 ～ 251 頁、292 ～ 293、295 頁。同第Ⅳ巻 154 ～ 155 頁）。

　「賃金闘争をやる場合、日本では賃金総枠をまず取るという要求をする」が、「これをどう分けるかという場合、やはり女性の分を少なくしておけば男性の取り分は多い」、「そういう形で、競争させるような仕組みにしておけば、……資本の方としては安泰」であるというだけではない（「本著作集」第Ⅶ巻 256 頁）。そもそも「賃率不在のもとでの、年令・勤続にもとづく低昇給の論理」は、「年功の多い高齢者の賃金を、年功の少ない低年齢者の賃金の削減によって補償する方法」によって「賃金原資を最小限にとどめつつ」、やむを得ない範囲でのみ「家族の生活への顧慮」を行う個別賃金管理であった（「本著作集」第Ⅰ巻 293、295 頁）。

　だが、このように「男子には年齢が増すことに伴う生活費上昇の一点の考慮が、資本にとって必要悪と認められているのに対し」、女子にはそれすら認められず「ぎりぎり見積もられなければならない年齢別最低生活保障のメカニズムからも脱落しており、年齢、学歴、経験を問わず、一つの低賃金集団として機能している」（「本著作集」第Ⅱ巻 310 ～ 312 頁。同第Ⅳ巻 134、147、178 頁）。

　このようにして竹中は、日本の女性労働者に対する賃金差別の問題を、女性の「周縁性」の問題としてではなく、日本の賃金決定機構の核心である「賃金率の無規定性」・「社会的賃率」の欠落と不可分離なジェンダー問題として捉えていた。そして、これこそ年功賃金に依拠しようとする論者と竹中を分かつ点であり、さらに他の横断賃率論者にもほとんどみられない竹中の独自性だったのである。

　すでに述べたように、竹中は「差別撤廃の基準は同一労働同一賃金、つまり、熟練度以外の差を認めない熟練度別賃金に他ならない」として、「企業間格差の撤廃と、企業内の身分別、性別、年齢別、学歴別などの格差の撤廃により、労働者の団体交渉力を高め、賃金の社会的基準を高めていく道」を主張した。だが、その一方で竹中は、「ヨーロッパの賃金が職種別・熟練度別賃金たりうるのは、賃金水準の高さもさることながら、その背景に社会

保障がより進んでいる点を見逃してはならない」と指摘し[14]、これに対し日本では低い初任給と社会保障・住宅等の未整備のもとで、労働運動の側でも「年齢別の生活要求」を個別賃金のなかで満たそうとする賃金闘争が不可避であったとも分析している。ここから竹中は、「純粋に年齢にもとづく差別賃金は、賃金水準が低いかぎり、生活要求との結びつきから、これを満たす水準に到達するまで残らざるをえない」として、一定段階までは職種別熟練度別賃率だけでなく、あわせて「年齢別最低保障賃金」の産業別協約をめざすべきとした（「本著作集」第Ⅰ巻 250、253 ～ 255、270 ～ 271、316 ～ 318、321 ～ 322 頁。同第Ⅱ巻 326 ～ 327 頁、同第Ⅳ巻 198 ～ 199 頁）。

またこの「年齢別最低保障賃金」については、上述のように竹中は、熟練度の差を無視する点で、女性の専門職種に対する不当評価の解決には限界があると指摘していたが、他面では、ベースアップ配分過程における上記の女性差別のチェック、とくに中高年女性労働者の低賃金の底上げにとって、年齢別ポイントで最低保障賃金を設定する「個別賃金要求方式」の意義は大きいという積極的評価も行っている（「本著作集」第Ⅰ巻 322 頁。同第Ⅱ巻 326 頁。同第Ⅳ巻 154 ～ 155 頁）。

そして年齢給部分を縮小し横断賃率に移行していくには、「家族手当法や年金制度などの社会保障の拡充が不可欠である」ことを指摘して、とくに「扶養する児童の数に応じて、賃金とは別個に社会保障の形で支給する制度」としての家族手当法（児童手当法）の必要性を強調した。竹中は何より、「家族数と賃金のリンクをたち切れる条件の確立」という点にこの制度の意義を見出し、「年齢による生活費の違いを盾にして、若者の半人前の賃金を合理化している年功賃金制度を変え、同一労働同一賃金を実現する前提としてきわめて重要な課題」と位置づけたのである（「本著作集」第Ⅰ巻 254 ～ 255 頁。同第Ⅳ巻 79 頁。北 2004a、41 頁。北 2013、149 頁）。

---

14) 竹中は、賃金収入のカーブと生計費変動のカーブのギャップは、ヨーロッパでは社会保険や社会保障への依存を必然化したとする小野恒雄の指摘を引いている（「本著作集」第Ⅳ巻 209 ～ 210 頁）。同一労働同一賃金原則と扶養家族数によるニーズの相違との矛盾、いわゆる賃金のジレンマの問題と児童手当制度との理論的歴史的関連については、北 2004b、15 ～ 16 頁。

　さらに職種別・熟練度別賃金は、「全国最賃や社会保障制度の充実を不可欠の前提条件とする」が、しかしそのことは、「たたかいの順序が、全国最賃や社会保障制度を先行させなければならないというのではない」として[15]、「職種・熟練度別賃金の具体化へのたたかいが積極的になされればなされるほど、これらの前提条件への取り組みは高まらざるをえないはず」だと主張した（「本著作集」第 I 巻 256 頁）。

　その後も竹中は、「住宅保障・老齢保障・児童手当の拡充などの社会保障の充実は、同一労働同一賃金のバックグラウンドである」と繰り返し述べている（「本著作集」第 II 巻 326 〜 327 頁。同第 IV 巻 198 〜 199 頁。同第 V 巻 312 頁。同第 VII 巻 316 頁等）。実は児童手当制度に対するこのスタンスにおいても、他の横断賃率論者と異なり、またその批判者とも異なる竹中の独自性をみることができる[16]。現在でこそ、家族賃金の解体・男女同一価値労働同一賃金の実現と児童手当拡充との理論的関連に言及する論者は少なくないが、1960 年代・70 年代当時の日本においては、むしろ「世帯賃金」の確立こそが取り組むべき目標であり、児童手当の意義は男性の賃金だけでは家族を扶養できないような低賃金の補完にあるといった理解が、研究・運動の双方において支配的だったからである[17]。社会保障給付と賃金を峻別（しゅんべつ）することの意義を看過し、児童手当を世帯主に対する家族賃金の延長ないし補完と想定するこうした論にあっては、賃金の家族手当の廃止が日程にのぼったとたん児童手当に対する警戒と反発が生まれ、十分な賃上げと世帯賃金の確立があるまでは児童手当の整備は先送りすべきという主張に容易に転換していく（北 2004a、146 〜 147 頁。北 2013、38 〜 41 頁）。

　のちに竹中は次のように述べた。「『労働力の女性化』は、労働力の価値分割

---

15) この主張は、総評の 1962 年 8 月定期大会の方針「職務給闘争について」が「とくに横断賃率実現の条件は、失業・半失業の広汎な存在と、最低賃金制の未確立、低賃金水準を解決することなしには不可能である」としたことに対するものであろう（「本著作集」第 I 巻 247 頁）。

16) 代表的な横断賃率論者である吉村励と竹中は、「家族賃金」に対しては対照的な位置づけを行っている（北 2004a、41 〜 42 頁）。

17) こうした「理解」が児童手当に所得制限を課すという成立当初からの制度の「特異性」の一因となった（北 2004c、174 〜 180 頁。北 2010、104 頁）。

を進行させるであろうが、その過程は同時に、労働力の価値の社会保障形態での発展を促進する要因でもある」。「性役割分業に立つ労働力の再生産様式が支配的な段階では、労働力の再生産は家族を単位とした家族賃金という形態をとることとなろう。しかし、共働きが普遍化するにつれて、労働力の価値は、直接賃金（個人単位）と間接賃金（社会保障形態をとった）へと形態変化がもたらされる」。このような「労働力の価値とその実現形態の変化の関連を、いかに歴史的理論的に明らかにするかが残された問題」であると（「本著作集」第Ⅳ巻 303 頁。同第Ⅴ巻 371 頁。同第Ⅵ巻 109 頁）。

　1970 年代以降の社会保障の一定の進展を背景に、総労働力の総再生産費＝労働元本は「直接賃金」と「間接賃金」（社会的給付）に分化するという論理で労働力価値形態の変容を論じた研究者は竹中のほかにも少なくなかった（「本著作集」第Ⅰ巻 226 ～ 227 頁。同第Ⅳ巻 209 ～ 210 頁）。だが、日本においてはこの「間接賃金」という用語は、上記のように賃金と社会保障給付の機能を混同する言説につながることがしばしばである。これに対し、同じくこの用語を使いながらも、竹中に独自なのは、「家族数と賃金のリンクをたち切れる条件の確立」、すなわち両者の峻別の重要性に焦点を当てたことであり、またごく早い時期から児童手当の意義に着目して、家族賃金から男女同一価値労働同一賃金・個人単位賃金への移行の展望のなかにこれを位置づけていたことにあるといえよう。

第Ⅲ節　女性労働論

　上述の大森真紀は、労働市場分析を欠く賃金決定論を批判した氏原正二郎の問題提起に対して、「婦人労働」研究の分野でそれに「最も応えたというべき」存在は、竹中であると評している（大森 2014、230 頁）。実際、女性の低賃金の原因をもっぱら不熟練、家計補助労働、勤続年数の短さ等に求めるそれまでの定説を排し、女性労働がなぜそのような状態に置かれるのかは「日本の賃金一般の決定機構との関連で明らかにされなければならない」というのが竹中の問題意識であった。日本の賃金には性別格差だけでなく、学歴・年齢・勤続・雇用形態等による格差も含まれている。竹中はそれらもま

た、性差別と結びついていることを労働市場の分析をとおして浮かび上がらせようとしたのだった（「本著作集」第Ⅳ巻 22、62 頁）。

　以下、その理論的枠組みを追えば、一般に資本主義経済においては「本来同一労働市場に属すべき労働者が、企業内分業、労働組織における資本の労務管理をとおして、性、年齢、人種などによる労働市場の分断を生み出す」傾向をもつ。さらに独占大企業における職種は「同一昇進ルートに属する職務群の総称」として、その企業内性格が論じられるが、「昇進ルートからはずれた性・人種・身分（常用、臨時）的差別のもとにある労働者は、非独占企業と同一の」開放的・横断的労働市場のもとに置かれ、「独占資本の企業別掌握からはずされた層」となる（「本著作集」第Ⅰ巻 70 〜 71、77、292 頁）。

　このような労働市場の企業規模別分断と階層化のもとでは、「女子労働力の年齢的差別は決定的に重要な位置」を占める。大企業は主に若年女性労働者を採用する一方、彼女らを昇進ルートから除外し、職務群の一番下の補助的・不熟練・単純労働の職種に緊縛（きんばく）して、その流動性を促す短期雇用政策や低賃金政策をとろうとする。換言すれば、大企業は中高年女性に対する排他的政策をとるのであり、その結果、これらの女性労働者は中小零細企業に集中し、やはり不熟練労働者として、労働力の競合関係がより厳しく作用する労働市場で過当競争にさらされ、流動性の高い停滞的過剰人口として再生産される（「本著作集」第Ⅱ巻 200 〜 202 頁）。

　これはまた、労働者の低い生活水準のもとで、女性の技能習得機会が男性より制約される結果でもある、と竹中は指摘する。労働市場の需給両面におけるこうした男女差別のもとで、女性労働者は単純労働分野に集中し、男性労働者との関係においても、また家計との関係においても、補助的労働力として位置づけられる。ここにおいて竹中が独自に主張したことのひとつは、女性労働に与えられるこうした性格規定は単なる「封建的遺制」の産物ではなく、「近代家族」こそ、それを根底的に支える労働力供給条件であるということだった。すなわち近代家族は、「婦人労働者をたえず家計の状態によって排出したり吸収したりしうる景気調節弁的経済機能体」となる。しかも労働者とその家族の再生産は、基本的にこの家族内の「私的労働にゆだね

られ」ているのであり、その多くを女性が担ってきたという歴史的現実が、女性と男性のそれぞれの労働力再生産とその商品化を独自に規定するのである（「本著作集」第Ⅰ巻45、212頁。同第Ⅱ巻18、203〜204、237、254〜255、260、292〜293頁。同第Ⅳ巻169頁）。

　したがって資本主義経済は、「男女の労働力が個別の価値範疇として把握される社会・経済的基盤を内包」しており、その意味で「性差が社会的範疇として論ぜられる」と竹中は論じた。すでに触れたように、この労働力価値の性差が直接男女賃金格差を規定するのではない。しかし、女性労働者の排他的市場が形成されていけば、その熟練度にかかわらず、当該労働市場で支配的な女性労働力の再生産条件が市場価値を低位に規定するし、それが単純労働市場であれば、そこに集中していく労働者の過当競争でさらに賃金は低下する傾向をもつ。そのことは男性労働者から女性労働者への労働ダイリューションの導因でもある。だが、竹中は家事労働の社会化と女性の自立的労働を推進する労働運動の進展によって、この「自然的性差は歴史的にたえず縮められているというべき」であり、「男女労働力の個別的価値差は固定的なものではなく、その差異の程度もそれぞれの国の具体的な資本主義の発展状態によって異なる」とも強調していた。したがって、それは当時の批判者が前提したような生物学的性差や慣習・制度に基づく説明とは明らかに異なっていたのであり、むしろ労働力価値の性差をあくまで歴史的社会的に形成されるものとして捉える立論であった（「本著作集」第Ⅰ巻104〜110頁。同第Ⅱ巻18、237〜238、250、253、263〜264頁。同第Ⅳ巻73頁）。

　竹中は、前述の『戦後女子労働史論』の上梓にあたり、女性の低賃金を「低賃金労働者一般の問題に解消し、性差別の経済学を不問にする研究方法への疑問を示したもの」と自ら解説した。その後も竹中は「今日まで資本主義はジェンダーニュートラルであったためしはない」と強調したが、そうした視点は、竹中の1960年代初頭の労働力価値論の次元にまでさかのぼるといえよう（「本著作集」第Ⅱ巻18頁。同第Ⅴ巻368頁）。

　いずれにせよ竹中の女性労働研究には、独占段階の労働市場分断の解明は「資本一般」の論理としてだけでなく、「女子労働力をはじめ、相対的過剰人口の存在形態と、それを担う労働力主体の再生産構造」の分析が不可欠であ

るという問題認識が貫かれていた。竹中はまた、労働の代替性の範囲と相対
的過剰人口との関連、それに規定される資本間競争と労働者間競争の分析を
欠く労使関係決定論は、単なる「勢力論に堕する可能性」があるとも警告し
ている。このような理論のもとで竹中は、とくに 1960 年代から 80 年代とい
う長期のスパンにおいて、日本の労働市場における性別分業の構造変化を同
時代的かつ系統的に研究した。その実証部分についての検討は他に譲り、以
下では、竹中が明らかにしようとした日本資本主義と性別分業の相互規定的
関係とその歴史的展開を概観する（「本著作集」第Ⅰ巻 211 ～ 214 頁。同第
Ⅳ巻 97 ～ 98、333 頁）。

　竹中はまず、1960 年代の女性労働分析において、日本の女性の低賃金問
題は、その「小規模企業集中化と広範な家内労働者との競合関係という市場
構造を抜きにしては解きえない」と指摘した。すなわち女性労働者の 6 割以
上が 100 人未満の中小零細企業に属し、しかも女性の比重が高い業種の背後
には、やはり女性が大半を占める膨大な数の家内労働者が存在して、その低
い所得水準が賃金引き下げの「死錐」となる過当競争市場を構成している。
同時に、広範に残存する小商品生産分野は、家族従業者としての女性を補助
労働力として、また景気調節弁的な流動性の高い労働力として再生産する基
盤となっていた。とくに竹中が注目したのは、これらの層を含む相対的過
剰人口の圧力が賃金の下限を無償労働にまで接近させるメカニズムをもつこ
とであった。その底辺には、女性労働によって生み出された利益は家長のも
の、労賃という考え方すら発生しない「文字通りのただ働き」、アンペイド・
ワークとなる層が存在していたからである（「本著作集」第Ⅱ巻 208 ～ 210、
215 ～ 218、220、240 ～ 241、245 ～ 247、253 ～ 256、314 ～ 316 頁。同第
Ⅳ巻 31、108 頁）。

　加えて 30 歳以上の女性労働者の 6 割以上が家族従業者であるという事態
は、小商品生産分野が若年女子労働者の短期雇用を支える、リタイア後の受
け皿として機能したことを意味する。竹中はさらに、独占大企業の低い下請
け工賃にもかかわらず中小零細企業が存続しうるのは、こうした中高年女性
の低い労働条件に依存しうるからであると指摘し、1950 年代を通じて再編
された「日本の産業の二重構造は、まさにこれらの広範な女子の過剰労働力

を背景として成立したといいうる」と強調した（「本著作集」第Ⅱ巻210〜211、255、289〜290頁。同第Ⅳ巻86〜87、91〜92、105〜107頁）。

　竹中はまた、女性に対し年功賃金と終身雇用の適用を否定する独占大企業の賃金・労務政策が、中小零細企業における中高年女性労働者の労働条件をより悪化させる関係も明らかにしている。本来機械制大工業の発展は、労働力の等級的構造と分業を解体する技術的な可能性を拓くものであるが、「大工業の資本制的形態は、これと絶対的に矛盾して、女子および未成熟労働力を簡単な補助的労働過程に緊縛するというマニュ的編成を完成させる」。このように「企業内分業における女子の配置自体が、搾取体制としての工場体制によって規定され」ることにより、女性はピラミッド型労働組織の最底辺の単純労働に配置され、さらに独占段階ではここに年齢差別が加わるが、この差別は年功賃金制度のもとではいっそう決定的となる。すなわち年功的熟練を要しないとされる単純労働ないし半熟練の職務に女性労働者を緊縛するかぎり、短期雇用と昇給差別でその早期退職を促し、単身者水準かそれ以下の低賃金でより適応性・可塑性に富む若年労働力に「新陳代謝」し続けることが、賃金原資節減の「合理性」にかなうからである。そして同時に、大企業からのこうした中高年女性の排出・排除は彼女らの中小零細企業への集中とそこでの過当競争をより強めることになる（「本著作集」第Ⅰ巻106頁。同第Ⅱ巻200〜202、210、220、233〜234、240〜243、255〜256、288〜289頁。同第Ⅳ巻147〜148頁）。

　労働移動における不利な労働市場への下降傾向は男性労働者も同様であるが、女性に対しては大企業の年齢制限がより厳しく作用する。こうして竹中は男女間の差別に加え、それを基礎にした年齢による女性間差別の政策が、女子労働をトータルに低賃金労働として再生産する基盤であると総括的に指摘した（「本著作集」第Ⅱ巻233、255頁。同第Ⅳ巻50〜52、109頁）[18]。

　だが、こうした短期雇用管理策にもかかわらず、1955（昭和30）年頃までは自発的にリタイアしていた女性たちが職場に定着する傾向は高まって

---

18) 1960年代前半においては、大企業で若年女性の比率が高く中小零細企業では中高年齢女性の比率が高いという構図は、女性に独自のもので、男性は逆になっていた（「本著作集」第Ⅱ巻第六章217〜218頁）。

いった。これは「年功賃金制度のもとで、女子を低位な職級、単純労働に配
置し、新陳代謝をはかることによって賃金原資の節約がはかられるという賃
金合理化の機能が有効でなくなってきたことを意味している」。しかし、企
業は女子若年定年制・結婚退職制の新たな導入や差別的昇給制度でこれに対
応し、短期雇用の強制・誘導と賃金節約を同時にはかってきた。他方で、や
はり55年頃から現れた学卒労働力の逼迫状況はその後いっそう激化して、
初任給上昇とその平準化傾向に結果した。こうして若年労働者争奪と女性既
婚・中高年労働者への退職強要という一見矛盾した政策が現れたのである。
しかも、それは中小零細企業への女性中高年労働者の集中の強化だけでな
く、その女性たちが臨時工やパートタイム労働者として採用されるという新
局面を進行させることになった（「本著作集」第Ⅰ巻259、268頁。同第Ⅱ巻
140、276 ～ 280、282、289 ～ 290、307、318 ～ 319、327頁。同第Ⅳ巻117
頁）。

　竹中はこの非正規化が男性労働者と非対照に生じたこと、また女性労働者
の間で非正規雇用による正規雇用の代替が生じたことに注意を促している。
たとえば1960年代の前半に、男性の臨時雇用は減少傾向をみせたのに対し、
女性は横ばいであり、他方で女性パートタイム労働者への需要は急増した。
さらに60年代の後半には、男性の臨時・日雇い構成比は低下したのに対し、
女性は逆に常用雇用の比率低下が起こったのである。のみならず、当初は若
年労働力の逼迫から中小企業中心に増加したパートタイム雇用が、いまや大
企業によって組織的かつ大規模に利用され始めた（「本著作集」第Ⅱ巻279
～ 286、315 ～ 316頁。同第Ⅳ巻86頁）。

　このように、非正規雇用の形で大企業のなかに引き入れられた中高年女
性労働者は、内職労働者と同様に、本工労働市場とは分断され、「本来的に
はその下層に位置づけられた中小・零細企業ないしは日雇労働市場に属し
て」過当競争労働市場を独自に構成する。こうして同一企業組織のなかに
異なる採用ルートと労働条件格差をもつ女性雇用の二重構造が形成され、そ
の結果、昇進ルートをたどる正規男性労働者とそこから排除される女性正規
労働者、そして非正規労働市場に置かれる中高年女性労働者という新しい年
齢別・重層的雇用構造が出現した。しかもパートタイム労働者の労働市場と

　内職労働市場は、相互に流出入自由な供給過剰の労働市場であり、さらにその背後には、就業機会を待機する膨大な中高年家庭主婦が控えるようになった。賃金構造の底辺は女性によって担われる、という日本資本主義の特徴が高度経済成長期にも継承されたのは、この労働市場の分断構造によったことを竹中は実証的に明らかにしたのだった（「本著作集」第Ⅱ巻282～286、307頁。同第Ⅳ巻106頁）。

　若年労働力の供給過剰と、それに基づく低初任給という年功賃金の必須の基盤がともに揺らぎ始めたことは、その代替策・相殺要因としての非正規女性労働者の膨大な創出と、昇給制度の男女差別を促進した。もうひとつの代替策は、1966年以降一貫して漸増傾向にあった職能給・職務給に基づく男女賃金差別策である。これらの賃金形態は、社会的基準としての熟練度に基づく横断賃率ではなく、資本主導の個別企業的序列に基づく労務管理給であり、男女の職務を分離し、低い評価・賃率と結びつけられた低い職階・職務・職能区分に女性を位置づけ、差別的な考課、昇給、昇格・昇進規制と運用によって賃金の頭打ちを強める方策となった。こうして、年功賃金体系に職務給・職能給の要素を一部組み込んでもなお、女性労働力は初任給範疇の維持と賃金支払総額抑制の手段として位置づけられたのである（「本著作集」第Ⅱ巻318～323頁。同第Ⅳ巻57～58、77、85、97～98、111、171～173、187～194、249、332、334頁）。

　竹中はまた、パートタイム労働者が「すぐれて身分的に不安定な臨時・日雇名義労働者」であり、かつその少なくない部分が労働時間の短くない「疑似パート」で、しかもフルタイム労働者よりはるかに雇用条件が劣るという日本独特の形態をとっていることにいち早く着目した。のみならず竹中は、戦前からの伝統である大企業の臨時工制度が、戦後においては中高年女性労働者を主力として再編されたとして、その歴史的意義をあとづけた[19]（「本著作集」第Ⅱ巻280～283頁。同第Ⅳ巻76、91～92、130頁）。日本のように

19）竹中はすでに1965年の時点で、「パートタイマーとフルタイマーとの同率賃金を実現するための法規制」の必要を主張し、1970年にも「パートタイム雇用の労働条件の適正化と、短時間労働者としての社会的地位の格付け」が緊急不可欠であると指摘していた（「本著作集」第Ⅱ巻297頁、同第Ⅴ巻32頁）。

労働組合の労働市場横断的な統括機能が不在のところでは、いかに若年労働力が不足しても、それを一部代替する不安定雇用労働者の創出によって、原資を節約しつつ年功賃金体制を一定程度維持し再編することは可能であり、同時に、企業忠誠心を抽出する差別的賃金管理としての年功賃金のメリットは頑強に保持される。まさに戦後年功制においては、基幹的男子労働力の終身雇用の維持と、女子労働力を主たる担い手とする景気調節弁的な「周辺」労働力の創出が「相互規定的な補完物」とされ、かつ「男性の年功賃金体系成立と女性の非年功賃金体系の組み合わせ」が原資圧縮のための必須の賃金管理方式となった。竹中はこうして戦後年功制がいかに「生産点での性別分業を絶対的要請とするもの」であったかを同時代的に明らかにしたのであった（「本著作集」第Ⅱ巻135頁。同第Ⅳ巻217 ～ 218、337 ～ 338頁）。

　日本は1965年以降、初めて完全雇用がフィットする条件に達したが、完全雇用政策は蓄積を阻害するほどの賃金騰貴を防ぐ追加労働力の創出を必要とする。経済審議会労働力研究委員会「労働力需要の展望と政策の方向」（1969年12月）が、年率10.6％の経済成長率を維持するのに必要な追加労働力は、新規学卒を見込んでも801万人不足として、この分を「未利用中高年女子労働力によって補完される」としたことはよく知られているが、このウーマン・パワー政策こそは、主婦のパートタイム労働を国内最大の低賃金かつ景気調節弁的労働力供給源として定着させる契機となった。

　これに対し竹中は即座に、未利用労働力の活用といいながら、主婦のパートタイム雇用・不熟練労働の開拓にのみ力点が置かれ、高学歴化していく新規女子労働力の雇用機会の狭さが不問にされていること、仕事と家庭の両立を可能にする積極的労働力政策を欠くことを指摘して、ウーマン・パワー政策は、大卒女子の敬遠および結婚退職・若年定年制と主婦パートタイマーの大量創出を結びつける要である、と批判している。また、マイホームイズムは、一方で職場から家庭への女性の自発的リタイアを促進し、他方では、消費の社会的強制に促された主婦の賃労働化を推進するという、二重の機能を果たすイデオロギーであると指摘した。時代を捉える竹中のこうした分析の鋭さと緻密さは、研究者のみならず当時の多くの一般読者をひきつけることとなった（「本著作集」第Ⅰ巻211 ～ 212頁。同第Ⅱ巻38、271、296 ～

298、409 頁。同第Ⅲ巻 98 頁。同第Ⅳ巻 126 ～ 128、135 頁）。

「本著作集」の魅力の１つは、高度経済成長期と低成長への転換後という２つの時期における女性労働の展開と変貌を、竹中の同時代的な洞察をとおして俯瞰できる点にある。第１次オイル・ショックを契機に売り手市場だった労働市場は局面を転換したが、それまで長期的に低下していた女子労働力率は、同ショック時の急落後上昇に転じて、男子労働力率の一貫した低下傾向と対照的な動きをみせた。さらに女性雇用労働者のなかの既婚率は、1950年代の４割以下から 70 年代には５割強に上昇し、85 年には７割弱を占めるにいたった。同時に男性の臨時雇用は、1967 年以降減少傾向にあったのに対し、女性の非正規雇用、とくにパートタイム労働は 1975 年の雇用調整後一貫して増加したのである。こうしたなかで 1975 年以降、初任給とくに高卒初任給の伸びが低下したが、その原因として竹中は、「壮年女子労働力を中心とする第二次的な労働力の大幅追加供給は、新規学卒労働力の追加供給減少をまかなう以上に大きく、労働市場全体を供給過剰基調とすることになった」という仁田道夫の分析によりつつ、主婦労働力の供給圧は今後いっそうこの傾向を拡大すると予想した（「本著作集」第Ⅱ巻 276、279 ～ 280、367～ 369、410 頁。同第Ⅳ巻 146 ～ 147、172 ～ 173 頁）。

他方、1950 年に女子就業者の３分の２を占めていた家族従業者は 1985 年には２割にまで低下した。これは新規労働力の主な供給源がいまや家族従業者・自営業者から家事従事者に移行したことを示すと同時に、リタイア後の中高年女性がもはや依るべき自家労働をもたず、「主婦という名の失業層」としての性格をもつにいたったことを意味する。竹中はこれをウーマン・パワー政策の最大のインパクトと位置づけた。さらに減量経営と生産のフレキシブル化の要請は、資本蓄積の新段階をもたらしたが、ここにおいて竹中が強調したのは、「弾力的な性格を伝統的に発揮」してきた女性労働に、企業が「戦略的地位」を与える段階にいたったということであった（「本著作集」第Ⅱ巻 122、269 ～ 271、284 ～ 286、291、410 ～ 411 頁。同第Ⅲ巻 176 ～177、211 ～ 212 頁）。

1980 年代の論文で竹中は、この段階の企業戦略が、中核労働力の利用を職務範囲の拡大や配置転換、残業による生産変動への対応等でよりフレキシ

ブルにする一方、外注、パートタイマー、派遣労働者等「伸縮性の高い」労働力の利用度を高める方向に置かれていること、さらにこれらの労働市場の下位には、なおも女子を主力とする家庭内職労働者が置かれ、このような形で女性労働の外部労働市場への集中と内部労働市場における縁辺セクターへの集中という、ジェンダー構造の再編が行われたことを指摘している（「本著作集」第 II 巻 358 〜 359 頁）。

　また上述のように、竹中は当初から、労働市場のジェンダー分断には女性の年齢差別が伴うことに注目し、雇用上の性差別には水平的・垂直的性別職務分離に加え、年齢・未既婚別などによる雇用形態別分離があるという視角に立っていた。1960 年代の後半においては、それは保育所・学童保育の不足を背景に、乳幼児を育てる女性や高齢者は内職へ、学童を育てる女性はパートタイマーへ誘導されるという指摘に連なっていくが、低成長時代の上記のジェンダー構造についても竹中は、1986 年における家庭内職労働者は平均年齢 44.8 歳であり、かたや、週 35 時間未満の女性パート労働者は 42.5 歳、有配偶者率は約 9 割であるのに対して、女性派遣労働者は平均年齢 25 〜 34 歳で、未婚が 6 割と対照的な構成をとることに着目している（「本著作集」第 II 巻 40、293、342 〜 346 頁）。

　そして、こうした事態を女性の主体的選択、企業とのニーズ一致による需給均衡と説く当時の解釈に対し、性別分業社会を暗黙の前提としながら、これを不問とし個人の行動を合理的とみる立論と批判して、この年齢別パターンは専業主婦の「妻の座」権を強化する家族政策のもとで、家庭と仕事の両立の困難度に応じて形成されていること、またそれらの賃金格差や工賃の低さは、代替性の難易度・参入障壁の強弱によって雇用形態別に分断された労働市場の競争条件の差の反映であることを指摘した。竹中はさらに、教育・訓練の社会的未整備のもとで、再就職女性の能力が過小評価かつ浪費され、このことが労働力の流動性をいっそう高めていること、同様に正規雇用で勤続してもキャリア発展にはつながらない女性の現実が、派遣労働への転職動機となっていることにも注意を促している（「本著作集」第 II 巻 374 〜 377、394 〜 396 頁）。

　しかも、こうしたジェンダー構造の再編は新たな代替現象を伴った。高度

経済成長の時代においては、竹中は、男性採用難の代替と女性の低賃金の利用を目的に女性の職域拡大が行われ、とくに巨大企業の出現による間接部門の著しい拡大のもとで、男性の職務が管理的事務とルーティンワークに分化し、後者を女性に置き換える企業内性分業の再編が行われたことを分析していた。そして低成長下の1980年代の研究においては、大企業を中心とした減量経営下の雇用削減や新規女子高卒者の採用手控えという現象に注目して、OA機器作業の急速な平準化により、技能の企業内部化の必要性が減じ、派遣労働への外部化に向かったこと、女性パートタイム労働者の年増加率がフルタイム労働者のそれを大幅に上回り、後者の増加率はむしろ下降傾向にあること等を指摘して、女性正規労働者が非正規労働者にダイリュート（代替）される局面が現実化したことを明らかにした（「本著作集」第Ⅱ巻274〜275、287〜289、339〜341、358〜362頁）。

　だが、高度情報社会への移行とサービス経済化は、女性の職場進出をいっそう不可逆なものとした。とくにオートメーション化によって全産業に普及した交代制や、人的資源の効率的配分と労働市場のフレキシビリティへの要請は、女性労働分野の拡大と従来の日本的雇用管理の見直しを求める企業戦略を呼び起こした。男女雇用機会均等法を契機に普及したコース別管理等の新人事制度や、母性保護の廃止を推進する労基法改正は、こうした要請のもとに登場したと竹中は分析している。性別分業家族を前提とした労働条件と社会体制を基本的に不問にしたままの新自由主義的な「機会の平等」に対し、竹中が生産と人間の再生産のトータルな改革をめざす「結果の平等」を対置したことはよく知られているが、実際、均等法は一部のキャリア女性に道を拓く一方、大勢としては竹中の警告どおり性別分業の再編成に結果した。しかも全国転勤等を条件とする間接差別的な基準をとおして、大多数の女性たちに割り当てられた「一般職」については、時を経ずしてパート労働や派遣労働への置き換えが進められたのである（「本著作集」第Ⅱ巻139〜145、377〜393頁。同第Ⅲ巻193〜194頁。同第Ⅶ巻219〜220頁）。

　また、1980年代においては、パートタイム労働者は女子雇用労働者の5人に1人という比率であったが、竹中は、他の先進国が30〜50%のパートタイム比率であることを指摘して、日本も「早晩後を追う」とその時点で

喝破していた。ME 技術のキャリア形成が off-JT に移行したことにより、
専門職の派遣労働や家庭で ME 機器を操作する都市型内職が登場するであ
ろうことも、現在より 30 年近く前に見越している（本著作集　第Ⅱ巻 122、
343、359、410 頁）。だが、同時に竹中は、もはや女性労働を産業予備軍的
存在、家計補助労働あるいは縁辺労働力、低賃金不安定労働といったカテゴ
リーに一義的に一括できない段階に入ったとも強調している。求められる
のは、性別職務分離が再編されながら一部に上層移動のルートを拓くとい
う複層化した構造の分析と理論化であり、そこではまた、学生アルバイト等
を含むいっそう多様な非正規労働者の急増とその戦力化が日本型雇用のジェ
ンダー・ハイアラーキーに代わる、あるいはそれに重ねられた形のジェン
ダー・ハイアラーキーを形成しつつあるという事態も射程に入れなければな
らない（「本著作集」第Ⅱ巻 17、25、38 ～ 39、343、357 ～ 362 頁。同第Ⅳ
巻 298 頁）。

　しかも、こうしたジェンダー構造の複層化が第三世界の「外国人女子労働
をとり込む形で進行」することを、竹中は、やはり 1980 年代の段階で指摘
していた。日本では戦前から在日朝鮮人を分断的労働市場の構成要素として
いたが、その日本の戦後において、外国人労働力の大量導入が生じなかった
のは、アジア他民族への排他性といった要因によるだけでなく、すでにみた
ように、農商工業の家族従業者が大量に存在し、その賃労働への移行がウー
マン・パワー政策によって促進されたためでもあった。つまり日本では、
「追加労働力給源としての女子労働力が西欧諸国の外国人移民労働力に代置
した機能を演じてきた」と竹中は指摘する [20]。しかし、やはりすでにみたよ
うに、こうした家族従業者層ももはや縮小し、追加労働力の給源は雇用者世
帯の主婦にいっそうシフトしている。かくて次の段階では、フロー型女性労
働力が外国人女性労働力と競合局面に入り、両者の新たな分断的労働市場が
形成される可能性がある、と竹中は予測した。こうした巨視的な歴史把握は

20）住友電工男女賃金差別訴訟原告であった西村かつみは、新聞のインタビューで次のよ
　うに語っている。1995 年の北京国連女性会議に出席した際に、「中国の NGO から言わ
　れました。資本は安い労働力を使って利益を増やす。米国は移民、中国は農民、そして
　日本はあなた方女性です、と」（『北海道新聞』2004 年 3 月 22 日）。

竹中の特徴の一つといえるが、この予測は約30年後の現在、いよいよ現実化しつつあるといえるだろう（「本著作集」第Ⅱ巻19、411 〜 412 頁。同第Ⅲ巻213 〜 214、329 頁）。

第Ⅳ節　労働組合と性差別

　竹中は1985（昭和60）年の「女子労働論の再構成―雇用における性分業とその構造」[21]においてマルクス主義フェミニズムの理論的貢献を2点あげた。その第1は、古典派以来の経済学が「家族」というカテゴリーを理論的に内蔵してこなかったことに対する批判的分析、第2は、性別職務分離における労働組合のセクシズムの告発である（「本著作集」第Ⅱ巻42 〜 44 頁）。このうち第1の点は、欧米のマルクス主義フェミニズムの登場以前から竹中がもち続けた研究モチーフであった。他方、第2の点は、より遅く1970年代以降に、竹中が日本の現実をとおして到達せざるを得なかった視点であるということができる。竹中はすでにみたように、労働市場の企業別分断は、単に労働市場の需給関係のみでなく、その分断を自らのメリットとする労働組合の「現実主義」を条件とすると指摘していた。だが1960年代までは、女性に対する雇用・賃金差別は、「男女の団結力へくさびを打ち込む一つの手段」、「資本蓄積に伴う賃金低下と闘う男女統一闘争の武器としての男女同一労働同一賃金要求」（「本著作集」第Ⅳ巻85、115 頁）という叙述にみられるように、労働組合は性差別の主体として位置づけられてはいない。

　しかし、1970年代に入ると竹中は、労務管理の性差別とそれに対する法的不備を「黙視してきた労働組合機能の不在」は「看過できない」とし、裁判となった東急機関工業の女子30歳定年制や三井造船の出産退職制が労働協約に基づいていたこと、十条製紙では、職務給導入に際し労使間の確認事項として女性に不利な昇格基準が設定されたこと[22]等の実例を指摘しつつ、

21）以下では、1985 年論文と記す。

22）1977 年初出「女子労働者と賃金問題」（「本著作集」第Ⅳ巻）では、企業内賃金制度における性差別の実例について詳細・綿密な分析がなされているほか、日本信託銀行においては資格給導入に伴った女性差別に対し、是正運動が行われたことも紹介されている

「労働組合においてすら……男性支配が貫かれ……こと女性に対しては、男性の意志と資本の意志は、しばしば結びついて女に敵対する。こうした現実は決してめずらしいことではない」と批判を強めるようになる（「本著作集」第Ⅱ巻 299 〜 301 頁。同第Ⅳ巻 193 〜 194 頁。同第Ⅶ巻 25 頁）。当然、労働市場の企業別分断のもとでの中高年女性の低賃金や非正規労働者差別についても、パートタイマー・臨時工等を労働組合の枠外に放置してきた「労働組合の企業意識の克服」と「本工中心の企業別組合の体質改善」を要求することなしに解決は不可能であると竹中は強調した（「本著作集」第Ⅱ巻 301、316 〜 318、324 頁。同第Ⅳ巻 116、142、150 頁）。

　労働運動は 1973 年春闘の年金統一闘争以後「生活闘争」にも取り組むようになったが、竹中はそれが男性被用者中心の運動であり、「女性の不安定な労働権と低い水準の老齢保障の実態、夫による妻の扶養とこれを前提とした現行年金制度における従属的な妻の地位」に対する取り組みは遅れていると、早くから問題を指摘していた。「社会保障の最低基準に関する条約」（ILO102 号条約）批准の際に政府が出産保障・家族手当（児童手当）・遺族給付の各部門を除外したことについても労働運動側からの反応は鈍かった。竹中は、こうした状況は労働組合の「女子労働者に対する軽視と、企業内労働福祉にのみ根をおろした企業別組合の限界性」の反映であるとして、「今日の労働運動の資質が問われている」と強く批判した（「本著作集」第Ⅴ巻 156 〜 158、180 〜 181 頁）。

　「もとより雇用における性差別は、資本制経済システムに構造的基礎」をもつが、「労使・国家のビヘイビア自体がつねに二つの生産領域」（財貨の生産と人間の再生産）を「視野に収め、そのせめぎあいのなかで展開されているのであり、この過程において労働組合の現実主義はしばしばセクシズムに結びつき、性別分業を維持・再生産するものとして機能していることを無視することはできない」という上記 1985 年論文の記述は、単に欧米のマルクス主義フェミニズムの解説にとどまるものではなく、竹中自身によるこうした研究と考察に裏付けられていたのである（「本著作集」第Ⅱ巻 50 頁）。

（同 189 〜 190 頁）。

　同論文を第一章に置いた『戦後女子労働史論』の最終章においても竹中は、男性・管理者・女性それぞれの意識改革が要請されるが、なかでも「労働組合の役割は大きい」として、その性差別的ビヘイビアの克服を呼びかけた。「"人事権"は会社にあるという言葉がしばしば組合の幹部の口から聞かれ」、「採用から配置・昇進・教育訓練・退職にいたるまで、それらがすべて団体交渉の対象の外にあるものとする労働組合の多いのが現状」であるだけでなく、職場における性差別の告発に対し「労働組合が敵対ないしはその見物席についてきた多くの事例がある」という指摘は、今なお有効だろう（「本著作集」第Ⅱ巻424〜425頁）。

　他方で竹中は、性別役割分担が両性にもたらす人間疎外を明らかにしたフェミニズムが労働組合の女性たちにも広がり、1980年代の後半からは「従来の母性保護を、両性の権利として見直す作業や、家事・育児を生活者の自由な労働のための生活権として、両性に享受できる労働条件をめざす労働組合運動など」が登場したとして、「男性中心の利害に基づいていた、これまでの労働組合運動の質そのものが問われる段階」にきているとも期待した（「本著作集」第Ⅲ巻182〜183頁）。さらに、1989年度からの新産業別最低賃金制度への転換を機に、「労働組合の取組みの如何によっては」看護師・保健師など、資格要件が標準化している職種の横断的な最低賃金の実現も不可能ではないと指摘すると同時に、他国で先行するコンパラブル・ワースにも注目し、熟練度・専門性が過小評価されてきた女性職種の低賃金に再び言及して、その「正当な社会的価値づけをめざす運動を構築していく契機ともなりうるものであり、今後の労働組合運動の力量が問われている」と呼びかけている（「本著作集」第Ⅱ巻428〜429頁）。その後においても竹中は、コンパラブル・ワースが日本における女性労働組合運動の活性化の重要な一環となるであろうこと、それが「均等待遇2000年キャンペーン」の発足など新しい運動形態のもとで、正規・非正規間の平等賃金を実現する手段として位置づけられていることにも関心を寄せた（「本著作集」第Ⅲ巻182〜183頁。第Ⅳ巻289、300頁）。

　また1991年論文以降、竹中は「日本的経営」論のなかに労働組合のセクシズムの問題を位置づけている。日本的経営の特徴の一つは、「終身雇用制

度と組み合わされる非正規労働（フロー型)」に対する規制が弱いことであるが、企業別労働組合は「こうした企業ビヘイビアに親和的」であり、かつ「世帯 (主) 賃金要求」で性別役割分業を支え、「性別分離の職場規制」の解消には「ネガティブ」である。当時竹中が注目した「後期マルクス主義フェミニズム」は、国家・企業・労働組合による性差別的ビヘイビアとそれらが構成する「公的家父長制」の問題を重視するようになっていた。竹中は、日本の「企業社会」を支える政労使のトライアングルのなかに、公的家父長制の強固な日本版を見出したのである（「本著作集」第Ⅲ巻112、196 ～ 197、242 ～ 243、267 頁)。

　同時に竹中は、単に労働組合の性差別性を告発するに終わらず、「いかなる条件のもとで、労働組合が家父長制ビヘイビアをとることになるのかを分析すること」が重要であるとして、その観点から、福祉国家類型論にも目を向けた。1980 年代以降も福祉国家の発展を続けた北欧型、再生産労働の市場化と再私化を進めたアメリカ・イギリス型、無償の家事労働による「家族福祉基盤型」を維持しようとした日本型という公私ミックスの分岐は、社会的アクターとしての国家・企業・労働組合の性格と行動様式の違いによって生み出されているといった指摘等は、そうした問題意識の反映といえよう（「本著作集」第Ⅲ巻214 ～ 215 頁。同第Ⅶ巻88 頁)。

第Ⅴ節　一論争再考

　社会政策学会の 1992 (平成 4) 年大会における大沢真理報告は、「男性労働を標準として、労働問題研究の一般論を代表させてきた日本の労働問題研究」の問い直しを迫り、ジェンダー・アプローチへの転換を呼びかけるものであった。竹中は同報告をこのように積極的に位置づけたが、その一方で、「大沢氏の拙稿への批判以降、私の女性労働の特殊理論が、私の意に反して、女性＝特殊、男性＝一般の構図へと定着させられてしまったことは不本意であり遺憾である」とのちに述べている（「本著作集」第Ⅴ巻257、379 頁)。すでに四半世紀前にさかのぼる論争ではあるが、その影響の大きさに鑑み、ここで若干の検討を行う必要があろう。

　大沢の「日本における『労働問題』研究と女性―社会政策学会の軌跡を手がかりとして」（社会政策学会 1993 年）は、この報告に基づいて書かれたものである。それによれば、ジェンダー・センシティブなアプローチとは「産業・職業間や企業間の分業および、同一企業内の職場・職種・職階による分業と、性別分業との連関―『性別職務分離』にしかるべき照明をあてるような研究」であり、さらに「階級関係や労使関係、国家と社会」といった従来の基礎的なカテゴリーに「ジェンダー関係という新次元をくわえることによって、社会分析をより立体的なものにすること」であるという。また、家事労働というカテゴリーとそれを女性が専担することの理由については「家族という制度のなかに貫く女と男の権力関係」に着目し、「雇用者世帯の家事労働と自営業者世帯の家族労働を統一的にとらえてその家父長制的関係を問題にする」デルフィ等の「唯物論的フェミニズム」に依拠するというのが当時の大沢の立場であった（大沢 1993、6 ～ 7、19 頁）。

　とすれば、本稿がこれまでみてきたように、竹中の研究は日本におけるその先駆として位置づけられてよいように思われる。しかし、大沢は竹中の研究を「女性のみが特殊な条件を負うという枠組みでの『女子労働研究』の囲いこみ」と評し、「女性労働が特殊な周辺領域であるという問題構成には、終止符が打たれなければならない」と主張した（大沢 1993、20 頁）。これに対し竹中は、男子労働論が労働力の一般理論を代表すると述べたことは一度としてなく、「男性の労働分析をもって、あたかも労働力の一般理論であるかのような主張がまかり通ってきたことに反論してきたつもり」であると応答している（「本著作集」第Ⅴ巻 377 頁）。実際、上述したように、大沢が俎上（そじょう）にあげた竹中の 1985 年論文およびそれを収めた『戦後女子労働史論』は、女性労働者を「低賃金労働者一般」のカテゴリーに解消して「性差別の経済学を不問にする研究方法への疑問」を研究動機としたものであった。いずれにせよ大沢が、竹中の研究「枠組み」や「問題構成」を上記のように解釈した根拠はいま一つ明らかでなく、またその後の議論も途絶えたまま終わったようである。

　そこで、ここでは関連する問題をやや別の角度から検討することにしたい。

　竹中は、「労働力商品化体制」成立の基礎条件として、第1に、機械制大工業による工場体制の確立が生産と消費（労働力再生産の場）の場所的分離をもたらしたこと、第2に、賃金法則の限界のもとで、非市場労働であるがゆえの家事労働の無償性がその市場労働への代替の制約要因となること、第3に、労働力再生産と世代的再生産において、性別分業家族を経済単位として位置づけることが、資本の効率の原理に適合的であることをあげている（「本著作集」第Ⅱ巻31〜33頁）。これに対し大沢は、この場合、家事労働の専担者は男性でも女性でもよいはずであり、また第1の前提については生産と消費の分離以前から性別分業が存在したことを考え合わせると、いずれも女性が家事労働の専担者であることの説明にはなっていないと論じ、さらに、「生命の生産的機能を担うがゆえに、消費領域しか残されなかった」という文言を捉えて、結局「説明要因は『生む性』しか残らないことになる」という結論を引き出した。関連して女性の賃労働者化には「特有」の条件があるとした氏原正治郎の1956年論文に言及し、氏原が家事・家庭責任の女性専担について、「女性の生殖機能に帰することを避けている点」は「竹中の所説との比較で注目される」とも述べている（大沢1993、9〜10、15頁）。

　この解釈は妥当であろうか。仮に妊娠・出産と就労との両立に対する制度的保障が十分なされているならば、そうした身体的機能自体は就労継続の妨げにはならない。それが困難にされるのは、利潤を目的とし、生産のために労働者があるのであって、その逆ではないという資本主義経済の転倒した性格によって、この制度的保障につねに限界が課せられるからである。竹中が「性別分業の経済的基礎は、労働力商品化体制自体が、母性を有する女性に労働力の商品化に適合する条件をひらかなかったことにある」と述べたのも、資本主義のもつこの転倒性に関わっている（「本著作集」第Ⅱ巻74〜76頁）。これをもって竹中が性分業の原因を妊娠・出産機能に帰したということはできないだろう[23]。逆に竹中は、身体的な性差とみられてきた事柄が、

---

[23]　なお、氏原は「男女間の生得的な適性の差から、結果においてある職業分野には男子が多く、他の職業分野には女性が一般的であることは当然起こりうる」と述べている。その限りでは、性別分業を女性の生殖機能に帰することに氏原がそれほど慎重であったとは思われない（『日本労働問題研究』東京大学出版会、1966、196頁）。

実は「搾取体制としての工場体制」の確立のもとで、特殊資本主義的な意味づけを付与された社会経済的現象であることを示したのである。

　大沢はまた、氏原が「生活は労働者1人だけのものではなく、家族を含めての生活である」として「生活賃金原則」について述べながら、この「家族」の構成に踏みこむことなく「生活保障費用」は「子弟子女」の扶養と教育の費用も含まなければならないとしたことに疑問を呈し、以下のように述べる。「『配偶者』はいったいどこにいるのか」。「家事労働を配慮する必要が意識されていないということは、つぎの点を強く示唆する。すなわち『一般』として語られる性別抜きの『労働者』は、実は「家事労働の負担を妻に転嫁した男性世帯主、というきわめて『特殊』な存在にすぎないこと、これである」（大沢1993、17〜19頁）。

　だが、実際には氏原は1950年当時、山川菊栄婦人少年局長が招集した中央婦人問題会議労働委員会において、次のように解説していた。「生活賃金」原則は、日本の「生活給」のように「年齢の高い者にはたくさん払えあるいは子供の多い者にはたくさん払えということでは絶対にない」。それは「少なくともその労働者自身ともう一人の人間」の生活が確保できる賃金水準のことである。これはある個人の実際の扶養家族数とは関わりなく適用されるため、個々の労働者世帯の生計費とは必ずしも一致しないが、この不一致は貯蓄か社会保障としての家族手当等の「社会的追加によって調整される」。そして、男女同一労働同一賃金原則は、この「調整」と「生活賃金」を基盤にしたうえで、労働の熟練度に応じた同一労働同一賃金原則を貫徹させ、それを通じて「女子の賃金を男子の賃金の水準まで引き上げようという要求」にほかならない（労働省婦人少年局1951、61〜62、64、71頁）。

　上述の竹中の児童手当論は、この氏原の論にルーツの一つがあるのかもしれない。それはともかくとして、これをみるかぎり氏原が、男性世帯主のみを「一般」労働者として生活賃金原則を描いたとは思われない[24]。いずれに

24）ただし、たとえば横断賃率論者のなかでも岸本学派は、「具体的な労働力の価値」は「成年男子労働力を基準」とするという立場であったが、竹中や氏原はこの学派とはそれぞれ立場を異にしている（『本著作集』第Ⅰ巻109、117頁。岸本英太郎編1975、67、77、113頁）。

せよ大沢が、ジェンダー・センシティブ・アプローチを呼びかけるのに、氏原の生活賃金原則や竹中の女性労働論をこのような形で取り上げることが必要かつ適切であったか、大いに疑問が残るのである。

　もっとも竹中は、家族が最小単一の経済単位とされることで、その内部の不平等が不問にされ、「労働力の価値を代表するのは世帯主（男性）であり、労働力の価値の領有者は男性（夫）となる関係性」が胚胎することを指摘したデルフィを、大沢同様に高く評価した。「家事労働をめぐる交換関係は存在せず、結婚契約という身分関係」によって「労働力の価値のなかには、主婦役割を担う妻の生活費は含まれるが、膨大な家事労働は無償」で、「直接には夫が領有する」が、「資本―賃労働関係の中では、究極的にはこの不払労働部分は、資本の剰余価値として領有されるという構造」をとる。「したがって、無償の家事労働の領有が家父長制を支え、夫の妻への権力構造を形作るが、同時に資本にとっても利益をもたらすがゆえに、労働力再生産の家父長制的様式が資本制にとっての存在意義を持つ」というように、竹中は労働力商品化体制における家父長制と資本制の関係を再整理した。家事労働の無償性・社会的労働からの疎外によって、「文字通り夫に従属する地位におかれることになった」という以前の説明に比して、ここでは労働力商品化体制の成立と男性の権力性との関係がより明示されている。大沢の竹中批判は別として、この点では大沢に触発されるところがあったのかもしれない（「本著作集」第Ⅱ巻 76 頁。同第Ⅵ巻 105 ～ 107、154 ～ 155 頁）。

残された課題
──むすびに代えて

　「本著作集」の通読によって得る示唆は書き尽くせないほど多く、またアンペイド・ワーク論をはじめ、ここで検討できなかった領域や論点も数えきれない。それらについては別の機会に譲るほかないが、本稿に関わる範囲で評者が不満に感じ、あるいは今後に残された課題と考える点を最後にあげておきたい。

　不満の 1 つは、「家父長制」という語に対する竹中の意味づけが時代に

よって変遷しているにもかかわらず、それについて真正面から説明していないことである。1970年代初頭までの竹中は、この語の意味についてはF・エンゲルスによる「家父長制家族」の歴史的規定に依拠していたが（「本著作集」第Ⅶ巻29〜30頁）、1988（昭和63）年の『戦後女子労働史論』においては「『家内奴隷制』の用語は、現代に照らして必ずしも適切な用語とはいえないので、これを『家父長制』という用語に書き替えた。しかし意味するところは同義である」という注記が現れる（「本著作集」第Ⅱ巻99頁）。結局1995（平成7）年論文になってようやく、1970年代フェミニズムは「性抑圧を象徴する新しい概念として、家父長制（Patriarchy）、あるいはジェンダー・ハイアラーキー（Gender hierarchy）という概念を確立した」という記述が出てくる（「本著作集」第Ⅶ巻155頁）。評者も本著作集の刊行委員会に名を連ねている以上責任があるが、こうした変遷の含意について「あとがき」等で改めて説明があるべきではなかったろうか。

次は残された課題であるが、その第1は、同じく1970年代初頭までの論文にみられる「日本では社会的世帯賃率＝ナショナル・ミニマムが未確立であり、女子労働者は、ぎりぎり見積もられなければならない年齢別最低生活保障のメカニズムからも脱落して」いる等の記述に関わる疑問である（「本著作集」第Ⅱ巻311〜312頁、同第Ⅳ巻134頁）。この「社会的世帯賃率」は女性にも男性にも等しく適用される賃率であって、男性労働者に対する「世帯賃金」とは異なるはずだが、ではそれは具体的にどのように規定されると竹中は考えていたのか、行文からは明らかでない。またこの「社会的世帯賃率」は共働きの普遍化による家族賃金の解体過程、そこに現れる「労働力の価値とその実現形態の変化」という上述の理論展開といかなる関係に立つのか、それらを媒介する環についての論究ないし、ここでいう社会的世帯賃率の規定要因と下記の第3でいう国家介入との相互関係のより詳細な理論的解明や歴史的段階規定が今後の課題として残されている。

第2は、企業別賃金を横断賃率に変えていく構想に関わる問題である。竹中はその移行について、困難な事業ではあるが、まずは各労組ないし産別団体が「熟練度別の賃率要求」に向かって足並みをそろえていく「賃金理論の思想的統一」から始めるべきことを呼びかけた。2009年の時点においても

竹中は、「かつて横断賃率論者が取り組み挫折に終わったが、今日こそ」と前置きして、企業の枠を超えた要求の統一→労働の社会的格付けと職種別賃率交渉をそれぞれ担う産別労使交渉機関の設置という道筋を想定している（「本著作集」第Ⅰ巻256、270頁。同第Ⅳ巻306〜307頁）。だが、横断賃率論者とその反対者のかつての対立および双方の「挫折」についての現時点での歴史的理論的分析が、研究においても運動においても共有されないまま推移しており、そのことが要求の統一を困難にしているように思われる。

　第3は、本稿ではほとんど検討できなかった竹中の「労働力商品化体制」論についてである。このタームは、二重システム論と統一論に二分されるマルクス主義フェミニズムのなかで、後者の立場から理論構築をめざした竹中にとって根幹的な中心概念である。それはまた、女性労働の進展→労働力商品化体制の危機→国家の介入による同体制の変容→財貨の生産と人間の再生産におけるジェンダー配当の再編と女性労働の新たな進展といういわば「らせん状」の発展の基盤ともなっている。だが、竹中自身が指摘しているように、いまや「グローバル資本そのものが国家介入なしに労働力再生産をいわば包摂、統合するようになりえた段階」に入り、「再生産労働の性別分業の縮小」よりはむしろ「国際的女性間分業」を含む性別分業の拡大がみられる（「本著作集」第Ⅶ巻173頁）。

　他方では、とどまることを知らない労働市場の規制緩和と社会保障・社会福祉の市場化のもとで、生涯単身者や新たな貧困多就業家族、同性カップル等を含む家族の多様化が加速度的に進行している。これに対し竹中は、「国際労働権」・「人権レジーム」への福祉国家機能の一部移行、ジェンダー平等化政策と結びついた三方向の「ケアの社会化」といった世界の動向を解説する一方、日本においては、雇用の平等化と社会保障の個人単位化が連動しないまま、社会的排除と格差の拡大、介護サービス等の「疑似アンペイド・ワーク化」が生じていると指摘している（「本著作集」第Ⅴ巻293〜298、305〜310、348、370頁。同第Ⅶ巻162、174〜177、191〜196、202、216〜222、310〜313頁）。しかし、主に政策論としてであり、「労働力商品化体制」論としての理論的展開は未完のように思われる。

　もとよりこれらの課題は、もはや一人の人間がすべてを視野に達成できる

ようなものではない。後進の世代は単なる共同研究というレベルを超えて、それぞれに、「その時代ごとに提起される問題に、どう応えるかに格闘してきた」(「本著作集」第Ⅰ巻3頁)竹中の足跡をたどり直し、その達成地点を正確に確認したうえで次の一歩を進めつつ、各人の成果を持ち寄ることが求められる。本著作集の刊行の意義はそこにあると考えるのである。

(初出『大原社会問題研究所雑誌』No.705(2017年7月号))

【参考文献】

荒又重雄「書評　竹中恵美子著『戦後女子労働史論』」『大原社会問題研究所雑誌』373号、1989年12月。

伊藤セツ「書評　竹中恵美子著『戦後女子労働史論』」『社会政策学会年報』第34集、御茶の水書房、1990年。

氏原正治郎『日本労働問題研究』東京大学出版会、1966年。

大森真紀「高度経済成長期の『婦人労働』研究―社会政策学会における"脱落"と"伏流"」『世紀転換期の女性労働　1990年代〜2000年代』法律文化社、2014年。

岸本英太郎編『労働経済論入門』有斐閣双書、1975年。

北　明美 (a)「日本の児童手当制度の展開と変質(下)」『大原社会問題研究所雑誌』547号、2004年6月号。

北　明美 (b)「児童手当制度のアイロニー」『経済理論』Vol.41、No.2、2004年7月。

北　明美 (c)「児童手当制度におけるジェンダー問題」大沢真理編『福祉国家とジェンダー』明石書店、2004年。

北　明美　「児童手当政策におけるジェンダー」木本喜美子・大森真紀・室住真麻子編『社会政策のなかのジェンダー』明石書店、2010年。

北　明美「年功賃金をめぐる言説と児童手当制度」濱口桂一郎『福祉と労働・雇用』ミネルヴァ書房、2013年。

久場嬉子「新しい『解放の理論』としてのマルクス主義フェミニズム」『クライシス』32号、1987年。

久場嬉子「私の書評　竹中恵美子著『戦後女子労働史論』」『書斎の窓』、385号、1989年6月。

栗田啓子・松野尾裕・生垣琴絵『日本における女性と経済学』北海道大学出版会、2016年。

榊原裕美「書評『現代フェミニズムと労働論』竹中恵美子著作集　第Ⅶ巻」『女

性労働研究』No.56、2012 年。

社会政策学会『婦人労働における保護と平等』叢書第 9 集、啓文社、1985 年。

社会政策学会『現代の女性労働と社会政策』年報第 37 集、御茶の水書房、1993
　　年。

竹中恵美子「男女賃金格差と男女同一労働同一賃金原則についての一考察」『経
　　済学雑誌』第 29 巻第 3・4 号、1953 年。

フォーラム 労働・社会政策・ジェンダー、竹中恵美子著作集刊行委員会編『竹
　　中理論の意義をつなぐ　竹中恵美子著作集完成記念シンポジウム報告集』
　　2013 年。

フォーラム 労働・社会政策・ジェンダー例会報告集『いま、この時代に働くこ
　　と 生きること―ディーセントワーク実現をめざして』2016 年。

藤原千沙・山田和代編『労働再審③女性と労働』大月書店、2011 年。

蓑輪明子「書評　竹中恵美子著『竹中恵美子著作集』（全七巻）」『女性労働研究』
　　No.59、2015 年。

労働省婦人少年局『男女同一労働同一賃金について　中央婦人問題会議労働委
　　員会記録 1950 年』（婦人労働資料№ 6）1951 年。

第6章
*
山川菊栄から竹中恵美子へ
——受け継がれた課題

松野尾　裕 （愛媛大学教授）

はじめに
——女性と経済学

　竹中恵美子が戦後半世紀余りにわたって取り組んできた女性労働研究の成果は、『竹中恵美子著作集』全7巻（明石書店、2011～12年）という偉業に到達した。竹中は、経済学におけるジェンダーにいち早く気づき、そこを起点に、「女性労働市場」が存在するという事実を発見し、その存在の基礎に女性の家事労働（アンペイド・ワーク）による人間（→商品としての労働力）の生産＝再生産があることを論じた。そして、かかる労働力生産＝再生産の資本制的様式—「労働力商品化体制」と名づけた—に関する批判的分析を踏まえ、ペイド・ワークとアンペイド・ワークとを男女両性へ平等に配分するための政策的課題について発言した。竹中恵美子の仕事は、日本の経済学研究史に明記されるべき事柄である。

　本稿の目的は、竹中恵美子の女性労働研究の成果を、山川菊栄が説いた女性解放論の継承・発展という道筋に立って考察することである。

　さて、日本において女性が経済学を学び始めたのはいつ頃からか[1]。このことを調べて歴史を遡っていくと、いわゆる大正デモクラシーの思潮が社会全般へ広がるなかで、女性が社会問題について発言する機会が増え、そのことが大正末から昭和初期における女子高等教育への経済学導入につながった

1）このテーマによる共同研究として、栗田啓子・松野尾裕・生垣琴絵編著『日本における女性と経済学—1910年代の黎明期から現代へ』北海道大学出版会、2016年がある。

ことにゆきあたる。

　昭和初期の日本には、女子教育の最高機関（高等教育機関）として、官立では東京女子高等師範学校（現 お茶の水女子大学）と奈良女子高等師範学校（現 奈良女子大学）の2つの女子高等師範学校[2] が、私立では旧専門学校令[3] に基づく日本女子大学校（現 日本女子大学）、東京女子大学、そして、医学教育を専門とした東京女子医学専門学校（現 東京女子医科大学）、英語教育を専門とした女子英学塾（1933〈昭和8〉年に津田英学塾と改称、現 津田塾大学）、体育教育を専門とした二階堂体操塾（1926年に日本女子体育専門学校と改称、現 日本女子体育大学）、美術教育を専門とした女子美術学校（1929年に女子美術専門学校と改称、現 女子美術大学）があった。これらのうち、東京女子大学と東京女子高等師範学校がもっとも早く1920（大正9）年前後の時期に経済学教育を導入した。

　1918年に創立した東京女子大学では、初代学長に就いた新渡戸稲造（東京帝国大学〈現 東京大学〉経済学部教授兼任）のもとで、東京帝大の経済学教員が講師（非常勤）として教壇に立ち、「リベラル・エヂュケーション」としての経済学教育が始められた[4]。東京女子大学を卒業した織戸登代子（1896 ？ −没年不詳）は、1925年に九州帝国大学に創設された法文学部

---

2) 女子高等師範学校は、高等女学校の教員の養成を目的とした学校である。高等女学校は、「高等」と称しているが、旧制の中学校（男子のみ）に相当する中等教育機関である。

3) 専門学校令は1903年に公布された。第1条において「高等ノ学術技芸ヲ教授スル学校ハ専門学校トス」と定め、第5条において入学資格者を「中学校若ハ修業年限四箇年以上ノ高等女学校ヲ卒業シタル者又ハ之ト同等ノ学力ヲ有スルモノト検セラレタル者」と定めており、男子は旧制中学校、女子は高等女学校の卒業者が専門学校へ入学する資格を有した。修業年限は、第6条において、3カ年以上と定められた。専門学校令により医歯薬学や語学などの専門教育を目的とした学校のほか、キリスト教や仏教等の宗教系学校、女子教育を目的とした学校などが設立され、1918年に公布された大学令に基づく旧制の大学に加えて、多様な高等教育機関が誕生した。なお、専門学校令の制定に合わせて実業学校令が改定され、実業学校のうち、高等教育を実施する学校を実業専門学校とし、高等商業学校、高等工業学校、高等農林学校などは専門学校令に基づく学校として扱われた。

4) 東京女子大学の草創期における経済学教育については、栗田啓子「女子高等教育におけるリベラル・アーツと経済学─東京女子大学実務科とは何だったか」栗田啓子・松野尾裕・生垣琴絵編著『日本における女性と経済学』第2章所収を参照。

が女性に入学を認めると、その第1期生として入学し、経済学を専攻した。そして、織戸登代子は1928年に論文「ローザ・ルクセンブルグの資本蓄積に関する研究」[5] を提出して卒業し、日本初の女性の経済学士となった。

　一方、東京女子高等師範学校では、1922年に、家事科（のちに家政科と改称）に「家事経済」という科目が新設され、同科目の担当者となった松平友子（1894-1969）が、従来の家事教育の枠を大きく超えて経済学を教授した。

　松平友子は、東京女子高等師範学校文科第二部（地歴科）を1917年に卒業後、山脇高等女学校の教員を務めていたときに、湯原元一校長が示した家事教育における社会科学充実の方針に基づいて、1918年に研究科生として東京女高師へもどり、1919年に東京帝大法科大学が改組されて新設された同経済学部において、同年9月から1922年3月まで東京女高師からの「依託学生」として経済学を学んだ。松平友子は、経済学部において正規の入学者（男性のみ）と同じカリキュラムで経済学を学んだ最初の女性である。そして、松平友子は1922年から東京女高師家事科の講師に就き、「家事経済」を研究・教育することとなった。これが、日本における女性による経済学の研究と教育の始まりである[6]。

　女子高等教育機関において経済学教育が始められると、当然、これらの学校の学生たちは社会問題への関心を高めた。しかし、社会問題への関心の芽を伸ばすことが困難であることはただちに明らかとなった。1920年に、東京女高師文科に在学中の山口小静と東京女子大学に在学中の永倉てる、貝原たい、ほか数名が「社会主義の研究会」を開いたということが、『東京日日

---

5) ローザ・ルクセンブルク（Róża Luksemburg、1871 - 1919）は、ポーランドに生まれ、ドイツで活躍したマルクス主義理論家。1913年に『資本蓄積論』（*Die Accumulation des Kapitals*）を公刊し、主著となる。ドイツ社会民主党内ではクラーラ・ツェトキーン（Clara Zetkin、1857 ～ 1933）らとともに左派として活躍した。共産主義革命を志し、1916年にスパルタクス団（Spartakusbund）の結成に参加、1919年1月に蜂起したが、鎮圧された。

6) 松平友子の仕事については、松野尾裕「松平友子の家事経済学―日本における女性による経済学研究／教育の誕生」栗田啓子・松野尾裕・生垣琴絵編著『日本における女性と経済学』第4章所収を参照。

新聞』で報じられるという出来事があった。このことを警察が問題視したことから、学校側が過剰に反応し、東京女子大学の永倉てると貝原たいは「依願退学」、東京女高師の山口小静は「病気休学」となったのである。昭和期に入ると、無産政党運動や社会主義思想が世の中に広がり始めるなかで、そうした運動や思想に関心を抱く学生が多く現れ、文部省（当時）は大学に対して学生の思想調査を要求することとなり、大学は学生指導に厳しい対応を迫られることとなった。東京女子大学では、1928 年 9 月から 1933 年 1 月までの間に、「思想関係処分学生」30 人に対し「退学」、「依願退学」、「休学謹慎」、「訓戒」の処分を出した[7]。

　1920 年に東京女高師が山口小静を「病気休学」としたとき[8]、山口小静の先輩である松平友子は、東京帝大経済学部で唯一人の女子学生として経済学を学んでいた。松平がこの事件をどのように受け止めたかはわからないが、ともかくも 1922 年に東京女高師の教壇に立ち、「家事経済」を講じ始めた。

　松平友子は 1925 年に『家事経済学―家庭生活の経済的研究』上・下を公刊した[9]。上巻が 654 頁、下巻が 504 頁にもなる大著であり、松平の主著ともなった。同書により家事経済学（戦後は家庭経済学と呼ばれるようになった）の内容が定まったといえる。そのなかで松平が女性労働問題に関して論じている一節を紹介しておこう。

　松平が挙げている数字によると、当時、日本の全女性人口のうち職業に従事し得る 15 歳以上 60 歳以下の数は 1570 万人である。そのうち、農家の「助業」に従事する者が約 800 万人、商・工・鉱業その他の「独立の職業婦人」が約 400 万人である。すなわち、職業に従事し得る年齢にある女性のうち、7 割以上の人が何らかの職業に就いているのである。しかしながら、女性の勤労所得をみてみると、それは男性に比して「三分の二に達することは稀で、大抵は半分である。此の点に関しては私的雇主も、国家其の他の公

---

7)　水野弥穂子・井口規・加藤節子・三宅文子『創設期における東京女子大学学生の思想的
　　動向』（Women's Studies 研究報告Ⅹ）東京女子大学女性学研究所、1990 年を参照。
8)　山口小静は、東京女高師を休学して出身地の台湾へ帰り、エスペラント研究会の活動に
　　参加するなどしていたが、23 歳で死去した。
9)　松平友子『家事経済学―家庭生活の経済的研究』上・下、文書堂、1925 年。『復刻 家政
　　学叢書 9　家事経済学』（2 分冊）第一書房、1982 年収録。引用は文書堂版を用いる。

法人的雇主も変わりがない。鉄道や郵便事務に従事して居る婦人は、同種の仕事をする男子よりも少額の賃銀を支給されて居る」[10]。女性の賃金が男性のそれに比して絶対的に低い要因として、松平はいくつかのことを挙げているが、そのなかで第1のこととして次のように指摘する。「要之、職業婦人は共稼ぎで一家の副所得を得んとするのがその目的であると見なされ、且、其の性質を出ない婦人が少くない為に完全な一人前の所得を得る必要があつて働く婦人も、低廉な所得に甘んぜねばならないのである」[11]。加えて松平は、「工場殊に紡績工場の徹夜業と共に、鉱山に於ける婦人の地下労働と夜業とは、人道問題として多年内外の注意を集めながら、労働者階級の団結力が未だ十分に発揮されない為に、今日迄依然として保持されて居るのは寔に遺憾である」とも論じている[12]。

そして、松平は、女性における家庭と仕事の両立という「可成り進歩的な婦人論者も此の疑問の前には……未だ正解を下し得ざる」問題について、次のように論じた。

「人は往々にして此の二の生活をすら、婦人の「努力」に依り調和せしめようとするのであるが、それは思はざるの甚しきものである。男子の職業生活に依て如何に男子が人間性を喪失してしまひ、家庭生活を破壊して居るかを赤裸々に観察して見るとよい。労働問題が賃銀の昂騰と労働時間の短縮とを先づ以て要求することは、要するに男子にして家庭に帰らしめんとするものである。……男子を中心とし、其の男子の専制的な家庭、男女極端なる分業生活のみを千古不変のものと観るべきではなからう」[13]。

伊藤セツは、松平友子の『家事経済学』をもって「大学における学としての〈家庭経済学〉の祖は、お茶の水女子大学の松平友子である」と指摘したうえで、「〈家庭経済学〉は……経済学という呼び名がついているにもかかわらず、経済学部ではこの種の科目名で開講されたことはついぞなかった」と述べ、これまで経済学（経済学部の経済学）が家庭経済学を無視してきたこ

10) 松平友子『家事経済学―家庭生活の経済的研究』上、399頁。
11) 同上書、401頁。
12) 同上書、397頁。なお、女性の深夜業禁止は1929年に実施された。
13) 同上書、403頁。

とを指摘している[14]。家庭経済学を学ぶ者は経済学を学ぶのに、経済学を学ぶ者には家庭経済学を学ぶ機会がない。そうした経済学の側からの一方的な家庭経済学の排除が、家事に使われる無償労働（アンペイド・ワーク）を経済学からみえないものにしてきた。フェミニスト経済学は、経済学が家事を視野に入れていないことへの批判から出発した。

　松平友子は東京女高師の家事科教育革新の旗手として、その秀才を買われ、経済学を担当する教員となった。しかし昭和に入ってからの松平は不遇だった。松平は、戦後の1946年に東京女高師教授に就くまでの25年間を非常勤の講師として過ごしたのである。女性がアカデミズムにおいて経済学を研究することが、如何に困難な時代であったかがわかる。日本初の女性経済学者の勇気と忍耐を思わずにはいられない。

第Ⅰ節　山川菊栄の女性解放論

1　「『婦人の特殊要求』について」

　経済学を学ぶ意欲をもった女性たちを在野で積極的に支援したのは山川菊栄（1890―1980）である。ちなみに、松平友子と山川（旧姓青山）菊栄とは、ともに、東京生まれの「武家の娘」で、山川は麴町に、松平は滝野川に生まれた。東京府立第二高等女学校（現 東京都立竹早高等学校）の同窓生で、山川が松平の4年先輩である。山川は女子英学塾、松平は東京女高師へ進学した。

　先に触れた1920（大正9）年に東京女子大学学生の永倉てるや貝原たい、東京女高師学生の山口小静らが「社会主義の研究会」を開いたというのは、山川菊栄の勧めによるものであった。山川菊栄の回想によれば、永倉らが山川の自宅で会合をもった際に、「工場で働いている女子労働者と話しあって知識を交換したい」という希望が出されたのを受けて、菊栄の紹介により大日本労働総同盟友愛会会長の鈴木文治の自宅で集まりをもつことになった。

14）伊藤セツ『家庭経済学』有斐閣、1990年、ⅰ頁、1頁。

すなわち、「当時〔大日本労働総同盟友愛会の〕婦人部長だった野村つちの
さんはじめ七、八人の女子労働者と学生のグループに私〔菊栄〕も加わっ
て、鈴木氏自宅の二階でいたってくつろいだお茶の会を開き、半日遊んだう
え再会を約して別れました」[15] というものであった。しかし、上述したとお
り、その女子学生らはそれぞれ在学していた学校から退学や休学の処分を受
ける結果となった[16]。

　山川菊栄は、周知の通り、戦前・戦後を通して夫の山川均とともに在野で
社会評論を展開した。その著作は『山川菊栄集』全 10 巻・別巻 1 （岩波書
店、1981 ～ 82 年）ほかにまとめられており[17]、それらの論文に示された女
性解放論は、同時代の論壇の女性たちのなかでひときわ明晰であり、「社会
科学的視点」をもっていると評されている[18]。山川菊栄の多くの論文のうち
から本稿では、1925 年 10 月に『報知新聞』に発表された論文「『婦人の特
殊要求』について」を取り上げる。そこには、その後の女性解放運動におけ
る諸要求を網羅しているといってよいほどの内容が含まれている。

　この論文が書かれるには次のような経緯があった。すなわち、無産政党結
成をめざして 1924 年 6 月に政治研究会が設立された。その目的は、「無産階
級の立場から政治、外交、財政、経済、教育、産業、労働、社会の諸問題を
調査研究し、大衆の政治的組織を促進し、日本社会の改造を期する」ことで
あり、山川菊栄はその神戸支部に所属した[19]。しかし、この研究会への女性
の参加はきわめて少なかった。山川の回想によれば、「この年〔1924 年〕の
秋、政治研究会の全盛期において男子会員約六千人に対し、婦人会員は六十

15）山川菊栄『おんな二代の記』岩波文庫、2014 年、297 ～ 298 頁。

16）その後、永倉てるは林要と結婚したが 23 歳で死去、貝原たいは山川均門下の西雅雄と
　　結婚し、36 歳で死去した。

17）田中寿美子・山川振作編『山川菊栄集』全 10 巻・別巻 1、岩波書店、1981 ～ 82 年。
　　鈴木裕子編『山川菊栄女性解放論集』全 3 巻、岩波書店、1984 年。同編『山川菊栄評
　　論集』岩波文庫、1990 年。同編『新装増補 山川菊栄集 評論篇』全 8 巻・別巻 1、岩波
　　書店、2011 ～ 12 年。

18）鈴木裕子編『山川菊栄評論集』14 頁。

19）山川均・菊栄夫妻と長男振作は、1923 年 9 月に南関東を襲った関東大地震により被災
　　したため神戸へ移住した。その後、1924 年 3 月には東京へもどった。

人ほどにすぎなかった。そのうち過半数は東京在住の人々で、他には大阪に
十人内外、神戸に六、七人、いずれも主婦及び職業婦人で、一人の工場労働
者も、農民の婦人も、参加してはいなかった」[20]。

　こうした状況を打破するために、山川菊栄は「婦人の特殊要求」を政治研
究会へ提出したのである。この論文において、山川菊栄は、「無産政党綱領」
すなわち無産階級の政治的要求のなかに女性の要求を正当に位置づけるよ
うに求めた。階級的要求に解消することのできない女性の「特殊」な要求が
あることを山川はこう述べている。「いうまでもなく、婦人は一つの経済的
階級として存在するものではないが、政治的、社会的に〔男女〕平等の権利
を剥奪されている点では、各階級の婦人が共通の特殊利害をもっているので
ある」[21]。山川がこの論文で掲げた「婦人の特殊要求」は、日本労働総同盟や
日本農民組合など無産諸団体が共通に提起した3つの要求に加えて、山川が
所属した政治研究会神戸支部の婦人部に彼女が提案し、採択された8つの要
求、計11の要求から成っている。

　まず、3つの要求とは、次のものである。

　「一、満十八歳以上の男女の無制限選挙権

　　二、少年および婦人の残業、夜業および危険作業の禁止

　　三、分娩前後十六週間の休養およびその期間の賃銀全額支払」[22]

　そして、これらに山川菊栄が追加提案したのは、次の8つの要求である。

　「一、戸主制度の撤廃

　　二、婚否を問わず女子を無能力者とするいっさいの法律を撤廃するこ
　　　と、婚姻および離婚における男女の権利義務を同等ならしむるこ
　　　と

　　三、すべての教育機関および職業に対する女子ならびに植民地民族の
　　　権利を内地男子と同等ならしむること

　　四、民族および性別を問わざる標準生活賃銀の実施（圏点の句、原案
　　　にはなし）

20）山川菊栄『おんな二代の記』372頁。
21）山川菊栄「『婦人の特殊要求』について」鈴木裕子編『山川菊栄評論集』所収、125頁。
22）同上書、127頁。

　　五、業務を問わず、男女および植民地民族に共通の賃銀および俸給の
　　　原則を確立すること
　　六、乳児を有する労働婦人（職業婦人をも含む）のためには休憩室を
　　　提供し、三時間毎に三十分以上の授乳時間を与うること
　　七、結婚、妊娠、分娩のために婦人を解雇することを禁ずること
　　八、公娼制度の全廃」[23]

　ここには、家制度の廃止から、教育および雇用における性や民族による差
別の禁止、同一労働同一賃金原則の確立、職場における育児保障、そして公
娼全廃まで、戦前・戦後を通して女性の解放、地位向上、生活改善のための
運動における主題が網羅されている。

　しかしながら、「婦人の特殊要求」は、「非無産階級的」であるとして指導
者側から一蹴される結果となった。

　山川菊栄は、1928（昭和3）年に書いた論文「婦人運動小史」のなかで、
この事態を振り返ってこう述べている。「そこでこれらの項目を綱領中に挿
入するや否やはもはや問題でなく、これらの要求そのものが、反階級的なり
や否や、これらの条項がいっさいの被圧迫民衆の解放運動の過程において、
反動的な役割を演ずるや否やの問題が、神戸婦人部と東京、および大阪の指
導者との間に激烈な論争をまきおこした。神戸側は約二週間の間、これら全
婦人の利益を代表する要求が、無産階級自身の要求でなければならず、無産
階級がこれらのために闘うことは、やがて全婦人を反封建的、反ブルジョア
的政治闘争の過程における支持者たり、僚友たらしめるものであること、か
つそれがいかに全無産婦人の進出を容易にするかを諒解させるために悪戦苦
闘した。……この論戦を機として、左翼の陣営内ではじめて婦人の問題が多
少真面目な注意をひき始めたことは、孤立無援の地位に立ち、ことに有力な
婦人指導者の中にほとんど味方を発見しえなかった提案者側にとって、せめ
てもの慰めでなければならなかった」[24]。

23）鈴木裕子編『山川菊栄評論集』128頁。
24）鈴木裕子編『新装増補 山川菊栄集 評論篇』第5巻、67～68頁。

2　竹中恵美子の「山川理論」受容

　竹中恵美子は、山川菊栄記念会が1990年に開催した山川菊栄生誕100周年記念の「連続講座」と「記念シンポジウム」で講演し、それをもとにして論文「山川菊栄におけるマルクス主義フェミニズム」を書いている[25]。そのなかで、竹中は、「『婦人の特殊要求』について」を、「婦人部テーゼ」（1925年）と合わせて、「菊栄氏の婦人解放論の具体的な運動方法を述べたものであり、歴史的な文章だといってもいい」[26]と評価している。

　山川菊栄の女性解放に関する理論＝「山川理論」は1910年代末から20年代半ばまでにほぼできあがったとして、竹中は、その特徴を、次の通り、5つの点にまとめている。

　第1に、山川菊栄は、女性労働の低賃金の根本的な原因を、資本制経済の仕組みと関連づけて明らかにしようとした。

　竹中は、山川菊栄の論文「職業婦人と母性の問題」（1924年）から次の一節を引いて、性別分業は近代工業＝資本制経済が作り出したものであると把握されていることを評価している。山川はこう述べた。「近代工業の発達は、家庭の職分を著しく減少した。それは家庭から産業を独立させて、これを営利的企業とした。またそれは教育を家庭から独立させて、国家の手に引移した。そしていまや育児の任務だけが家庭に残されている。しかるに社会は、この育児の任務を家庭に取残したなりで、婦人を工場や事務所に引さらっていった。そこで無産階級の婦人は、パンのためには工場へ、育児のためには家庭へと、一つの身体を二つに使い分けねばならなくなった。すなわち一人の婦人の生活の中に当然調和し、融合されねばならぬはずの、生産者としての職分と、母としての職分とが、相衝ち、相矛盾することによって、婦人の

25）同論文は、竹中恵美子「保護と平等・対立の構造を斬る―山川菊栄の女性労働論」と同「日本におけるマルクス主義フェミニズムの源流―山川菊栄の今日的意義」を併せたものである。『竹中恵美子著作集 Ⅶ 現代フェミニズムと労働論』明石書店、2011年の第3章に収録。

26）『竹中恵美子著作集 Ⅶ 現代フェミニズムと労働論』112頁。

生活は分裂させられてしまったのである」[27]。さらに、山川の論文「男性優越の歴史的発達」（1923 年）から、「一体に金銭本位の今日の社会では、ある労働が社会的に有用であるか否かを問わずに、それがいくばくの収入をもたらすか否かによって価値を決めたがる。ところが女の精力と時間を多く費す育児や家事は、社会的には有用であり必要であっても、それによって一文の収入でも挙げることはできない。そこで社会全体の利益から考えれば有害無益な仕事でも、金にさえなれば尊まれている一方、婦人の労働は多大の苦痛と犠牲とを要しながら、無能と劣等の象徴のように思われているのである」[28]という一節を引いて、女性が家事労働、つまり無償労働（アンペイド・ワーク）に従事していることが、社会全体における男性の女性に対する抑圧の構造をつくっていることを山川は捉えたと評価している[29]。

　ただし、山川菊栄においては、男性の女性に対する抑圧の構造、すなわち資本主義社会の家父長制を「家」という前近代的な封建遺制に結びつけるという「限界」があったと竹中はいう。すなわち、竹中は、「性役割分業という構造は、本来資本制社会に内在的なものであり、それが資本制社会の家父長制の物的な基盤になっているにもかかわらず、そのことが菊栄氏によって、はっきり示されてはいないと言えるのではないかと思います」と指摘している[30]。この指摘は、竹中の性別分業論および家父長制論におけるもっとも基本的な論点をなすものであり、「竹中理論」を理解するうえで重要な点である。

　第 2 に、山川菊栄は、女性労働の分析に際して性による支配と階級による支配との複眼的な視点をもっていた。

　このことについて、竹中は、前節で取り上げた山川の論文「『婦人の特殊要求』について」（1925 年）を引用して論じている。マルクス主義の理論は、賃金労働者（＝プロレタリアート）と資本家（＝ブルジョアジー）という二大階級の対抗関係を基軸にして組み立てられているから、そこに性の問題を

---

27) 鈴木裕子編『新装増補 山川菊栄集 評論篇』第 3 巻、272 頁。
28) 同上書、162 頁。
29) 『竹中恵美子著作集 Ⅶ 現代フェミニズムと労働論』114 ～ 117 頁。
30) 同上書、118 頁。

組み入れることは難しい。「その中で彼女は婦人問題にはそういう階級関係だけでは解消できない固有の、つまり、特殊な問題あるいは矛盾が存在するということを主張したのです。このあたりが非常に大きな特徴であり、すぐれていた点だと思います。この認識が菊栄氏における婦人の特殊要求ということになり、またその実現のための方向を模索することになるのです。これは教条的なマルクス主義が支配していた中で、菊栄氏が唯一フェミニズムの視点を持っていたといえますし、時代を先どりした卓見であったと思います」[31] と竹中は山川を評価する。女性への抑圧は、階級支配と性支配との二重の構造になっている。資本制経済はこの二重の構造によって成り立っているのだということを山川菊栄は「『婦人の特殊要求』について」という一論文でみごとに論じたのである。

　第3に、山川菊栄は、母性の保護と労働における男女平等とを統一的に把握した。

　与謝野晶子と平塚らいてうとの「母性保護論争」に対する山川菊栄の両者への批判を評価して、竹中は、「お二人ともが母性と労働を統一的に捉えていないという点です。つまり、母性か労働かのどちらか二者択一というふうにしか捉えていない。問題は、労働を取るか、母性を取るかというように二者択一的に問題を立てるのではなく、どうして二者択一にさせられるのか、その点を明確にしなくてはならないという点です。菊栄氏によれば、本来、労働と母性は矛盾するものではない。むしろ矛盾するのは、今日の経済構造にあるというのが氏の批判点です」と指摘する[32]。そして、竹中は、山川の論文「職業婦人と母性の問題」（1924年）から次の一節を引用している。「男女が機械的奴隷としてでなく、人間として生産的労働に従事するようになれば（これは要するに人間的な労働ということになると思いますが—筆者〔竹中〕）、その心身の特長（つまり女性が生殖的な機能を持っているという—筆者〔竹中〕）は、重んぜられこそすれ、無視され、または有害視される恐れはないのであるから、社会的労働と個人的生活の矛盾ということは、ありえないのである。しかしそういう理想的な状態を招来する第一歩として、職業

31）『竹中恵美子著作集 Ⅶ 現代フェミニズムと労働論』121頁。

32）同上書、127頁。

婦人は、母としての当然の権利を要求せねばならぬ」[33]。山川菊栄は、労働すなわち女性の経済的自立と母性の保護とは共に同時に要求すべきものであることを主張したのである。

　第4に、山川菊栄は、労働組合における婦人部活動の意義を主張した。

　このことは、上述した女性に対する二重の支配と関係している。竹中は、山川菊栄の論文「婦人部テーゼ」（1925年）を取り上げ、「『女子労働者は、女性として、労働者として二重の鉄鎖に縛られ』ているという特殊状況にあること、『したがってその特殊な境遇から生じた特殊な利害、特殊な心理をもっているがために彼女らに対する場合、われわれには労働階級としての一般的要求のみならず、女子労働者としての特殊な日常当面の利害を代表する一定の要求を掲げて行動する必要がある』と述べているのです」と指摘する[34]。そして、論文「婦人労働者と組合婦人部」（1926年）を取り上げて、山川は「婦人部は決して、女性本位の団体、性別の団体でもなければ、単一組合でもないのだということを力説されています」と指摘する。組合婦人部の任務には「旧き男女関係の破壊と、真実の自由と平等との上に築かれた新しい男女関係の建設とが、萌芽の形で、この仕事の中に含まれているのである」[35]と山川は説いており、「このような考え方は、今の視点からみても、大変新鮮なひびきをもっていると思います」と竹中は評価している[36]。

　第5に、山川菊栄は、雇用における男女平等および民族平等を実現するために、同一労働同一賃金[37]を要求した。

　山川菊栄は、論文「『婦人の特殊要求』について」のなかで、「われわれ婦人が、低廉なる賃銀をもって男子の職を奪うことにはあくまで反対する。そこで一方は教育および職業の自由を要求すると同時に、他方では同一労働に対する同一賃銀率を要求することによってその危険を防止しているのであ

33）鈴木裕子編『新装増補 山川菊栄集 評論篇』第3巻、280頁。

34）『竹中恵美子著作集 Ⅶ 現代フェミニズムと労働論』130頁。。

35）鈴木裕子編『新装増補 山川菊栄集 評論篇』第4巻、228頁。

36）『竹中恵美子著作集 Ⅶ 現代フェミニズムと労働論』131頁。

37）今日では、「同一労働同一賃金」ではなく、「同一価値労働同一賃金」という理解が一般的となっている。

る」[38]と説き、さらに、同一労働同一賃金の原則を当時の日本の植民地民族にも適用すべきだということを明確に主張した。

山川は性差別の問題に加えて、民族差別の問題を視野に入れていたことについて、竹中は、「〔当時〕左派的な労働組合でも、日本人は植民地人より高い賃金をもらって当たり前という考え方が支配的でした。そうした中で、山川氏ははっきり民族の問題も入れて平等の問題を取り上げています」と評価し、「これは、特に今日、日本にとって外国人労働者問題がクローズアップされてきているだけに、その示されている教訓は大きいのではないかと思います」と述べている[39]。

竹中恵美子は、山川菊栄の女性解放論＝「山川理論」を評して、「日本におけるマルクス主義フェミニズムの源流」と述べている[40]。そして、山川理論を現代に活かすための視点を次のように提示している。

第1に、「もっとも虐げられている人たちに視点をおくこと」、「これこそ山川さんの思想を引き継ぐことでもあるでしょう」。

第2に、「性分業を解体するための具体的な戦略を立てていくこと」、「男女がともにトータルな人間を取り戻すための戦略です」。

第3に、「保護は両性保護へ」、「男女同一労働同一賃金は……同一価値労働同一賃金原則の具体化へ」、そして「性別職務分離は、性別職務分離改革のためのアファーマティブ・アクションへ」。

第4に、「"いま労働組合にフェミニズムの視点を"」。

竹中は、あくまでも労働組合運動に期待をかけ、「労働と生活をトータルにとらえた運動」をめざすのである[41]。

38）鈴木裕子編『山川菊栄評論集』139頁。
39）『竹中恵美子著作集 Ⅶ 現代フェミニズムと労働論』135頁。
40）同上書、140頁。
41）同上書、148〜149頁。

第Ⅱ節　竹中恵美子の女性労働研究

1　女性労働市場の発見

　竹中恵美子は 1929（昭和 4）年に岐阜県大垣市に生まれた。1946 年に岐
阜県大垣高等女学校（現　岐阜県立大垣北高等学校）を卒業したのち、大阪
府女子専門学校（のち大阪女子大学、現　大阪府立大学）の経済科へ進み、
さらに、1949 年に大阪商科大学（現　大阪市立大学）へ進学した。竹中が
大阪商大へ入学したときの入学者数は男性が 216 人、女性が 3 人であった。
1952 年に同大学を卒業後、ただちに、新制の大阪市立大学経済学部に助手
として採用され、以後一貫して労働経済学（担当科目は「労働市場論」）の
道を歩んだ。竹中は、戦後の日本の大学でもっとも早い時期に経済学研究に
入った女性である。

　竹中恵美子が最初に発表した論文は、「男女賃金格差と男女同一労働同一
賃金原則についての一考察」（1953 年）である。これは大阪商大での卒業論
文をもとにしたものである。この論文の冒頭に竹中はこう記した。

　「婦人の賃金が如何に規制されたかという問題は、資本制生産の発展に伴
う婦人の社会、経済的な地位がどのように変化してきたかという問題と密接
不離な関係にあると思われる」[42]。

　この一文は、その後の竹中の全仕事を貫いた問題意識だといってよいだろ
う。ただし、この論文について、のちに竹中は、「もっぱら男女賃金格差の
本質を論じたもので、女性の低賃金の構造的分析にはいたっていなかった」[43]
と自ら評しており、『著作集』には収録されなかった。ここで、「男女賃金格
差の本質を論じた」といっているのは、マルクスの経済理論（『資本論』）に
示されている「賃金規定」（＝「労働力の価値の形態としての賃金」）に則

42）竹中恵美子「男女賃金格差と男女同一労働同一賃金原則についての一考察」『経済学雑
　　誌』第 29 巻第 3・4 号、大阪市立大学経済研究会、1953 年所収、29 頁。

43）竹中恵美子・関西女の労働問題研究会著『竹中恵美子の女性労働研究 50 年―理論と運
　　動の交流はどう紡がれたか』ドメス出版、2009 年、24 頁。

して男女の賃金格差を論じたということである。竹中はこれに満足していなかった。「硬直した賃金論に挫折を感じていた」とも竹中は述懐している。確かに、竹中の1953年論文は、当時の学界の研究動向に強く影響されながら書かれたものであったから、それによる視野の制約がある。とはいえ、そこには、「男女同一労働同一賃金原則は、それ自体のもつ経済闘争の意義と同時に、男女の賃金格差の規定的原因をなす婦人の独立労働化を阻止するあらゆる社会、経済的条件の除去への権力闘争に発展すべき杆槹」[44]である、と論じられており、山川菊栄が1925年に示した「婦人の特殊要求」で明確にさせた女性解放運動の戦略を引き継ぐ、竹中の女性労働問題把握の基本的視点が示されているのである。

　女性の低賃金問題を「本質」論的議論（＝「労働力の価値」論）で説くことに行き詰まりを感じた竹中は、研究方法を見直すことに時間をかけた。そして、竹中は「賃金論の具体化」をつかんだ。すなわち、「賃金論の具体化の課題は、労働市場論による労働力の価値の具体化であり、賃金決定の具体的な場が、いかに成立、展開するのか、その法則的認識が不可欠であるという確信をもつにいたった」[45]。これが、上記の「女性の低賃金の構造的分析」といっていることがらである。

　1961年に開催された社会政策学会において、竹中は、中村＝西口俊子と共同で、報告「労働市場と賃金決定」を行った。その論文が『社会政策学会年報10集』（1961年）に収録された「労働市場と賃金決定（1）――労働市場の構造とその運動」および、中村＝西口俊子との共著「労働市場と賃金決定（2）」である。この前者の論文（1961年論文）が、竹中の最初の単著である『現代労働市場の理論』（1969年）の第1章となった。同論文は、「第1節　労働市場分析の視角」、「第2節　労働市場の決定基準」、そして「第3節　労働市場の運動法則」という構成をとっており、第3節では、労働市場の「単一化」と「分立化」およびその統一的把握、そして「労働移動の現実的形態」が論じられた。1961年論文において、竹中は、労働市場の「具体

44）竹中恵美子「男女賃金格差と男女同一労働同一賃金原則についての一考察」『経済学雑誌』第29巻第3-4号、大阪市立大学経済研究会、1953年所収、62頁。
45）『竹中恵美子著作集Ⅰ　現代労働市場の理論』2012年、16頁。

的態様」としての「男女分断的労働市場」を析出し、そうした労働市場をつくり出す原因を資本蓄積の過程そのものに見出したのである。注意すべきことは、竹中は、労働市場分析は「資本一般の内容自体を豊富化することに他ならない」と述べていることである。竹中は、資本蓄積の過程は資本の一般法則として把握されるのであって、資本蓄積の発展段階により一般法則が当てはまらなくなるとする議論は誤りであるとして退けた[46]。ここに、竹中は、男女分断的労働市場とそこにおける男女賃金差別を打ち倒し、労働市場の単一化（＝「横断的労働市場」）と、そこにおける全面的労働可動性のもとでの賃金の平等（＝同一価値労働同一賃金）を実現する地点に到達するという理論的戦略を描いたのである。この戦略は資本の一般法則に則った戦略であり、したがって、当面は資本主義社会の枠のなかで実践され得るものである。

　続いて、竹中は、「わが国労働市場における婦人の地位と賃金構造」（1962年）を発表した[47]。同論文（1962年論文）のなかで、竹中は次の通り述べている。「男女賃金格差・女子の低賃金の問題も労働力価値の性差から直接に論ずるのではなく、労働力需要構造の一般的変化のなかで、女子労働力がいかなる地位を占め、また労働力供給構造のなかで、女子労働力はどのような地位を占めるのか、総じて労働市場構造のなかで女子労働力の占める位置を明らかにすることによって、具体化する必要がある。女子労働力の価値という抽象的概念も、この具体的な分析なしには把握されないといってよい」[48]。1962年論文において、竹中は、男女間の賃金格差と女性の絶対的低賃金の原因を論じ、労働市場における女性の位置は女性が家事労働を担わされていることと関連づけて把握されるのでなければならないし、そうしなければ女性の低賃金の理由は説明できないことを主張した。

　1961年論文と1962年論文によって、竹中は、1953年論文に抱いた不満を克服して、方法的発展を果たし、真に納得できる研究の方向を獲得した。竹

46）『竹中恵美子著作集　Ⅰ　現代労働市場の理論』27～51頁。
47）同論文は『竹中恵美子著作集　Ⅱ　戦後女子労働史論』2012年の第6章に収録されている。
48）同上書、198～199頁。

中の女性労働研究の視点は、この 2 つの論文によって確固たるものとなり、その後も基本的に変わっていないといってよいのである[49]。

『現代労働市場の理論』は、竹中の労働市場分析の理論的骨格を論じたものである。竹中は、同書を編むにあたり、第 1 章に 1961 年論文をおき、第 7 章すなわち最終章に 1962 年論文を置いた。『現代労働市場の理論』全 7 章の構成は、第 5 章（1959 年初出）を除いて、第 2 章から第 6 章に 1964 年から 69 年までに順次発表された諸論文を収め、そして最終章が 1962 年論文となっているのである。第 2 章から第 6 章までは、学界での論争をはじめとして、関連する諸議論を逐一取り上げて詳細に検討していくという叙述になっており、竹中の他の著作には見られない難解さがある。竹中は、労働市場分析の理論的骨格を構築し終え、1962 年論文で示した自身の課題である女性労働研究へ進んでいった。

竹中の主著は『戦後女子労働史論』（1989 年）であるとすることについては大方の同意が得られるだろう。同書は『著作集 Ⅱ』に収録されているが、竹中は、『著作集 Ⅱ』を編む際に、1962 年論文を、『現代労働市場の理論』（『著作集 Ⅰ』に収録）からはずして、『著作集 Ⅱ』の第 6 章へ移した。

第 6 章に示されている通り、竹中は、種々の統計データを用いて、「労働市場における婦人の地位」を具体的に捉えることに努めた。その結論は、①女性労働者は「短期雇用的性格のつよい」労働者として再生産される、②女性労働者は「単純労働職種」に集中し、「男女競合職種」への就労が少ない、③中高年齢女性労働者は「中小・零細企業」での就労が多く、企業規模が小さくなるほど労働者の移動率が高い、ことである。竹中は、男女における賃金格差の根拠を「性別職務分離の構造」に求め、かかる男女分断的労働市場（＝労働市場における男女差別）が存在するのは、資本制経済が労働力の再生産単位としての労働者家族の生活を「内包」しているからだと論じた。竹中は、「女性労働市場」を発見したことにより、資本制経済を性に中立的とする見解（女性の低賃金を賃金問題一般に解消する議論）を批判した。ま

49）したがって、竹中恵美子の家事労働、アンペイド・ワークへの視点は、1970 年代に始まる欧米の家事労働論争の日本への導入に触発されたものではなく、それよりも前に、1960 年代初頭に労働市場分析という方法を追究するなかで獲得されたものである。

た、それとともに、労働者家族の生活において家事労働（アンペイド・ワーク）を女性に押しつけているものこそが家父長制であるとし、家父長制を資本制経済とは別個に存在するものとする見解（「二重システム」の議論）を批判した[50]。

　1970 年前後からの第二波フェミニズムを受けて、竹中の女性労働研究は、性別職務分離と家父長制を一元的に関連づける視座を強化したうえで、石油危機以後の産業再編（資本蓄積の新たな段階）のなかでの女性労働市場を論じることとなる。論文「女子労働論の再構成—雇用における性分業とその構造」（1985 年）において、竹中は、「労働力商品化体制」と名付けた概念を提出した。竹中は、これを「人間の生産の資本制的様式」と定義し、「これは性別分業を内包した近代的単婚家族をその経済単位とする」と説明した[51]。人間（→商品としての労働力）の生産＝再生産が個々の労働者家族の生活内部（私的領域）で行われる限り、そのための家事労働は「見えざる労働」となる。資本制経済は「財貨の生産の資本制的様式」と「人間の生産の資本制的様式」との統一をもって成り立つのであるから、財貨生産の場面における「性別職務分離」と、人間生産の場面における「性別分業」（単婚の男女 2 人の世帯で女性が家事労働を担い、男性が主な稼ぎ手となる）とは、相互依存の関係にあると把握することができる。そして、「労働市場の成立そのものが、労働力の直接的生産単位としての家族を内的存在条件とし、労働力の再生産労働を女性の排他的機能とする性別分業を内包した労働力商品化体制に基礎をおいている」と論じた[52]。

2　家事労働の再検討

　竹中恵美子は、『著作集 VI　家事労働（アンペイド・ワーク）論』の第 1

50）これら 2 つの批判については、『竹中恵美子著作集 VII 現代フェミニズムと労働論』78
　　〜 95 頁、177 〜 181 頁を参照。

51）竹中恵美子「女子労働論の再構成—雇用における性分業とその構造」『竹中恵美子著作
　　集 II 戦後女子労働史論』第 1 章に収録、29 〜 31 頁。

52）同上書、50 頁。

章「資本主義と家事労働—その関係性」（1984年初出）において、自身の家事労働研究の視点を次の通り明示している。すなわち、研究の対象とする家事労働とは、労働者家族において日々家族の生活と一体となって営まれる労働力の再生産のための諸労働のことである。つまり、「家庭で行われている妊娠から墓場までのさまざまな生命維持に関わる労働、それらを総括して家事労働といいたいと思います」[53]。そして、その家事労働を分析する視点は、家族における男性の女性に対する支配・抑圧（性支配＝家父長制）を資本制経済が取り込んでいる構造を明らかにすることである。竹中はいう。「問題はどこにあるのかというと、物質的財貨の生産領域と生命の直接的な生産領域との関係が、十分説明されていないということだと思います。……〔従来の〕経済学の中には家族というカテゴリーが理論体系の中に包摂されていないのです」[54]。そして、竹中は、女性の賃金労働者化が進むなかで、女性は家事労働（アンペイド・ワーク）と賃金労働（ペイド・ワーク）との「二重の負担」を強いられることになり、「結局この過程は、女性が次第に〔資本主義社会の〕矛盾の焦点に立つことになる過程だといってもよいでしょう」[55]と述べている。

　竹中が提示した、家事労働が抱える諸問題を解決するための政策的課題は「二面作戦」である。すなわち、第1に、家事労働の「社会化」である。その場合、「社会化の中味は、資本主義的社会化（資本主義的商品やサービス化）を一方的に進めるということではなくて、市場原理の修正というか、労働者階級の要求をつきつけていく中から、労働者階級のコントロール機能を反映させる形で、共同体的な生活様式を、国家の政策を通してつくり出していくことが、一つの方向性ではないかということです」[56]。第2に、家事労働の「再生」である。すなわち、「家事労働を人間の生命活動を創造的に生産していく活動であるという側面から捉えるならば、あるいは、生き生きとした生活の意味をつくり出す労働としての側面を持ち得るとするならば、

53)『竹中恵美子著作集 Ⅵ 家事労働（アンペイド・ワーク）論』2011年、21頁。
54) 同上書、23 〜 24頁。
55) 同上書、36頁。
56) 同上書、45頁。

そういう労働を再生していく方向も、もう一面では考えていく必要がある
のではないかと思います」[57]。そして竹中は、この二面作戦を遂行するため
に、①「家事労働を男女両性の基本的営み」と認める労働条件を確立するこ
と[58]、②「家事労働を私的な領域から開かれた社会システムへと編成しなお
していく」こと[59]、そして③家事労働を経済的（＝金銭的）に評価する社会
保障制度を確立すること[60]、が必要であると論じている。

　家事労働が社会的に不可欠なものとして認知されるためには、まず、家事
労働の時間が確保されなければならない。とりわけ男性のペイド・ワークの
時間を短縮する必要がある。もちろん、「〔ペイド・ワークの〕労働時間を短
縮することによって、賃金が減っては困ります。賃金が減らないで労働時間
短縮という状態を確保していくことは、家事労働を社会的に必要な労働とし
て認知していく方法に他ならない」のである[61]。そして、家庭において育児
や介護の時間を確保することで収入が減ることのないようにするためには、
それらの労働を所得保障という形で評価する必要がある。つまり、「たとえ
ば、育児についていえば、保育所に子どもを預けて働き続けるという方法も
ありますが、育児の期間、家庭にあって育児をする、それに対して時間を確
保するだけではなく一定の所得の保障をしていくといった、育児休暇権ある
いは介護のための休暇権といったものを、一つの労働条件として確立してい
くということ」である[62]。

　竹中の主張の要点は、「家事労働の社会化は、単に家庭からの外部化だけ
を意味するものではない」[63]のであり、家事労働のための時間の確保と、そ
れを実現するための所得保障が必要であることをも合わせて説いているとこ
ろにある。それにより、「それぞれの家族・個人が独自な生活文化をつくり

57）『竹中恵美子著作集 Ⅵ 家事労働（アンペイド・ワーク）論』2011 年、45 頁。
58）同上書、46 頁。
59）同上書、48 〜 49 頁。
60）同上書、50 頁。
61）竹中恵美子「現代家族と家事労働―その変遷と現在・未来」（1994 年。原題「現代家
　　族と家事労働―歴史の流れの中で考える」）同上書第 2 章に収録、74 頁。
62）同上書、75 頁。
63）同上書、77 頁。

出す」[64] 可能性が拓かれるのである。

　21世紀に入り、家事労働とりわけ育児や介護等の「ケア」のあり方を
めぐる議論は新たな展開をみせている。竹中が注目したのは、「現金給付
（キャッシュ・サービス）とケアの関係を再検討する必要性を主張し、ケア・
サービスに対する市民権（ケアを受ける権利とケアを行う権利を同時に）を
提起する」議論が提起されているという点である。竹中は、①「両性稼ぎ手
戦略」（デイケア・サービスの利用によって女性が男性と同等に労働市場に
参入できるようにする戦略）、②「均等ケア戦略」（家庭内ケア労働への公
的・金銭的援助によって、育児・介護者が稼ぎ手と同等に処遇される戦略）
と並ぶ、第3の戦略として、セインズベリ（D. Sainsbury）が主張した「稼
ぎ手でありかつ育児・介護者である戦略（earner-carer strategy）」に注目
している。たとえば「両親介護休暇におけるジェンダー差異をなくすために
は、それに対する便益（給付金）が、彼または彼女の所得の損失を埋め合わ
せることのできることが基本である。ケアと労働〔ペイド・ワーク〕が同程
度の正当性をもつことが第一歩であり、それによってすべての稼ぎ手にとっ
て、仕事とケアの期間が交換可能となる。つまり、ケアに関する便益と労働
に関する便益を連携することこそが重要であり、この二つの便益を連携する
ことによって、女性は賃労働を、男性はケアをしたくなるような構造が生ま
れる」。このセインズベリの主張は、給付金の受給を世帯単位ではなく個人
にすることでもある。これは、セインズベリを借りた竹中の主張だとみてよ
い[65]。

　竹中は、自身のケア労働論と共鳴する議論として、アマルティア・セン
（Amartya Sen）の「ケイパビリティ（capabilities）」論とILOの「ディー
セント・ワーク（decent work）」論を挙げている。ケイパビリティは「潜
在能力」、ディーセント・ワークは「人間としての尊厳ある働き方」と訳さ

64）竹中恵美子「現代家族と家事労働―その変遷と現在・未来」（1994年。原題「現代家
　族と家事労働―歴史の流れの中で考える」）同上書第2章に収録、74頁。
65）竹中恵美子「新しい労働分析概念と社会システムの再構築―労働におけるジェンダー・
　アプローチの現段階」（2001年）『竹中恵美子著作集Ⅶ　現代フェミニズムと労働論』第
　5章に収録、184〜190頁。

れるが、どちらも日本語に置き換えにくい言葉である。

　竹中は、ケア労働とケイパビリティとの関わりについて、次のように述べている。「A. センは、人間の豊かさとは、金銭や欲望の充足だけで計られるものではないとして、人間の潜在能力を高める上で果たすケアのもつ重要性を指摘する。センによれば、ケア労働は、献身・責任・協力感情というような動機と結びついた人間関係的労働であり、自分自身の利害にのみ動機づけられて行動するものではなく、利他的な側面をもつ。もしケアがそうした人間的側面を培い、人間の潜在能力を高めるのに資するものであるとすれば、こうした側面を一方的に減らす方向でのみ政策を考えるべきではないということになろう」[66]。また、竹中は、ディーセント・ワーク推進とケア労働との関わりについて、ILO の提言に含まれる一文を、次のように紹介している。「身近な人たちをケアすることは私たちのアイデンティティの一部であり、したがって、社会的調整のための一連の制度が必要となることを認識しなければならない。ケアする権利と必要な場合にケアを受ける権利は、21 世紀の進行につれて進展することになるだろうが、この点で ILO は先頭に立って働くことができるだろう。ケア・ワークを行う権利は、ILO の『ディーセント・ワーク』戦略の不可欠な一部である」[67]。

　このような、ケア労働としての家事労働の意義を説く主張に対しては、家事労働の社会化を遅らせることになるという批判がある。確かに、家庭において「ケアする権利」や「ケアを受ける権利」が一面的に強調されてはならない。「ケアする権利」が保障されるということは、同時に「ケアしない権利」もまた保障されなければならないし、「ケアを受ける権利」が保障されるということは、同時に「ケアを受けない権利」もまた保障されなければならないのである。問題は、ケア労働としての家事労働がこれまで性別分業のもとで女性に押しつけられ、そのことによって女性のケイパビリティ（潜在

66）竹中恵美子「セカンド・ステージに立つ家事労働論―「ケアレス・マン」を超えて」（2009 年）『竹中恵美子著作集 Ⅵ 家事労働（アンペイド・ワーク）論』第 9 章に収録、236 頁。

67）関西女の労働問題研究会・竹中恵美子ゼミ編集委員会編『竹中恵美子が語る「労働とジェンダー」』2004 年、197 頁。

能力）が大きく損なわれてきたことである。竹中がいいたいことは、家事労働の社会化はこの問題を解決するためにこそあるのだということである。

　20 世紀の、「男性稼ぎ手モデル」を基準にしてつくられた社会システムは、ケアをしない男性とケアの担い手となる女性とを組み合わせることによって可能となるものであった。いま求められていることは、「個人」を基準とした新しい社会システムへの転換である。「個人単位モデル」は、一人ひとりの働き方、生き方の自由を実現するために、男女両性に「ケアする権利」と「ケアしない権利」の双方を保障するものである。それを踏まえたうえで、竹中は、ケアの単なる外部化（今日多くの場合、商品化）とは異なる、オランダやドイツで始まっている、ケアの時間を確保するための政策を検討し、「ケアつき個人単位モデル」を示した[68]。家事労働の社会化は、ケアの外部化による家事労働の解体ではなく、ケアの価値を社会的に認知し、かつ金銭的に評価することによって、家事労働を私的領域から社会的領域へ解放することである。それを、竹中は「家事労働の社会化」と呼んでいるのである。

第Ⅲ節　「労働力商品化体制」概念の射程
──むすびに代えて

　竹中恵美子の女性労働研究は、学界における幾多の論争を通して鍛えられ、できあがったものである。竹中はいつも国内外の最新の学説に目を配り、学界の最前線で仕事をしてきた。しかし、竹中の著作は、単に諸説を検討し、そのうちの一派に与するといったものではまったくない。竹中恵美子という一個の人間の魂から確信し得たことが、人間観や学問観をも含む大きな塊となって、われわれの前に示されているのだと感じられる。

　『著作集』全 7 巻はその大きな塊にほかならない。『著作集』の第 1 巻には、竹中が労働経済学に足を踏み入れたときに、それが「男性本位の経済学」だということに気づき、そこから研究を真に自分の納得のいくものとするための苦闘が示されている。従来の賃金論（「労働力の価値」論）を検討

68)『竹中恵美子著作集 Ⅵ　家事労働論（アンペイド・ワーク）』第 7 章〜第 9 章。

し、その限界を指摘する竹中の論述は、一分の隙もないように組み立てられている。それだけに難解である、それに比べ、第Ⅱ巻以降には、竹中が本当にいいたいことをいうための理論、すなわち「労働力商品化体制」概念を基軸とした女性労働研究の基盤を構築し、それに基づいて自身の学問的主張を次々と発表し、政策的課題を論じていく軌跡が生きいきと示されている。そして、第Ⅵ巻のペイド・ワークとアンペイド・ワークとの関係を全面的に論じるところにいたり、竹中の女性労働研究は完成をみるのである。

竹中が、「労働力商品化体制」に徹底的にこだわったのは、そこにあるペイド・ワークとアンペイド・ワークとの関係に資本主義社会の決定的矛盾を発見し、その矛盾を解決するプロセスに資本主義を超える道筋を見出したからである。竹中の学問は、ペイド・ワークの営み（職業としての経済学）のなかだけで理解されるものではなく、アンペイド・ワークをも含む人間としての労働・生活の営み（労働組合婦人部活動や市民学習としての経済学）においてこそ、その真の力を発揮する。「竹中理論」といわれるものは、こうした半世紀余りにわたって竹中恵美子が成し遂げた仕事の全体を捉えるための言葉なのである。

竹中理論の核心は「労働力商品化体制」概念である。竹中理論を理解するうえで肝要なのはこの概念を正しく把握することである。再度説明するならばこういうことである。

資本制経済（資本主義社会の経済システム）は、財貨（生活資料）の生産＝再生産と人間（→商品としての労働力）の生産＝再生産とが、前者は市場領域において、後者は非市場の私的領域において別個に営まれながらも、両者が結合することにより成り立っている。賃金労働者の労働は、雇用されて財貨の生産＝再生産に従事することと引き替えに賃金を受け取るための労働（ペイド・ワーク）と、その賃金で生活に必要な財貨を購入し、消費する家事を行うための労働（アンペイド・ワーク）とに区別されるが、その生活場面における消費は労働力を生産＝再生産することにほかならない。資本制経済は、労働者の消費生活を労働者の私的領域とみなしているから、市場を観察するだけではこの私的領域はみえてこない。個々の労働者家族を単位として営まれる人間の生産＝再生産は、資本制経済に不可欠であり、そこに、家

事労働を女性の役割とする性別分業が内包されている。この、資本制経済に
内包されている、女性に家事労働を強いる、男性の女性に対する支配・抑圧
が家父長制と呼ばれるものである。労働者家族の女性の家事労働（アンペイ
ド・ワーク）に依拠して人間（→資本にとって必要な商品としての労働力）
を生産＝再生産する仕組みのことを、竹中は、労働力商品化体制と名づけ
た。

　「機会の平等」が「結果の平等」に帰結しない原因の根本は、この労働力
商品化体制にある。したがって、「機会」のみならず「結果」の男女平等、
すなわち真の男女平等を実現するためには、家事労働を含む労働全体の男女
平等を問題にしなければならない。その実現の方向性は、すでに女性差別撤
廃条約（1979年成立。日本は1985年に批准）が明示しているとおり、男女
両性が、財貨の生産＝再生産と人間の生産＝再生産という2つの生産領域を
平等に担い得るための労働権の確立と、家事労働を社会化するための社会資
本の拡充および社会環境の整備のほかにない。竹中が説く「結果の平等」論
は、女性に対する優遇措置や弱者としての配慮を求める主張ではない。そう
ではなく、社会全体の労働と生活の場面において、そうした優遇措置や弱者
としての配慮を必要としない社会をつくることを主張しているのである[69]。

　竹中恵美子は、『戦後女子労働史論』の最後の箇所で、雇用における男女
平等を実現するための課題を示し、そして、次のように述べている。男女平
等を実現することは、「生活資料の生産領域から疎外されてきた女性と、生
命の直接的生産領域から疎外された男性が、ともに二つの生産領域で自立
し、トータルな人間をとり戻すための課題でもあり、この課題は、ひとり女
性だけではなく、まさに男女両性にとっての人間解放への模索だといわなけ
ればならない」[70]。ここにおいて明らかとなったことは女性労働者の「特殊
要求」は全労働者の要求であり、その解決の過程は労働者階級の解放の過程
にほかならないということである[71]。

---

69)『竹中恵美子著作集 II 戦後女子労働史論』185 ～ 191 頁。

70) 同上書、429 頁。

71) 竹中恵美子が提出した「労働力商品化体制」概念は、資本制経済を財貨の生産＝再生
　産と人間の生産＝再生産との関係として統一的に把握することを可能にした。資本のグ

　付記　本稿は、拙稿「山川菊栄から竹中恵美子へ受け継がれた課題―「労働への視点」について―」および同「セミナーを終えて　男女両性にとっての解放への模索―竹中理論の意義を確認する―」お茶の水女子大学ジェンダー研究所編『IGS Project Series 13 セミナー　日本における女性と経済学』（お茶の水女子大学ジェンダー研究所、2018 年）所収を合わせ、加筆・補正したものである。

ローバリゼーションが進む今日、国内に編成された性別職務分離と性別分業が、グローバルに再編成される事態が生じてきている。それは、「労働力商品化体制」のグローバル化である。伊豫谷登士翁編『叢書　現代の経済・社会とジェンダー　第 5 巻　経済のグローバリゼーションとジェンダー』明石書店、2001 年を参照。

第IV部

竹中恵美子と仲間たち

第7章

*

関西における労働運動フェミニズムと竹中理論

伍賀　偕子

（元関西女の労働問題研究会代表／元大阪総評オルグ）

はじめに
——関西における労働運動フェミニズムの軌跡

　竹中理論（竹中恵美子による「女性の経験の理論化」とそれに基づいた実践的課題の提起）がどれだけ、女性労働運動や女性運動における理論的バックボーンとなってきたか、竹中理論との出会いによって、フェミニズムや労働運動において、そして自分たちの生き方において、どれだけ深い示唆を得てきたかを、関西における労働運動での経験を中心に記したい。

　竹中は、女性の経験を欠落させた労働経済学や社会政策論に対して、労働・家族・市場における女性の経験を理論化し、資本主義の基本的構造の矛盾を説き、「生産の経済学」ではなく、「生産と社会的再生産の経済学」を、富を独占している1％の者に対する99％の民衆の理論として普遍化し、展望を示してこられた。だから、竹中理論は、変革を求める女性たちの運動や思想を貫く“赤い糸”となり、私たちの血となり、肉となっている。

　竹中が、市場における家父長制支配を形成している社会的ファクターとして、国家、企業、労働組合、家族をあげているように、「労働運動フェミニズム」の視点から、男性主導の労働組合や、女性労働者の運動に、基本的な部分での問題提起を、さらにまた情勢が求めている課題を、タイムリーに、情熱的に提起してこられた。それに導かれて、「労働運動フェミニズム」という言葉を意識するかどうかは別として、女性労働運動は、当初の労働組合の専門部としての婦人部・女性部の枠を超えて、自らの解放をめざす自立した運動と連帯を形成していく過程を歩むことができた。

　この過程が、世界的には、第二波フェミニズムの高揚とグローバルな広が
りを背景としていることは、自明のことである。
　本論に入る前に、私自身の竹中理論との出会いと、その導きによって、ど
のように「労働運動フェミニズム」運動を実践してきたかを述べたい。
　竹中理論との決定的な出会いは、『現代の婦人問題』[1] に書かれた論文「婦
人解放の今日的課題」であった。それは、私が大阪総評 [2] の婦人対策・主婦
の会オルグに採用されて 6 年目の年だった。学生時代に『女のしごと・女の
職場』[3] を読み、就職後もいくつかの記念講演や男女同一労働同一賃金の諸
論文を学んではいたが、上述の婦人解放論がやはり決定的だった。そのとき
の感銘を、竹中の大阪市立大学退任時（1993 年）に発行された記念文集『ベ
レーと自転車』に、「女性運動の導きの糸」と題して、次のように書いたの
で、長くなるが引用したい。
　　「ウーマンリブの運動が、マスコミ等で半ば揶揄的に扱われていた当
　　時、女性解放の道筋を理論的実践的に明らかにした、言わば原点を示し
　　たものでした。

---

1)　竹中（1972）。
2)　「総評」（＝日本労働組合総評議会）は、朝鮮戦争勃発直後の 1950 年 7 月 1 日に結成さ
　　れた。産別会議（全日本産業別労働組合会議）を中心とする共産党の組合支配への反発
　　から、「民主化同盟」（民同）が前年より各組合に準備され、占領軍の強力なバックアッ
　　プによって結成されたのだった。したがって、総評は、結成時には、朝鮮戦争に対して
　　「北朝鮮の武力侵略反対」という態度であり、レッドパージに対しても消極的対応で黙
　　認した。
　　　しかし、先の大戦の悲劇を経験した職場労働者は、再びしのびよる軍靴の足音に対し
　　て敏感であり、「特需景気」をテコに復活してきた独占資本の労働強化や搾取に対して、
　　たたかうエネルギーを高めていった。翌年 3 月の第 2 回総評大会は、国連軍支持の旗を
　　降ろして「平和四原則」を打ち立てた。以降、総評は、日本の平和と民主主義を守る国
　　民運動センター的役割を果たし、企業内組合として職場の要求をくみ上げて組織する
　　「職場闘争」を軸に、地域共闘を全国津々浦々に築いていった。「ニワトリの卵からアヒ
　　ルが生まれた」とダレス国務長官をして語らせたと伝えられるように、占領軍や財界の
　　総評にかけた思惑は覆された。
　　　大阪では、全国に先駆けて総評の地方組織である総評大阪地評（略称は地評だが、通
　　称は大阪総評）が 1951 年 2 月 9 日に結成された。
3)　竹中・西口（1962）。

190

　女性差別の根源について、資本制と家父長制の二元論や、家父長制を重視する理論に対し、資本制が家父長制を内包しているのであって、あくまで資本制の要因が根源的であること、したがって女性解放の原点は、社会的生産の場における男女平等の実現にあり、女性労働者は、解放運動の中軸をなさなければならないということ。この展開は、私たちが何に対してたたかい、誰と手をくまねばならないかを明確に示し、女性たちに大きな確信を与えてくれました」[4]

『現代の婦人問題』がどれほど多くの活動家や若い研究者に影響をおよぼしたかは、字数の関係で紹介できないが[5]、本書が7刷を重ねたことに示されている。私も職場活動家の研究会・学習会で何度も何度もテキストにして、線を引いてない頁がないくらいに真っ黒になっている。

1　竹中理論に鼓舞された総評女性運動

1960年代半ばより、竹中の「男女同一労働同一賃金」理論を受けとめたのは、「総評婦人対策部」だった。そしてそのローカルセンターである「大阪総評」女性運動が、竹中理論との結びつきを強めていった。

大阪総評女性運動の特徴として、次の3点を指摘できる。まず第1に、労基法改悪反対・真の男女雇用平等法制を求める運動に先進的に取り組み、「全国の運動を牽引した」と自負する展開をしたこと。

第2に、全国でいちばん早く結成した「国際婦人（女性）年大阪連絡会」（1975年2月6日結成）や、「女性差別撤廃条約の早期批准を促進する大阪府民会議」（批准後は、「暮らしに生かそう女性差別撤廃条約大阪府民会議」）をはじめ、広範で多様な女性団体・市民グループの共同行動の事務局的、縁の下の力持ちの役割を担うことで、関西発のユニークな運動を全国に発信し続けたこと。

そして、第3には、労働組合運動の社会的影響力にかげりが見えてきた

---

4)　竹中恵美子先生退任記念事業呼びかけ人一同（1993）26頁。
5)　竹中恵美子・関西女の労働問題研究会著（2009）「第2部 III　竹中理論と私の出会い」を参照のこと。

1970 年代以降、女性たちの幅広い連帯活動で得た波及力を大阪総評全体の運動に還流し、同時に、第 1 で挙げた男女雇用平等をめざす運動から、「女も男も人間らしい労働と生活を」のスローガンを掲げて、労働法制規制緩和に反対する運動を大阪総評運動に提起し、実現していく力量をつけたこと。

　しかし、労働運動の流れは、労働戦線再編であり、1989（平成 1）年に総評は解散した。「総評解散」に対して、女性たちがまとまって意見を述べるにはいたらなかった。

2　関西女の労働問題研究会（女労研）とその活動

　これらの大阪総評女性運動の現場の必要性から生まれたのが「関西婦人労働問題研究会」（のちに、「関西女の労働問題研究会」と改名、以下、「女労研」と略す）である。共同行動の広がりや日常的な運動の忙しさのなかで、系統的な学習や、活動家の育成・継承などの必要性から、大阪総評女性運動を担ってきた退任役員や、機関には出ていないが意欲的な現役活動家らの個人参加で、1977（昭和 52）年 7 月 24 日に結成された。結成会場は大阪総評事務所で、総評解散まで、住所も「大阪総評書記局内」という表示が黙認された。

　代表者には、前年まで 18 年間総評婦人対策部長を務めて出身地の和歌山県にもどっていた山本まき子に就任要請し、事務局長には、当時大阪総評オルグだった筆者が就いた。1992（平成 4）年 9 月に組織名を改め、代表に筆者が就いた。顧問として、竹中恵美子、西口俊子両教授にご快諾を得て、以降、大きなお力添えをいただくことになった。

　具体的な活動展開は後述するが、この女労研が果たした役割は、次のように概括できる。

　第 1 に、企業内組合の枠を出て、女性運動の政策（当初は大阪総評女性運動の政策）を作る共同作業を行ったこと。

　第 2 に、退任役員と現役活動家をつないで、運動の継承と連帯を共有化する場を作ったこと。

　第 3 に、女性労働者の系統的な学習の場を作り出したこと。とくに、大阪

総評解散後には、労働組合の枠を超えて、広範な女性たちの学習の場を企画し、その記録を出版し、研究者や運動家への学習資料の提供を継続的に行った。それは、総評解散の翌年1990年に開催した「ゼミナール 女の労働」に始まる。もちろん、主要な講座は、竹中顧問が担当された。

　第4に、第2に挙げたことと関連するが、女性労働運動の軌跡を「歴史を紡ぐ」記録として掘り起こし、史料として残す共同作業を重ねたこと。敗戦直後の労組婦人部の結成と運動を担ったパイオニアから、大阪総評女性運動の現役までをつないだネットワークが、今も続いている。歴史を紡ぐ3冊の発行物がある。『はたらく女たちの歩み・大阪39年―大阪総評婦人運動年表』（1989、女労研委託編纂）、『次代を紡ぐ　聞き書き――働く女性の戦後史』（30名のパイオニアへの聞き書き、1994、耕文社）、『働く女たちの記録―21世紀へ―次代を紡ぐ（公募編）』（2000、松香堂）。そのいずれにも、竹中顧問の熱いコメントが寄せられ、編纂過程から励ましのエールを送られた。

　女労研が運動現場の必要性から始めた活動例として、新聞7紙の切り抜き情報紙月刊『クリッピング　ジャーナル女性』の発行があげられる。職場と家庭と組合運動に忙しくて「新聞を読む時間もない」という女性たちの悩みに応えて、7紙の担当者を決めて、毎日切り抜き、月ごとに持ち寄り、B5判（のちにA4判）16頁に編集して発刊した。メディア・リテラシーがそれほど話題にされていない時期に、ジェンダーの視点から編集された本紙は、全国の現場の運動家や研究者らから広く求められ、多いときには2000部を超える時期もあった。Web検索の時代になって廃刊したが、1981年から99年12月までの18年間におよぶ全4冊にまとめられた合本は、今も貴重な資料だといえる。

　もう1つは、労基法改悪反対運動を職場から組織する教材として、スライド『はたらく女性と母性保護―合理化の波に抗して』（1978年1月）を制作した。これは全国から200本近くを求められた。第2段として、均等法施行後に『女のしごとと健康―いきいきとしたたかに』（1989年1月）を制作し、これも全国で活用され、女労研の財政基盤の確立にも寄与した。

第 I 節　同一価値労働同一賃金をめざして

1　男女賃金差別撤廃と「春闘方式」批判

　竹中の女性労働研究のスタートは、1953（昭和 28）年の卒業論文「男女
賃金格差と男女同一労働同一賃金原則についての一考察」であり、研究論文
では、62 年の「わが国労働市場における婦人の地位と賃金構造」[6] であった。
そしてさらに、同年刊行の初の著書『女のしごと・女の職場』（共著）で、
女性の低賃金の原因と男女同一労働同一賃金について、女性労働者にわかり
やすく説いた。

　労働運動の現場への問題提起ということでは、月刊『総評』婦人問題特集
号（毎年春闘時に臨時号として「婦人問題特集号」が発行された）に、竹中
の論文が継続して主要論文として掲載された。1965 年「婦人のしごとと賃
金」、71 年「婦人の低賃金と今日の課題」、73 年「春闘と女の賃金」である。

　これら一連の著書・論文で、竹中は、「それまでの女性の低賃金をもっぱ
ら不熟練・家計補助労働・未組織労働に原因を求める定説を排して、なぜに
不熟練・家計補助的賃金たらしめているのかを、労働力の需要と供給の接点
をなす産業構造（下請け的編成の底辺の膨大な家内工業の存在）と、労働市
場組織化の機能を果たすべき労働組合機能の特殊性、つまりは日本的労使の
ビヘイビア（行動様式）の特質から論じた」[7]。

　女性の低賃金の根源は、労働力の再生産を家庭のなかの女性の無償労働に
よって行うことにあり、この資本制生産様式が家父長制と結合しているとい
う規定は、働く女性たちにとって、論理的にも実感としても、胸にストンと
落ちるものだった。

　竹中の上記著書や論文が執筆された 1960 年代初期の状況を『総評婦人

6）竹中（1962）。

7）竹中「著作集」Ⅳ 女性の賃金問題とジェンダー（2012）331 頁。

二十五年の歴史』[8]にみると、以下の通りである。

　1960年の賃金統計によれば、女性の賃金は男性の賃金に比して42.8％で、製造業に限るとそれは39.5％である。この賃金差別実態のもとで、「はたらく婦人の中央集会」（総評・中立労連主催）では、毎年その不満が強く訴え続けられていたが、具体的な取り組みにみるべきものがなかったので、60年春闘を前に総評婦人対策部は「賃金の男女差撤廃」を春闘の柱に取り上げるよう春闘共闘委に働きかけた。しかし「問題にされずに終った」（傍点強調は引用者）。

　そこで、婦人労働者の意志結集をはかるために、1961年より、春闘婦人ブロック討論集会を地方で開催し、婦人労働者の統一要求を掲げた。①初任給の引き上げと男女差是正、②大幅賃上げ一律要求一律配分、③全国全産業一律最低賃金制度確立、の3本柱である。

　1973年の竹中論文「春闘と女の賃金」では、日本の企業内賃金構造の特質と、年功賃金体系への批判が述べられ、さらに、賃金構造そのものを抜本的に改革する運動、それへの労働組合の積極的関与の必要性が主張され、春闘の課題は、一般的なベースアップ（平均的賃金引き上げ）にとどまることなく、差別的な賃金決定機構を打破すること、つまり、“春闘方式”そのものの批判を提起している。しかし、竹中が述べているように、「当時、このような主張は、賃金を労働者家族の再生産費と考える運動の主流からは、全面的には受入れられなかった」[9]。現に、当時の総評賃金闘争の企画責任者だった調査部長の小島健司の著書[10]では竹中の主張は批判されていた。

　にもかかわらず、月刊『総評』婦人特集号に竹中論文を連続掲載したことに、当時の総評婦人対策委員会の並々ならぬ決意を読み取ることができる。例年の「春闘婦人ブロック討論集会」では、竹中論文が女性リーダーたちのたたかいへの意欲をかりたて、理論化に役立てられ、講演依頼も単産・単組から重ねられた。総評全体の賃金闘争方針の討議に、女性たちが参画する力はまだもちえていなかったが、単産・単組で、初任給における性差別撤廃の

8）総評婦人対策部（1976）。
9）竹中「著作集」Ⅳ　女性の賃金問題とジェンダー（2012）332頁。
10）小島（1964）。

取り組みは確実に前進した。そして、全国的な ILO100 号（同一労働同一賃金）条約批准要求署名運動が、それらの取り組みを後押しした。

2　コンパラブル・ワース運動と
京ガス裁判原告の出会い・たたかい

　日本の低賃金構造を改革し、男女同一価値労働同一賃金原則を現実化する道程は、1973（昭和 48）、1978 両年の石油危機を契機とする、高度経済成長から低成長への転換のもとで、労働運動全体が「大幅賃上げ」から「雇用確保」にシフトしていく展開のなかで、遠いものとならざるをえなかった。

　だが、労働運動全体の流れはそうであっても、裁判闘争という形で性差別賃金是正・撤廃についての先進的な運動と判例が重ねられていった。そして、これらの積み重ねが、1980 年代の男女雇用平等法制定要求・労基法改悪反対の全国運動の高揚を準備したともいえる。

　竹中は、1990 年代の労働市場のドラスティックな変化（非正規労働者の急増）のなかで、同一価値労働同一賃金原則を日本で実現していくための方策を、1970 年代の各国の男女平等法制の前進に学び、とくに、イギリスの男女「同等賃金法」に注目して紹介し[11]、世界のコンパラブル・ワース運動の成果と日本における課題を積極的に提起していった。たとえば、総評が解散した翌年 1990 年に女労研が広く呼びかけて開催した「90 ゼミナール 女の労働」（全 6 回）において、竹中は世界の運動に学ぶ講義で、コンパラブル・ワース（ペイ・エクイティ）運動を紹介し、日本での実践を呼びかけている[12]。

　このゼミナールは、当時関西の女性運動を担う多彩なリーダーが受講しており、そのなかに、屋嘉比ふみ子がいた。のちに「京ガス男女賃金差別裁判」の原告となった彼女は、2001（平成 13）年に、ペイ・エクイティ（同一価値労働同一賃金原則）を実質認める京都地裁判決を日本で最初に獲得し

11）竹中（1974）。
12）このゼミナールの講義をまとめたものが、竹中恵美子監修・関西婦人労働問題研究会　編（1991）『ゼミナール 女の労働』である。

た[13]。裁判では、森ます美（昭和女子大学教授）のペイ・エクイティから賃金分析をした「鑑定書」が大きな役割を果たしたが、屋嘉比は提訴の決意をするにあたっての、竹中理論との出会いを次のように述べている。

　「1980年代後半から90年代には、竹中恵美子さんの理論や提言に大きな影響を受けた。著書はもちろん大半読破している。『90ゼミナール女の労働』に全回参加し、94年には、京都の『女のフェスティバル』で私とパネルディスカッションされた竹中さんからアメリカのコンパラブル・ワース運動を学んだ。

　……96年の日本ペイ・エクイティ研究会報告書『平等へのチャレンジ』と森ます美さんの提起に触れた。

　……竹中さんや森さんたち研究者の理論を現場で実践に移すことが、運動に関与する者としての使命との思いもあったが、シングル・マザーとして子どもを育て、職場で過酷な労働に従事しながらの裁判闘争は、まさに身体を張っての壮絶さが伴った。

　……厳しい現実に立ち向かいながらも、ポジティブさを喪失することなく、最後まで果敢にたたかうことができたのは、全国の運動団体や個人からの絶大な支援の存在はさることながら、研究者の優れた理論による先導だったと心から感謝している」[14]

　さらに、2013年2月に開催された「竹中恵美子著作集完成記念シンポジウム〜竹中理論の意義をつなぐ」（フォーラム 労働・社会政策・ジェンダー、竹中恵美子著作集刊行委員会共催）の討議のなかで、屋嘉比は「労働運動にフェミニズムを」の運動を何十年もやってきたと述べ、男性主導の労働組合運動を批判しながら、こう語った。「男たちは社会をバックにしているが、

---

13) 屋嘉比は1998年4月、㈱京ガスを被告に男女差別賃金裁判を京都地裁に提訴し、2001年9月20日、事務職と監督職の「同一価値労働」を認定し、ペイ・エクイティ（同一価値労働同一賃金）原則を、日本で初めて適用した勝利判決をかちとった。かつ大阪高裁では、一審判決を踏襲した勝利和解で、2005年12月8日に解決した。2008年6月ペイ・エクイティ・コンサルティング・オフィス（PECO）を立ち上げ、活躍している。屋嘉比（2007）。

14) 竹中恵美子・関西女の労働問題研究会著（2009）の第2部「Ⅲ 竹中理論と私の出会い」における屋嘉比の手記から筆者要約。

女は身 1 つで生きている。何が支えになるかと言うと正しい理論である。そういう意味で私たちは体を張ってたたかってきたけれど、体を張ることができたのは、竹中先生の理論が支えとしてあるからであり、非常に感謝している」と。この発言に対して、竹中は、「自らの運動にとって『理論が支えになった』と言ってくださることが、どんなに私自身の理論研究を支えてきたか、力になってきたかということです。彼女たちの実践は、理論を検証し、理論を発展させる原動力となってきたのです」と述べた[15]。同シンポジウムの感想集約のなかで、この 2 人のやりとりに深い感銘を受けたという感想が、いくつも寄せられた。

　竹中は、同一価値労働同一賃金原則（CW 原則、ペイ・エクイティ原則）は、男女賃金差別撤廃の運動の武器だけではなく、非正規労働者が 2000 万人を超え、労働者の 4 割近くにまで増えている今、雇用形態を超えて CW 原則の適用をめざすことが非正規労働者への差別撤廃を求める労働運動の重要課題であると強調する。加えて、同時に、CW 原則は職務内容の相対的比較の問題であり、生存権に値する賃金の最低限保障（絶対的水準の引き上げ）をめざす運動が不可欠であると基本的な提言をしている[16]。

第Ⅱ節　「保護か平等か」二者択一論と統一の理論

　第 2 次世界大戦の敗戦により、新憲法や労基法、新民法により、「法の下の解放・平等」が宣言されたが、それを一つひとつ現実のものとするには、資本と労働運動との攻防に打ち勝つことが必要だった。これらの法制定のわずか数年後の 1951 年、アジアの反共の砦（とりで）としての日本国家を築くために、これらの民主的諸法制の見直しが米占領軍から指示され、結成されて間もない総評は、「労働基準法改悪反対闘争委員会」（「労闘」）を設置し、「労闘スト」をかまえ、国会会期が 4 度も延長されるほどの激しいたたかいを展開した。

　ちなみに、このときの労基法改悪案は、拘束 8 時間制・超過勤務手当

15）フォーラム 労働・社会政策・ジェンダー、竹中恵美子著作集刊行委員会（2013）。
16）竹中恵美子・関西女の労働問題研究会著（2009）103 ～ 104 頁。

25％増の見直しをはじめ、女性労働に関しては、時間外労働の制限撤廃と軽作業における生理休暇規定の撤廃、深夜業禁止の緩和をねらう内容だった。たたかいの結果、改悪を、決算業務についての残業制限の緩和と、スチュワーデスと女子寮の管理人が深夜業適当業務とされるにとどめた。

　以来、1960 〜 70 年代の女性労働運動は、「結婚しても子どもを生んでも働き続けるために」をスローガンに、労基法改悪阻止と母性保護運動を軸に展開された。

1 「労基研」報告と保護か平等かの二者択一論

　繊維産業をはじめとする財界からの労基法改定要望を受けて、1969（昭和 44）年秋に設置された労相（当時）の私的諮問機関「労働基準法研究会」（「労基研」）は、次々と「改悪プログラム」を打ち出した。「女子保護」については、1970 年 10 月東京商工会議所が提出した「労働基準法改正意見書」が「女子保護廃止」を提案し、労基研第 2 小委員会で「女子保護の科学的根拠」なるものが検討された。1974 年に出された第 2 小委員会の「医学的、専門的立場から見た女子の特質に関する報告」は、「生理時の症状はただちに就労困難に結びつかない」と、生理休暇の医学的根拠を実質上否定した。そして、1978 年 11 月に、労基研報告として「労働基準法の女子に関する基本的問題についての報告書」が労相に提出され、「女子保護の廃止の必要性」を結論づけ、一方で「男女平等法」の制度化に言及した。

　この報告に先立つ 1976 年秋には、「就労における男女平等問題研究会議報告書」（労相の諮問機関）、「婦人少年問題審議会建議」（労働省〈当時〉）、「婦人問題企画推進会議意見書」（総理府〈当時〉）が矢継ぎ早に出され、いずれも、「男女平等の就労基盤」のためには「女子保護の科学的根拠の見直し」が必要とされた。「平等」の就労基盤を築くためには「保護」廃止が前提という、“二者択一”論が全面的に展開され、職場では、労基法改悪の実質化が進んだ。

2 「保護と平等」の統一の理論を提起

　総評は、1970（昭和 45）年 10 月の東京商工会議所意見書に対抗して、1971 年 3 月の「第 16 回はたらく婦人の中央集会」で、「働く権利と母性保護、労働基準法の改正をめぐって」をテーマにパネルディスカッションを設定した。パネリストは、竹中恵美子、籾井常喜（東京都立大学教授）、土井たか子（衆議院議員）だった。さらに、1974 年 5 月の「第 19 回はたらく婦人の中央集会」では、竹中が記念講演を行い、その内容は、『月刊総評』1974 婦人問題特集号に「保護と平等—労基法（母性保護）をめぐって」と題して掲載された。内容を要約すると、母性保護要求は、母性をもつ婦人労働者の人間としての自己をとりもどすたたかい、生存権の要求である。男女平等の労働権は母性保護の権利によって高められうるし、母性保護が平等への不可欠の環である。資本の生産力至上主義はこれを“冗費”としてきりつめるので、母性保護をめぐる闘争は、激しい階級闘争の様相をもたざるを得ない、と。

　竹中は、母性を私的機能として、労働力の再生産のための家事・育児の労働をすべて労働者の家庭内の私的労働に封じ込める問題点を指摘し、「保護と平等」を統一する運動の方向を提起した。すなわち、母性保護にかかわる企業負担を、個別企業ではなく、社会保障形態、社会的ファンドにプールする方向性と、男性の労働条件を女性の保護水準に引き上げることで差を縮めることこそが重要である。男女均等待遇をよりいっそうすすめるためには、全労働者の労働条件の向上と社会施策の拡充によって、母性のための特別な保護を不要にする運動をおしすすめなければならない、と。竹中の提起はきわめて明快だった。当時の“二者択一”論に対して、竹中の提起は“統一”の理論を示し、運動の方向への確信を得ることができた。

　さらにのちの論文で、竹中は、従来の母性保護の概念を、①生殖機能の保護、②出産・哺乳、③育児に整理して、②を母性保護とし、①と③について

は両性保護をめざすべきだという方向性を示した[17]。同論文は、「いま男女雇用平等法をめぐって問われているのは、女性の人権であり、同時に労働と生活の人間化の視点からの労働者保護である」と結んで、労働運動の方向性を明瞭に示した。

3 大阪総評女性運動
──2万人調査で「労基研報告」に反論

大阪総評女性運動は、1971（昭和46）年3月の婦人協主催の「労基法改正問題研究集会」での学習を皮切りに、3月16日には大阪労働基準局と交渉をもち、上記の東京商工会議所意見書に反対の申し入れを行い、以降、何度も労働省大阪婦人少年室・大阪労働基準局との交渉を重ねた。「オルグのための手引き袋」7000枚を職場に配布し、職場の実態を訴えるハガキ行動・署名行動を職場から積み上げていくことを重視した。

1978年11月20日の「労基研報告」に対しては、その直後に「はたらく婦人の大阪集会」（11月25日）で1500人のデモによって反撃し、津村明子婦人協議長名で『朝日新聞』の「論壇」（12月2日）で反論するなど、機敏に対応した。

さらに、「労基研報告」が女子保護廃止の根拠とした「労働条件が向上した」「作業態様が変化した」等に対しては、竹中理論が明快に批判しているが、それに加えて、私たちは現場の実態から反論しようと、1979年夏に2万人の「婦人労働者の労働と生活実態」調査に取り組んだ。調査は、傘下の組合員対象だけでなく、「1人が5人の未組織労働者との対話を」と呼びかけて取り組んだ結果、回答は、総評の特徴である官公労偏重ではなく、民間企業が約半数、その6割以上が未組織のパート・臨時労働者からであった。調査結果を、『大阪のはたらく婦人──2万人の「婦人労働者の労働と生活実態」調査から「労基研報告」を批判する』[18]として発行して、「現場からの反証」を行った。そこに示された婦人労働者の労働と生活の実態は、①

---

17) 竹中（1984）。

18) 大阪国民春闘共闘会議／企画編集＝総評大阪地評婦人協（1980）。

週休 2 日制・週 40 時間制とは程遠い長時間労働が行われている、②労働に
よる健康破壊は深刻だ、③月経時の過酷な拘束状態は耐えられない、④母性
保護は法律によってより拡充すべきだ、⑤家事・育児は一方的に女性の肩に
かかっている。

　この調査結果は、総評全国婦人代表者会議の方針書でも、「婦人労働者全
体の運動の武器として活用するよう」と評価され、全国の運動に用いられ
た。また、『月刊労働問題 増刊号「労基研報告評注」』（1980 年 5 月）でも、
柴山恵美子によって本調査結果が引用されている。

　大阪総評女性運動は、「労基研報告」への反論にとどまらず、母性保護問
題を男性も含めた労働安全衛生問題に位置づけ、「労働安全衛生講座」（連続
講座）を数年重ね（毎年 100 名余の受講）、「男も女も人間らしい働き方をめ
ざす」具体的課題を追求した。

　1980 年代後半には、次節で詳述するが、専門部の枠を超えて、労働法制
の規制緩和反対の運動を大阪総評運動全体に提起していった。運動のスロー
ガンは、1970 年代までの「結婚しても子どもを生んでも働き続けるために」
から「男女共に人間らしい労働と生活を」に、歴史的な発展を遂げた。

第Ⅲ節　「機会の平等」と「結果の平等」

　1978（昭和 53）年 11 月の「労基研報告」を踏まえて、労働省では、1979
年 12 月に「男女平等問題専門家会議」（労相の私的諮問機関）が公・労・使
の 3 者構成で設置され、男女平等法制のあり方論議の土壌づくりが始まっ
た。

　1982 年 3 月、関西経営者協会が「労働基準法改正に関する意見」を発表
し、女性保護を廃止し、男女平等については「機会の均等であって、結果の
平等を求めることはかえって困難な問題を 惹 起する」と、男女平等法制に
についての財界の意図を明確に打ち出した。これを受けるかのように、1982
年 5 月に答申された「男女平等問題専門家会議」の結論「雇用における男女
平等の判断基準の考え方」は、男女平等の判断基準を、「機会均等を確保す
るのであって、結果の平等を志向するものではない」と規定し、平等法制の

202

レールを引いた。労働省婦人少年局はただちに同年7月「男女平等法制化準備室」を発足させ、「婦人少年問題審議会」（公・労・使3者構成）での審議を進めた。

1 「機会の平等」論の落とし穴と 「結果の平等」をめざす労組機能の課題

　この「機会の平等」論に対する批判は、1982（昭和57）年の竹中の論文「『機会の平等』か『結果の平等』か」[19] でいち早く提起され、続いていくつかの論文を経て、1983年の『女子労働論―「機会の平等」から「結果の平等」へ』にいたり、これ以降も続いた。
　「機会の平等論の陥穽」（落とし穴）と規定された竹中の理論は、きわめて明快で、運動の道筋が示されていた。家庭の責任を負わない男性を基準とした「機会の平等」は、結果として不平等をもたらさざるを得ず、性別分業体制への再編の危険性を内包している、と。
　さらに、『女子労働論―「機会の平等」から「結果の平等」へ』では、「機会の平等」批判にとどまらず、「結果の平等」を実現するための労働組合運動の新局面と課題が5項にわたって提言されている。全部を紹介することはできないが、「結果としての平等をめざす労組機能の追求」の項では、1つは、生命の直接的生産のための両性共有の諸権利を労働条件として確立すること、2つは、労働力の共同体的再生産形態の創造に向けて労働組合が地域運動と結合して、新しい領域を拡大していくこと、と提言されており、とくに、労働時間短縮と家庭責任を担いうる両性の権利としての母性保障を新しい視点から取り組む労働運動が問われている、と強調されている。すなわち、「労働運動フェミニズム」の具体的提起である。
　大阪総評女性運動はどうであったか。保護は女性の特権としての保護ではなくて、女も男も人間らしく働くための最低の条件だとして、特別措置の必要性、つまり、むしろ男性もこの水準までに引き上げるべきであることを強

19）竹中（1982）。

調してきた。関西では部落差別撤廃運動をめぐる交渉や論争過程で、"逆差別"論を実践的に打ち砕き、差別を是正させるための特別措置の具体化をめざしてきた実績があった。

　さらに、女性差別撤廃条約第4条の「平等実現のための特別措置を差別とみなさない」の条文が運動へのあと押しとなっていた。だから、竹中が提起する「機会の平等」論の落とし穴については敏感で、運動感覚に"ぴったりくる"ものであり、理論的確信を得た。

　1982年5月の「男女平等問題専門家会議」答申に対する大阪総評女性運動の反撃は早かった。すぐさま6月に答申批判のリーフレット『"能力主義"強化による女性の分断を促進する「男女平等」の判断基準の考え方』（大阪総評婦人協）を職場配布して、討議に付した。その批判のポイントは、①能力主義強化による女性の分断⇒母性をかなぐり捨てて、男性並みの労働条件で働く者にのみ平等待遇を与えるという分断政策である、②結果の平等をめざす特別措置を否定する誤り⇒就労が家族的責任の遂行を阻まないような労働条件や社会的解決の保障こそが重要である、であった。何度も配布した街頭ビラもすべてこの主張が貫かれた。一般市民向けのビラでは、「残業や深夜業ができない女性は正社員になれない!?　生理休暇や出産休暇をとった人は賃上げなどに差をつける!?──こんなことが法律で強行されるとしたら……!?」という見出しで呼びかけている。また、「母性の権利の否定は働く権利の否定」の見出しの項では、「このことは、女性のみでなく、男性労働者、さらには日本の海外進出企業で働く外国人労働者の劣悪な労働条件に拍車をかけることは火をみるより明らかです」と訴えた。

　労働組合だけでなく、大阪の多くの女性団体にも理解を広げるために、「女性差別撤廃条約の早期批准を促進する大阪府民会議」主催の連続学習会では、竹中に講演を依頼し（「保護と平等をどうとらえるか」1983年4月）、講演記録集『女性差別撤廃条約と人権』（1983年11月）を発行した。

　答申が出た直後から、総評の婦人代表者会議でも、大阪総評から「機会の均等論批判」を発言した。2年半かけた公・労・使3者構成での議論では、労働者代表も労働4団体結束しての歩調が求められたなかで、総評も労働4団体声明も「機会の平等」論には言及せず、総評としては「三者会議のため

に十分ではなかったが、労基研報告を批准するような内容にさせないという目的は達することができた」という集約で締めくくった[20]。

男女平等問題専門家会議の1982年の答申は、確かに、3者構成の限界のなかでも労使の主張の両論併記など、労働者側委員の奮闘結果がうかがえる答申だが、しかし、答申にしばられず、「機会の平等」論の落とし穴について大衆運動のなかで力説することの意義は、その後の全面的な規制緩和と非正規労働の著しい増加の推移が明らかに示しているといえる。

総評婦人局（山野和子局長・当時）は、審議会等での労働4団体の共同歩調にリーダーシップを発揮するとともに、「実効ある男女雇用平等法を実現させる」全国の運動を牽引した。とくに、1984年3月21日〜29日の「私たちが求める男女雇用平等の法制化を実現させる中央行動」には、全都道府県から500名近い女性労働者が連日労働省横に座り込んで抗議・要請行動を展開した。続いて1985年2月13日〜22日「実効ある男女雇用平等法を実現させる第1次中央行動」、4月11日〜4月26日の「第2次中央行動」に取り組み、さらに、1985年11月29日〜12月27日の、指針・省令案に対する「労働基準法改悪反対、雇用の機会均等、待遇の平等を確保するための中央行動」には全国から延べ2000人が座り込むなど、画期的な大衆運動を重ねた。これらの連続行動や国会傍聴・ロビイングの熱気は、政府案に対して全野党の足並みがそろって、最後まで反対する原動力になったといえる。

2　結果の平等をめざす労組機能と女性たちの運動

竹中が提起した上述の「結果の平等をめざす労組機能」＝労働運動フェミニズムに、大阪総評女性運動がどこまで応えられたかは、歴史の検証に待たねばならないが、指し示された方向を追求した努力は、均等法制定前後の活動実績から証言できる。つまり、女子保護廃止に対して、女性の「既得権」を守るという視点ではなく、「女も男も人間らしい労働と生活を」のスローガンがすべてに貫かれた。労働時間法制をはじめとする労働法制の全面的

20）1982年第66回総評大会報告書の婦人局の章より。

規制緩和に反対する運動を大阪総評運動全体の課題に押し上げる力を発揮したのは女性運動だった。1982（昭和57）年の関西経営者協会意見書（労基法改正に関する）に対しても、1カ月後には、婦人協主催の学習会での本多淳亮（大阪市立大学教授）講演を要約した批判の冊子を、大阪総評発行の討議資料として仕上げて、職場配布に供した。

　当時、労働戦線再編論議が先行して大衆運動の提起が後景に退きつつあったなかで、均等法案粉砕のための婦人協の決起集会に、必ず単産・単組の男性の同数参加を働きかけようと申し合わせして開催したのが、1984年4月21日の「機会均等法案粉砕・労基法改悪反対・実効ある男女雇用平等法と人間らしい労働条件を実現する大阪決起集会」で、女性団体のリーダーとともに主要な単産・単組の男性幹部も旗を持って行進した。これらの実績のうえに実現したのが1985年3月9日の「労働法規の全面改悪に反対・男女雇用機会均等法案反対・労働者派遣事業法案反対大阪決起集会」であり、婦人協と中小共闘会議が担って大阪総評主催の決起集会となった。「労働者派遣法制定」に明確に反対する大衆集会は、全国的に数少ないものだった。

　また、大阪の地から「基発110号」撤廃を勝ち取った歴史的なたたかいでも、婦人協が重要な一翼を担った。基発110号とは「賃金不払い等に関する法違反の遡及是正について」の通達（1982年）で、使用者側の法違反についての遡及を緩和し、とくに男女同一賃金の違反については、それが判明しても遡及是正の勧告を行わないことを公然と指示したものだった。労基法そのものを否定するこの通達の発覚は、1987年大阪総評中小共闘会議の運動の場であったが、婦人協もただちに糾弾声明を発して、糾弾集会や大阪独自の上京団行動に取り組み、通達の改廃を約束させるという、歴史的なたたかいを中小共闘会議とともに展開した（翌1988年3月基発159号により110号は廃止された）。

　このようにして、「女も男も人間らしい労働と生活をめざす」大阪の女性たちの運動は、労働組合のなかにおいて、専門部の域を脱して、労働運動フェミニズムの視点で、全体の労働組合運動に迫る力量を発揮したが、労働運動の流れは労働戦線再編であり、1989年に総評は解散した。「総評解散」に対して、女性たちがまとまって意見を述べるにはいたらなかった。

3　手探りで追求した未組織・非正規労働者との連帯

　以上のような大阪総評女性運動の努力と運動展開が、1990年代以降の非正規労働者の急激な増加（2012年の「就業構造基本調査」では、2000万人を超える）という事態のなかで、どれほどの効果をもたらしたか、私は懐疑的な思いを禁じえない。

　大阪総評女性運動においても、男性と比して女性労働者の組織率の低さと民間労組における婦人部機能の弱さを意識して、運動の裾野をどう広げるかが、行動のポイントだった。運動の武器としての「手作り白書づくり」を、次々に手がけた。前述の、「1人が5人の未組織労働者との対話を」という行動提起に基づく2万人を対象にした「婦人労働者の労働と生活実態調査」では、集約数の約4分の1となる未組織労働者からの回答を得ることができた。職場には必ず下請労働者や臨時労働者がおり、教員や保育士なら保護者のなかにいるはず、兄弟姉妹や青年部員のパートナーなど、アンケート調査を通して、未組織労働者との対話が無数に重ねられた。労基法改悪阻止・雇用平等法のビラ配布も街頭宣伝を重視し、いちばん多いときで府内26カ所に5万枚を配り、デモばかりでなく、街頭ティーチインや、ゼッケンをつけての国鉄環状線・地下鉄内アピールなど、呼びかけのイメージを豊富化した。総評解散時には、「女が退職するとき　続けるとき」のアンケート調査に取り組んだ。なぜ仕事を辞めざるをえなかったかを、冬の寒風のなかを数カ所の職安の前に立って、職安を訪れる女性から聞き取り、退職・転職者3709人、直近5年間に出産して働き続けている人891人の協力を得た（『2つの調査が語る―女が退職するとき　続けるとき』）。

　また、電話相談「もしもし均等法」・「はたらく女性のもしもしネットワーク」を、大阪地評弁護団の協力を得て、解散時の1989年7月まで実施し、労働組合の存在を問われるような相談に応じて、その相談内容を集約し、行政の役割をまとめて大阪府へ申し入れした。行政が働く女性のハンドブック的なものをまだ発行していない段階で、電話相談から学んで『働く女性のチェックポイント』という冊子を発行したところ、新聞報道を見て、全国の

850 名から切手を入れての申し込みがあり、その反響を大阪府に伝え、何が
求められているかを提言した。

　今のように非正規・未組織労働者の当事者運動が血のにじむような努力で
展開されている前の時代の、「手探りの連帯活動」であったといえる。

4　均等法と労働法制の全面的規制緩和

　1989（平成 1）年労働戦線再編により総評が解散し、女性労働運動は多様
な展開をする。総評時代は手探りで連携を探ったが、1990 年代から 2000 年
代に入って、既成の企業内組合に組織されない労働者や非正規労働者が当事
者となって運動を担い、多様なネットワークも築かれた。

　ここでは、労働法制の全面的規制緩和と均等法の改正について、関西女の
労働問題研究会が、大阪総評女性運動でめざした方向を継承して取り組んだ
点にしぼって記述する。

　均等法施行後の労基法改悪の 3 つの節目に、女労研は、「大阪労働者弁護
団」（大阪地評弁護団から発展）と共催で集会を開催した。

　　＊ 1993 年 3 月 13 日　討論集会「労基法が危ない！　人間らしい労働と
　　権利をめざして」（於 中小企業文化会館）。大脇雅子弁護士を迎えて労
　　働省婦人少年問題審議会答申に対する批判を行った。参加者数は 150 余
　　名。

　　＊ 1994 年 2 月 4 日　討論集会「ストップ！　女性の保護規定緩和」
　　（於 PLP 会館）。集会アピールを労働省に送付して意思表示した。

　　＊ 1996 年 9 月 17 日　シンポジウム「均等法中間報告を批判する――
　　21 世紀の平等法と人間らしい働き方を求めて」（於 エルおおさか）。こ
　　のときは女労研と大阪労働者弁護団に、結成間もない「関西働く女性
　　のための弁護団」（WILL）と「コミュニティユニオン関西ネットワー
　　ク」が加わって、4 団体の共催となった。女性保護の全面廃止への危機
　　感で、会場あふれる参加者 200 余名が政府への要請決議を熱っぽく討議
　　し、関西の地から批判の決議を発信した。

総評解散後、労働法制規制緩和に反対する討論集会や決起集会が広く呼び

かけられ、提起されることはないにひとしかった。マスメディアや自称フェミニストリーダーたちの多くの主張は、法律（均等法）を「小さく産んで大きく育てる」、「結果の平等をめざすためにもまず機会の平等から」という"段階論"が多かった。そうしたなかでの私たちのアイデンティティを発揮した取り組みだった。

第Ⅳ節　ディーセント・ワークをめざす
　　　　女性たちの学びと解放のテキスト

1　レイバリズムを超えてディーセント・ワークへ

　1999（平成11）年 ILO（国際労働機関）のファン・ソマビア事務局長が、21世紀の労働の目標として「ディーセント・ワーク」（人間としての尊厳ある働き方）を提唱した。竹中は、早くにいくつもの論文や講演で「ディーセント・ワークをめざす社会システム改革」の道筋を明確に提起された。

　私たち働く女性たちは、「労働法制の規制緩和」や非正規労働の不安定雇用に対してたたかうなかで、「結婚しても子どもを生んでも働きつづけられる権利を」から「男女ともに人間らしい労働と生活を」のスローガンに到達してきたが、それでも、出産や育児、介護＝ケア・ワークは、現実には「労働の障壁」だった。しかし、ケア・ワークを労働の障壁だとするみかたは、経済至上主義に立つレイバリズム（労働主義）であって、ケアすることとケアを受けることは、人間のアイデンティティの一部であり、それを可能にする社会システムこそが必要である。ケア・ワークは21世紀ディーセント・ワーク戦略の不可欠な要素である、という竹中の主張は、私たちの心にしっかりと響いた。

　そして、ほど遠い理想の目標ではなく、女性たちが積み上げてきたたたかいの一つひとつが、ディーセント・ワークをめざす道筋だったのだとの確信がふくらんできた。

　そのような思いから、2003年7月、「ディーセント・ワーク・フォーラム」を開催した。サブタイトルはいささか長いが、「～性差別撤廃からあらゆる

差別の撤廃へ—次代を切り拓いてきた人たちの証言と衡平社会をめざすディスカッション」と付けた。8 時間を超える長時間を 4 部に構成し、「人間らしい働き方—アンペイドワークとケア労働」、「不安定雇用労働と労働組合」、「同一価値労働同一賃金をめざして」、そして「衡平社会—性差別からあらゆる差別の撤廃をめざして」のテーマ設定にした。竹中顧問はほとんど 4 部とも出っぱなしで、方向性を示していただいた。多くの先駆的なたたかいの証言をつなげて、「労働の障壁」としてのケア・ワークではなく、ディーセント・ワークをめざす社会システムの変革の課題とその要のひとつであるケア・ワークの権利を学び、熱い討議を展開した。

　このフォーラムを、『女性ニューズ』[21] が注目して、事前の紹介とともに、フォーラムの討議内容を 1 面トップで大きく掲載した。

2　竹中恵美子とともに「学びの場」を共有

　大阪総評婦人協講座は、動員方式をとらず、学びたい活動家が結集する場だったが、総評が解散して、情勢に切り込んだ課題の学習や系統的な学習を組織する場がなくなった。

　女労研は、自前で系統的な学習会をタイムリーに組織し、その内容を次々に出版して、全国の学びたい人々に継続して届ける役割を果たした。その講師は、超多忙な竹中顧問をはじめ、全国の第一線で活躍されている人々だった。

　総評解散直後の 1990 年 9 月に開催した「ゼミナール　女の労働」がスタートで、竹中の講義を中心に、2 カ月間 7 講座のカリキュラムを組み、多くの人々が受講した。「こんなに系統的に学べる場はほかにない」との声が受講動機のアンケートに寄せられた。第 1 日目を取材した毎日新聞記者の記事の「なぜ男性は勉強しないの？」という見出しが今も記憶に残っている[22]。

　この講座記録を、翌年ドメス出版から『ゼミナール　女の労働』として出

21)『女性ニューズ』第 1367 号（2003.8.10)。
22) 1990 年 9 月 4 日付『毎日新聞』夕刊。

版した。以降、96 年「ゼミナール　男女共生社会の社会保障ビジョン」、97年「ゼミナール　共生・衡平・自律〜 21 世紀の女の労働と社会システム」を開催し、いずれも同名の著書を同出版社から出版した。

　なかでも、『男女共生社会の社会保障ビジョン』は、社会政策におけるジェンダーと女性の人権を考えるうえで、基本的な視点が提起されているテキストである。竹中が、男女同一価値労働同一賃金の理論において、早くから「労働力の再生産費を、社会的価値配分要求の社会保障などと結合しなければならない」と述べ、つねづね「労働政策と社会政策は車の両輪」と主張してきたことを、具体的政策として論じたものである[23]。

　これ以外にも、講演会「どう変える ?!　労働と社会システム〜共生・衡平・自律の 21 世紀をめざして」を 2001 年に開催し、「女の自立を阻む税制・年金制度〜どこが問題？　どう変える ?!」と「雇用の男女平等・新段階〜どう変える ?!　労働と家族政策」のテーマで学習討議を重ねた。

　社会保障におけるジェンダー平等と女性の人権について、竹中は理論活動だけでなく、「高齢社会をよくする女性の会・大阪」の代表を 1994 年から2001 年の 7 年間務め、毎回運営委員会に出席して、「会報」巻頭言を発信してきた。1998 年には同会編『共倒れから共立ち社会へ——前進させよう介護の社会化』を監修し、明石書店から出版している。

3　二つの“竹中セミナー”と次世代への期待

　これらのほかに、竹中講義に学べる「幸せな条件」を次世代に引き継ぎ、新しい人材を生み出すことにつなげたいとの思いで、1 年間竹中講義に学ぶセミナーを 2 回企画した。

　第 1 回目は、竹中が 2002 年 3 月に大学人生活を終えられて、もうどこに潜り込んでも竹中講義を聞くことができないという事態を迎えて、2002（平成 14）年 1 月から「竹中恵美子ゼミ『労働とジェンダー』で一緒に学びませんか ?!」の受講生公募を始めた。女労研主催で、ドーンセンター（大阪

23）竹中「著作集」Ⅴ　社会政策とジェンダー第 6 章（2011）に、このときの講義記録の一部が収録されている。

府立女性総合センター〈当時〉）の共催という位置づけも得た。当初20名
ぐらいのゼミ形式を考えていたが、40名を超える人々が、応募の課題とし
た1000字の熱いレポートを提出された。選考するのがむつかしくなり、応
募された42名全員が、90分の講義と30分の質疑・討論というかたちで、1
年間毎月、計12回の講座を受講した。労働組合・ユニオン役員、市町村の
女性施策担当者、研究者の道をめざしている人など、多彩な顔ぶれで、毎回
周到に準備された綿密な資料に竹中講師の熱意が伝わり、終始高出席率で、
熱っぽい質疑・討論が展開された。関西から遠く離れている友人から、この
ような学びの場があることを羨ましがられたという話があり、これほど系統
的な講義を自分たちだけで学ぶのはもったいない、どこでも学べるテキスト
を編集しようと決め、でき上がったのが『竹中恵美子が語る「労働とジェン
ダー」』（2004、ドメス出版）である。テープ起こしは受講者のうちの編集委
員が行ったが、話し言葉の原稿と付属資料すべての点検、加筆修正というご
苦労を竹中講師に課してしまった。第1次校正は手術後の病院ベッドの上と
いう苛酷さだった。

　でき上がったテキストは、第1講「資本制経済の仕組みとジェンダー」か
ら始まり、第10講「日本の課題—ディーセント・ワークをめざす新しい社
会システム」でくくられ、独学にも、大学のテキストにも活用されて、今も
非常に好評である。

　テキスト出版という成果も嬉しいことながら、このゼミ受講者が、今も労
働運動や女性運動でリーダーシップを発揮していること、若い研究者として
大学で活躍していることが、何よりもの喜びである。

　第2回目は、2010年5月〜2011年5月に開講した「セミナー　竹中恵美
子に学ぶ〜労働・社会政策・ジェンダー」である。「1年間一緒に学び、エ
ンパワーメントしませんか？」と次世代に呼びかけた。このときは、女労研
が事務局を担ったが、主催は「セミナー企画委員会」（9名）、財団法人大阪
府男女共同参画推進財団の共催だった。受講者は61名、企画委員を合わせ
て70名となった。テキストは、第1回のセミナーで出版した上述の書籍に
加えて、2009年に出版した『竹中恵美子の女性労働研究50年　理論と運動
の交流はどう紡がれたか』（2009、ドメス出版）の2冊である。本のカバー

が青と赤の色違いなので、「青本」「赤本」と呼ぶようになった。それは、竹中恵美子と受講者たちが作成した自前の「解放のテキスト」である。そのうえに、竹中は毎回丁寧なレジュメ・資料を準備し、80歳を超えた方とは思えない凛とした声で80分立ったままで講義された。毎回、竹中の講義の後、企画委員が講義のコメンテーターの役割を果たした。それも新鮮だったとの感想が寄せられた。

そして、このセミナーを継承して、2011年、「フォーラム 労働・社会政策・ジェンダー」が誕生し、セミナーの企画委員に新たに「次世代」を加えた運営委員会が組織され、学びの場を提起している[24]。

2013年2月2日に開催された「竹中恵美子著作集完成記念シンポジウム～竹中理論の意義をつなぐ～」は、このフォーラムが主催し、全国から100名の人々が集った。まさに、竹中理論がつなぐ豊かなネットワークである。

〈追記〉

＊ 関西における労働運動フェミニズムに対する竹中理論の大きな影響について本稿で述べてきたが、関西だけでなく、全国的に広い関心が寄せられていることについて、本稿以降の出来事を追記したい。

2013（平成25）年春の第126回社会政策学会大会でのジェンダー部会が主催した分科会「竹中理論の諸相（第1回）―労働フェミニズムの構想」に全国から多数の参加者があり、竹中理論における生産と社会的再生産論および労働力商品化体制論を中心に討議が盛り上がった。―報告1 竹中「女性労働」理論の"革新"＝久場嬉子（東京学芸大学名誉教授）／報告2 竹中理論と社会保障研究＝北明美（福井県立大学教授）。

続いて2014年秋の第129回社会政策学会大会でも、「竹中理論の諸相（第2回）―女性労働運動と家族」の分科会が開催された。―報告1「関西における女性労働運動と竹中理論」を伍賀が報告／報告2「新自由主義時代の労働・家族分析の課題」箕輪明子（東京慈恵会医科大学講師）。

＊ 2015年は女性差別撤廃条約批准・均等法制定30年の、いわば重要な節

24) ちなみに、女労研は歴史的役割を終え、このフォーラムに主なメンバーが結集している。

目であった。

　運動団体や研究団体、メディアも含めて、「均等法 30 年」のシンポジウム
やキャンペーンが多く取り組まれた。いずれも「骨抜き法」への批判はなさ
れたが、何が焦点だったのか、竹中が指摘し、大阪総評女性運動が実践した
「機会の平等論の陥穽_{かんせい}」―家庭責任を負わない男性を基準とした「機会の平
等」は、結果として不平等をもたらさざるを得ず、性別分業体制への再編の
危険性を内包している―に迫る分析と主張は、筆者が知るかぎり、非常に少
なかったといえるのではないだろうか。

　1985（昭和 60）年の均等法制定は、女子保護廃止とセットであっただけ
でなく、同時に制定された労働者派遣法、被扶養の配偶者の医療・年金保険
料免除制度（"3 号被保険者問題"）、さらには、労働時間法制の解体を狙う
労基法改悪＝変形労働時間や労働時間の大幅な弾力化と、まさに一体化した
政策であった。派遣法は改悪に改悪を重ね、先の国会（189 通常国会）で強
行された大改悪法では、派遣は原則自由に近いものになった。

　このような新自由主義の一体化した攻勢のなかで、能力主義の「機会の平
等」路線がもたらす結果がどのようになるかは、不幸にもこの間の推移が如
実に示している。

　この 30 年の推移は、労働者の非正規化が急ピッチで進み、女性において
は非正規労働者が過半数を越え、女性の約 2 人に 1 人が、学卒後の初職が非
正規職（男性は 3 割）という状況（総務省「就業構造基本調査」）を示して
いる。均等法で"男並みに"働かせ、派遣法で使い捨てか、最賃スレスレの
低賃金パートかという事態は、長時間労働（労働時間だけは男女格差が縮
まっている）と、女性と子どもの貧困化という深刻な結果をもたらしてい
る。

　まさに竹中が主張する「機会の平等が結果の平等につながる社会システム
の変革」の課題に、改めて学び実践することが問われているといえる。

＊　竹中と共に学びの場を組織してきた「フォーラム 労働・社会政策・ジェ
ンダー」は、本年 5 年目を迎え、竹中恵美子に学ぶセミナーを受講した 30
〜 40 代の運営委員を主体にして、学びの場を重ねている。2015 年は「北京
会議＋ 20　私たちの到達点と課題」をテーマに 3 回連続学習会を開催した。

また、4年間の学習会（14回）の「例会報告集」発行に取り組み、より幅広い人々と共に私たちの学んだことを共有しあいたいと望んでいる。

（初出『日本における女性と経済学—1910年代の黎明期から現代へ』
2016、北海道大学出版会）

参考文献

大阪国民春闘共闘会議／企画編集＝総評大阪地評婦人協（1980）『大阪のはたらく婦人—2万人の「婦人労働者の労働と生活実態」調査から「労基研」報告を批判する』。

関西女の労働問題研究会・竹中恵美子ゼミ編集委員会編（2004）『竹中恵美子が語る「労働とジェンダー」』ドメス出版。

小島健司（1964）『賃金闘争ノート』労働旬報社。

総評婦人対策部編（1976）『総評婦人二十五年の歴史』労働教育センター。

竹中恵美子（1962）「わが国労働市場における婦人の地位と賃金構造」大阪市立大学経済学部『経済学年報』第15集所収。『竹中恵美子著作集 Ⅱ 戦後女子労働史論』2012、明石書店に収録。

竹中恵美子（1972）「婦人解放の今日的課題」竹中恵美子編著『現代の婦人問題』創元社、所収。『竹中恵美子著作集 Ⅶ 現代フェミニズムと労働論』2011、明石書店に収録。

竹中恵美子（1974）「イギリス1970年男女『同等賃金法』について」大阪市立大学商学部『経営研究』第128・29・30合併号所収。竹中恵美子（2012）に収録。

竹中恵美子（1982）「『機会の平等』か『結果の平等』か」『婦人問題懇話会会報』第37号（特集「望ましい雇用平等法とは」）所収。竹中恵美子（2011）に収録。

竹中恵美子（1984）「雇用における男女平等の現段階—我が国『男女雇用平等法（案）』をめぐって」『大阪市立大学経済研究所報』第33集所収。『竹中恵美子著作集 Ⅱ 戦後女子労働史論』に収録。

竹中恵美子（2011）『竹中恵美子著作集 Ⅴ 社会政策とジェンダー』明石書店。

竹中恵美子（2012）『竹中恵美子著作集 Ⅳ 女性の賃金問題とジェンダー』明石書店。

竹中恵美子監修・関西女の労働問題研究会編（1991）『ゼミナール 女の労働』ドメス出版。

竹中恵美子・関西女の労働問題研究会著（2009）『竹中恵美子の女性労働研究50年 理論と運動の交流はどう紡がれたか』ドメス出版。

竹中恵美子先生退任記念事業呼びかけ人一同編（1993）『ベレーと自転車―竹中恵美子先生退任記念文集』竹中ゼミ卒業生・有志。

竹中恵美子・西口俊子共著（1962）『女のしごと・女の職場』三一書房。

フォーラム 労働・社会政策・ジェンダー、竹中恵美子著作集刊行委員会編（2013）『竹中恵美子著作集完成記念シンポジウム〜竹中理論の意義をつなぐ〜報告集』フォーラム 労働・社会政策・ジェンダー、竹中恵美子著作集刊行委員会。

屋嘉比ふみ子（2007）『京ガス男女賃金差別裁判　なめたらアカンで！　女の労働　ペイ・エクイティを女たちの手に』明石書店。

第8章
＊
男女雇用機会均等法が取りこぼした「平等」を問い直す
——大阪の女性労働運動に着目して

堀 あきこ（大学非常勤講師）
関 めぐみ（大阪府立大学院客員研究員／
　　　　　　現 甲南大学文学部社会学科講師）
荒木 菜穂
（フォーラム 労働・社会政策・ジェンダー）

はじめに

　男女雇用機会均等法（1985 年制定。以下、均等法）は、雇用のさまざまな面において、女性が男性と均等な機会と待遇を受けられるよう事業主に措置を求める法である。均等法の成立によって、それまで裁判で争われてきた、女性だけに適用される結婚退職制や男女で異なる定年年齢の禁止が明文化され、それらは性差別であり、許されないという意識が社会に浸透した。

　しかし、均等法の成立から 30 年以上経た現在、労働における男女間の格差、正規／非正規労働者間の格差は解消しておらず、深刻化している。こうした状況を考えるために、均等法の成立過程を振り返ることは意義がある。なぜなら、そもそも均等法は、女子差別撤廃条約批准に向けた「雇用における男女平等を確保するための諸方策」（婦人少年問題審議会婦人労働部会 1978）である「男女雇用平等法」として審議が始められたものだからである。男女差別の解消を目的とした法律が成立したにもかかわらず、格差が進んだのなら、その法がめざした「平等」を再検討する必要があるだろう。

　均等法の審議時、「男女平等の足かせ」（神﨑 2009：103 頁）ともいわれ、意見対立したのが母性保護である。ここで議論された母性保護とは、1947（昭和 22）年制定の労働基準法（以下、労基法）に定められた女子保護規定である、女子の労働時間及び休日、深夜業の規制、危険有害業務の就業制

限、坑内労働の禁止、産前産後休暇、育児時間、生理休暇、帰郷旅費を指す[1]。

　なかでも、時間外・休日・深夜業の制限と生理休暇の廃止・存続をめぐって激しい議論が交わされた。「保護存続」は女性労働者の現状から労働運動や女性運動、研究者によって主張され、「保護廃止」は規制緩和を望む企業や女性労働者の一部、母性保護は男女平等にそぐわないとする研究者や行政によって主張された。これらは、代表的研究である浅倉むつ子（1999；2000）、当時の労働省婦人局長であった赤松良子（1985；2003）などにまとめられている。また、女性労働運動の視点では、戦前からの運動をまとめた桜井絹江（1987）、「私たちの男女雇用平等法をつくる会」の記録（中島ら1984）、ウーマンリブ運動に着目した村上潔（2009）、総評婦人局長を務めた山野和子の資料を分析した山田和代（2011）などがある。これら先行研究から、母性保護の存続か、男女平等のための廃止か、という二者択一の構図があったことがみてとれる。

　この労働運動における女性運動について金井淑子（1989）は、「保護か平等か」に足をすくわれ、「保護も平等も」を対置できなかったとしている。金井は、女性労働運動が「男性中心主義の組合の現実の中で」「お茶汲み・生休（生理休暇の略、引用者）闘争」といわれて一段低くみられており、「保護も平等も」という要求は、「所詮、男性主導のしかもハウスユニオン型の日本の労働運動に期待しても無理」（金井1989：34〜37頁）だと論じる。行動する女たちの会の高木澄子（1999）も、産前産後休暇の延長という男性には直接影響のない母性保護には労組男性幹部の応援があったが、賃金やポストへの平等要求は抑圧されたため、婦人部の目標が生理休暇に終始し、それが「保護か平等か」という分断につながったとまとめている。これらは、男性主導の労働組合運動のもと、女性労働運動が二者択一を乗り越えられなかったと振り返るものである。

1）母性保護は、均等法制定の過程で、「妊娠・出産保護」と、それ以外の時間外・休日・深夜業の制限や生理休暇などの「一般女子保護」に分けられ、議論は一般女子保護の是非を主な争点としていた。ただし、当時は両者が厳密に区別されておらず、「母性保護」として議論されていたため、本稿の記述もそれにならう。

　しかし、「保護も平等も」は、総評大阪地方評議会（以下、大阪総評[2)]）婦人協議会（以下、婦人協[3)]）を中心とした大阪の女性労働運動の主要課題であった。この運動は、経済学者・竹中恵美子による「結果の平等」論を理論的支えとし、「男女ともに人間らしい労働と生活を」という、現在のディーセント・ワークにつながるスローガンを掲げ、均等法が目的とした「機会の平等」を批判していた。

　金井は「『お茶汲み・生休』と『時短』問題を、同列に位置づけ、二つの問題を結ぶ運動の論理を作ること」（1989：37 頁）を均等法以降の課題としているが、それはすでに均等法制定時に大阪の女性労働運動によって実践されていた。したがって本稿では、この運動に着目し、竹中と、運動の中心的役割を担った伍賀偕子（大阪総評婦人担当オルグ）へのインタビュー調査と資料分析から、保護と平等を結ぶ論理と背景を明らかにする。そして、雇用における男女差別の解消をめざしたはずの法律が、どのように現在の格差拡大につながったのかを考察する。

　本稿の構成は以下のとおりである。まず、均等法成立過程の議論と「結果の平等」論を概観し（第 1 節）、次に大阪の女性労働運動が竹中の理論を共有し、結果の平等を主張できた要因を考察する（第 2 節）。そののち、均等法における機会の平等の今日的状況と、注意深くならねばならない点として「家族主義」政策との接近に触れ（第 3 節）、最後に、雇用における平等実現のための課題を示す。

第 I 節　労働における男女平等

　浅倉むつ子によれば、労働法学における女性労働問題に関する議論は、戦前の「身分的差別からの解放と劣悪な労働条件からの保護」、戦後の「『弱者』としての保護と封建的な労務管理からの救済」、そして、1970 年代以降

---

2) 1950 年に「日本労働組合総評議会」（総評）が結成され、大阪でも地方組織である総評大阪地方評議会（略称は大阪地評になるが、通称は大阪総評）が 1951 年に結成された。
3) 大阪総評の女性組織は「婦人部」として始まったが、1968 年より全会一致制の「婦人協議会」へと移行した。

の「女性労働者の特別保護と男女雇用平等との相関関係」へ移行したという（浅倉 2000：53 〜 54 頁）。本節では、均等法制定時の母性保護をめぐる議論から労働における男女平等の位置づけを概観し、実質的平等を求める「結果の平等」論を確認する。

1　母性保護の是非と男女平等

保護不要派の主張

　企業側は、一貫して保護不要を主張してきた。労基法制定（1947 年）から間もない 1951（昭和 26）年の日本商工会議所の意見書を皮切りに、日経連は矢継ぎ早に生理休暇の廃止を政府や労働省に要請し、1970 年には東京商工会議所が労基法は「過保護に立つ」と批判した。1966 年の住友セメント事件判決以降、結婚退職制度や女子若年定年制度をめぐる裁判が起こり、「経営者団体から、平等を主張するなら保護を返上せよという主張が噴出」（浅倉 2000：67 頁）していた。企業側には「女子労働者を十把ひとからげに補助的労働力とみなす考え方が多く残っており、雇用の場における男女平等を受け入れることに強いためらい」（赤松 1985：vii頁）や、抵抗があった。経済同友会（1984「『男女雇用平等法』（仮称）に対する考え方」）は「いわゆる男女差別問題は……早急な法律の規定によって解決できる性格のものではない」として、配置や昇進、解雇などを法律によって規定するのは「自由企業体制の根幹にふれる重要問題」と反対している。

　政府側は、1977 年の国内行動計画に、女性の特別措置について「科学的根拠が認められず、男女平等の支障となるようなものの解消を図る」と記し、1978 年には労働基準法研究会が「男女平等を徹底するためには、できるだけ男女が同じ基盤にたって就業しうるようにすることが必要」と示した。これによって保護の是非をめぐる議論が本格化し、1982 年に関西経営者協会労働法規研究会が「男女差別の禁止には、女子を不利に扱うことは勿論、母性保護（妊娠・出産）を除いて女子を有利に扱う場合も含まれる」として、女性への特別措置を「逆差別」と位置づけた。

　労働法学では、保護の必要不要、双方の意見があった。批判としては、採

用差別問題から雇用平等を論じてきた花見忠が、「（生理休暇は）男子と女子の病欠のとれる日数が違ってきますから、そういう面では（男性）差別」（赤松・花見 1986：59 頁、注 引用者）、「保護は基本的に平等実現の阻害要因になりうる」（花見 1986：214 頁）と論じているような、女性を「弱者」とみる母性保護がかえって性差別を助長するというものが多い。たとえば浅倉（1999）は、保護規定を「ジレンマ」と評し、「女性の採用の機会や昇進の機会を狭めるように機能」することや、「職域の拡大にマイナスの影響を及ぼす」（浅倉 1999：126 頁）ことを問題視している。

　労働者側からの要求としては、女性タクシードライバーの深夜業を認めてほしいという声や、女性建築士からの高所作業禁止が不都合であるという声など、業種の特性に合致した規制緩和が求められていた（赤松 1985：354頁）。

　すなわち、母性保護不要は、一つには、企業側による「もっぱら利潤追求の視点から『保護』を厄介視する」（籾井 1979：26 頁）見解と、男女の同一基盤という均等待遇と母性保護規定は両立しない、という二側面から主張されてきたといえる。

保護必要派の主張

　一方、保護必要派は、保護を平等実現に不可欠なものと位置づけた。その主張は、女性の身体的機能と、家事・育児責任の大半を女性が担っている現状に立脚したものであった。

　身体的機能に関しては、1911（明治 44）年に成立した工場法に遡ることができる。女性労働者の保護規定は、紡績工業などでの過酷な労働が女性の健康と身体を「破壊」している状況から生まれたものであった（桜井1987）。戦後は、1950 年代から「技術革新と新しい労務管理を導入した『合理化』」による、「女性の首切りや強制配転、労働強化」への反対として母性保護運動が起こり、「育児や家事労働を女性がひっかぶっている状況」が「母性」という言葉に込められていた（伍賀 1991）。こうした女性の労働権という視座からの訴えのほか、産婦人科医の北田衣代（1991）は、母性を「女性の生殖器とその機能、それを備える女性そのもの」とし、生理休暇は

「妊娠したときだけでなく、そうでないときから女性の体を大切にする」ためのものであり、母性保護を「女性が健康に働くための、一生の権利」であると論じている（北田：180 〜 194 頁）。

　家事・育児責任が女性の負担となっていることは、国際労働基準に比べてきわめて長い日本の労働時間と切り離せない。社会党参議院議員であった田中寿美子は、労働条件が向上し、生活環境が改善されたことを保護廃止の根拠とする官僚の意見に対し、「共働きの女がどんなに苦しんでいるかを知らない」と批判した（有泉ら 1979：65 頁）。労働法学者の奥山明良（1984）は、保護必要の理由として長時間労働の現状と、「時間外労働の実質的無制約性、割増手当の不十分さ、女子の家庭内での役割の重要性」から労基法改正を「適当でない」とし、ただし、「男子の労働基準を現行の女子保護規定、更にはそれ以上の水準にあわせて改正を図るのであれば話は別」と論じている（奥山 1984：45 〜 46 頁）。この論には「女子の家庭内での役割の重要性」というジェンダーバイアスがみられるが、男性の働き方を問う重要な指摘が含まれていた。

　竹中恵美子（1972：2011：1983：1985 など）は、女性の家庭責任と長時間労働への批判から、母性保護の存続を論じてきた。経済学者の柴田悦子（1984）は、「中小企業では、保護も平等も得られて」いない現実を指摘し、「深夜まで働く男性の人間性を無視した働き方のレベルに合わすのが平等」か、と異議をとなえている（柴田 1984：67 頁）。

　つまり、保護必要派の主張とは、「保護か平等か」という二者択一ではなく、保護を「雇用上の実質的な男女平等を実現するための当然な前提条件」（島田 1983：210 頁）と考えるものであった。

　したがって、保護不要派も必要派も、ともに「平等」をめざしていたものの、不要派は男女の同一基盤という均等待遇を意味する「機会の平等」を、必要派は女性の身体的機能と家事・育児責任の偏りという現状から実質的な平等として「結果の平等」を論じており、両者の意味するものは違っていたのである。

2　実質的平等としての「結果の平等」

　「機会の平等」を主張する保護不要派は、母性保護を過保護・逆差別と位置づけた。これに対し、竹中恵美子が1970年代から論じてきたのが、男性を基準とした「平等」を批判し、母性保護を射程に入れる「結果の平等」である。竹中は、「性が差別の対象となる現代社会の中」、労基法における母性保護を「婦人解放の道すじを明記した画期的な視点」とする（竹中 1972：2011：36頁）。また、女子差別撤廃条約が「男女労働者が共に家庭責任を担いうる」ために、性分業と男性の長時間労働を前提とした労働条件の改革（竹中 1985：2011：80頁）を求めたこと、生殖機能と育児を男女両性の権利として母性保護の見直しを提示したことをもって、「市場生産領域と生命の直接的生産領域（＝家庭）」の両生産領域を視野に収めている（竹中「著作集」Ⅴ 2011 80頁）と評価する。

　これらから、条約は、男女の「実質的不平等」を「宣言」し、「性別役割分業に切り込み」「『結果としての平等』をめざす」ものと論じている（竹中 1982：2011：73頁）。竹中の主張の根底には、性別役割分業を包摂した社会システムが、家庭内無償労働や安価なパート労働として女性を利用し、男性を長時間労働に向かわせることへの批判があった。

　1982年、男女平等問題専門家会議は、雇用における男女平等とは、「個々人の意欲と能力に応じた平等待遇」であり、「結果の平等を志向するものではない」とする見解を示し、均等法における平等として「機会の平等」が採用された。機会の平等とは、社会のすべての成員が「ある社会的資源を獲得する機会が等しく与えられている」状態を、結果の平等とは、「資源の配分状態」が均等であることを意味する（与謝野 2012：239）。竹中は、出産時の「現物給付」や「現金給付」といった社会的保障、保育所整備や育児休暇中の所得保障などの育児保障（竹中 1975：2011：172〜179頁）のような形で、さらなる母性保護を「社会保障」として求めており、これは結果の平等における均等な資源配分と位置づけられる。

　機会の平等、結果の平等は、男女の「差異と平等」というフェミニズムの

命題にも重なる。ジョーン・スコット（Scott 1988 = 1992）は、「学校や職業、法廷、および立法機関において性差を考慮に入れる必要はないと論じる人々は、平等派」、「集団としての女に共通のニーズや利害、特性という観点から女の側に立った訴えをおこなっていくべきだと主張する人々は、差異派」と論じた（Scott 1992：251 頁）。スコットは、性差を含めつつ「平等」を求める際には、「平等を差異の対立物として据えることによって構築されている権力関係をあばくこと、およびその結果として二分法的に構築されている政治的選択を拒否すること」が重要であるという（Scott 1992：258 頁）。つまり、「差異か平等か」の二項対立ではなく、男女が二分され、それぞれに規範が割り当てられる社会構造に切り込む必要があるということだ。竹中の結果の平等論は、ジェンダー構造に言及し、二者択一ではなく保護も平等も、さらには男女両性の権利として保護の重要性を提示しており、スコットのいう二分法的政治的選択の拒否と一致する。

　均等法制定時の議論では、機会の平等論のもと、性別役割分業の問題が政治・経済上の問題とみなされず、母性保護は逆差別と批判された。次節では、竹中の論を導きの糸とした大阪の女性労働運動が結果の平等論をどのように糧とし、逆差別批判や女性間・男女間の格差問題を乗り越えようとしてきたのかをみていく。

第Ⅱ節　大阪の女性労働運動の主張とそれを可能にした3つの要因

1　なぜ大阪の女性労働運動に着目するのか

　均等法は、労働省前で座り込みやデモが行われるなど、女性労働運動から大きな批判を受けた。大阪の女性労働運動は、法案が「①"能力主義"強化による女性の分断、②結果の平等をめざす特別措置の否定」をもたらすと主張し、「機会均等法案粉砕・労基法改悪反対・実効ある男女平等法と人間らしい労働条件」（伍賀 2002：143 ～ 144 頁）や、「男女ともに人間らしい労働と生活を」という、独自のスローガンを掲げていた。

　もちろん、大阪で女性労働運動を行っていたのはこの運動だけではない。

大阪統一労組懇（統一戦線促進労働組合懇談会）婦人連絡会や、リブの流れ
にある「おんな解放連絡会・京都」を母体とした「労基法改悪反対実行委員
会」の運動がある（村上 2009）。本稿が大阪総評婦人協を中心とした女性労
働運動に着目するのは、①研究者である竹中恵美子と 1960 年代から運動が
連帯するめずらしいものであること、②母性保護廃止を「機会の平等の落と
し穴」と批判する運動を展開していたこと、③均等法制定時に「男女ともに
人間らしい労働と生活を」という男性の労働も視野に入れたスローガンを掲
げていたこと、④労働組合でありながら、未組織労働者など広範な人々との
連携が追求された、という特徴による。この運動を指して伊田久美子（2015）
は、「（大阪は）関東とは異なり、女性労働運動とフェミニズム運動の緊密な
連携」がなされた「貴重な例外」であり、竹中はその「女性運動の統合の象
徴」であったのではないかと述べている（伊田 2015：26 〜 27 頁、注 引用者）。

　運動の内容については、中心的人物である伍賀の著作（1991；2016）がす
でにある。よって、これらの資料を利用しつつ 2 人へのインタビュー調査[4]
を行い、当時の背景を詳しく聞き取った。そこから、逆差別という批判が生
じていた母性保護を、結果の平等から支持できた理由と、なぜ大阪で労働運
動とフェミニズムの連携という「貴重な例外」が可能になったのかを分析
し、その要因を 3 つに分類した。

2　要因 1 ：フェミニズムという基盤

　まず、要因 1 として、男女間格差を乗り越えるためにフェミニズムが主張
の基盤になっていたことがあげられる。インタビューのなかで、竹中と伍賀
は「社会変革」という言葉を用いて、フェミニズムを語っている。

　　竹中：私は幸い研究職を持ったんだけど、定時制研究者でしかないん

4）竹中には 2015 年 3 月 31 日（本文中には竹中 a と表記）、4 月 28 日（竹中 b）、伍賀に
　は 2015 年 2 月 10 日（伍賀 a）、3 月 17 日（伍賀 b）にインタビューを行った。共通す
　る質問項目として、生い立ち、お互いの出会い、運動に参加するようになった経緯、こ
　れまでの活動、均等法制定時の動きについて答えてもらい、事前に一定の質問項目を準
　備しての半構造化インタビューを行った。なお、インタビューデータは、読みやすさを
　考慮し、文意を損ねない範囲で表現を変えている箇所がある。

じゃないかと……子育てとかケアというものは、合理的にできるもので
はなくて、そういうなかで毎日を過ごして、やっぱり、この問題は女が
働きに行くうえで、決定的に大きな問題だと痛切に感じました。

　なぜこんなに執拗にアンペイドワークの問題や、子育てだけでなく老
人のケアも含めて（研究しているかというと）、男女ともにかかわれる、
そういうシステムが作られていかなくちゃいけないんだという自分の生
活体験からです。（竹中 a、注 引用者）

　竹中（2008：2011）は「ペイドワークとアンペイドワークをトータルに
とらえて、それを両性にフェアに配分する」ために、「性役割分業のシステ
ムそのものを変え」、「“男性が稼ぎ手”であるという労働モデル」を変える
必要があると論じている（竹中 2011：220頁）。「女性の生活経験を理論化」
（竹中 a）したフェミニズムによる「社会変革」とは、「資源の配分状態」を
均等にすることによって、実質的平等を実現することなのである。

　竹中の経験でもある家事労働の負担は、男性が長時間労働によって家族的
責任を担えないこととつながっている。伍賀は、均等法が男女共通の労働時
間規制を採用しなかったことを次のように語る。

　伍賀：（均等法制定時の議論は）まずは機会の平等から。機会の平等が
結果の平等につながるっていうのが、善意の人も含めて、そうだったん
です。ところが、（竹中）先生は……男女の役割分担を前提にした社会
システムを変えない限り、機会の平等は結果の平等につながらないと断
定しておられるんです。私も絶対、アヒルの子として生まれたものが白
鳥にはならないと思っています[5]。（伍賀 b、注 引用者）

　竹中も、保護規定の撤廃を「多くの人が、男女の平等実現が一歩前進した
と評価した」が、「むしろ男女の機会均等の落とし穴に入っただけではない
か」（竹中 b）と語る。機会の平等をベースにした均等法では、いくら改正
を重ねても結果の平等につながらない。「男女ともに人間らしい労働と生活

5）均等法は、審議会で調整がスムーズに進まず、公労使の三論併記という形で建議が出さ
　れ、国会でも全野党反対のまま法案が可決された。法律立案の総責任者である赤松自身
　が、「初めは醜いアヒルの子で仕方なかった」（赤松 2003：222頁）と語っているよう
　に、改正を前提としたものであった。伍賀の「アヒルの子」は赤松の言葉を受けたもの。

を」というスローガンは、男性の働き方や社会を変えるという目標であり、現在のディーセント・ワークを先取りするものであった。

竹中の思想を貫く、女性の経験から社会システムに異議をとなえるフェミニズムに、伍賀は大きく影響を受けたと語る。

> **伍賀**：（学生運動をしていた）学生時代は「社会の変革、政治闘争を抜きに、女性の地位は上がらない」なんて思っていたけれど、そうではなくて、全体の変革のなかにフェミニズムがどういう位置を占めるのか（が重要）。そういうことが、私は竹中理論からわかってきたんだと思います。それを自分のものにして、総評の運動のなかに体現していくということだったと思います。（伍賀 a、注 引用者）

3　要因2：パート・内職・主婦たちとの協働

要因2として、女性間格差[6]を乗り越えるためのパート・内職・主婦たちとの協働があげられる。インタビューでは、女性間の分断への危惧（きぐ）が語られた。

> **伍賀**：（竹中が論じる）機会の平等の落とし穴。そうすることで女性が分断されていく。男性並みに働く女性には、括弧付きの平等をあげましょう。それ以外の人たちは、生休（生理休暇）も何もかもなくなる、「そんなのでは働けない、という人はパートでもいいじゃないですか」という感じですね。そういうふうに女性を分断するのでは駄目だということ。（伍賀 b、注 引用者）

伍賀は、均等法と労基法の母性保護の撤廃によって、「男性並み」に働くことができる女性と、そうでない女性とが分断されると批判している。注目するのは、労働組合のナショナル・センターである総評が「男性並みに働けない女性」に着目し、女性の分断を批判できた点である。

女性による労働運動は、男性主導の組合運動や、パート女性（未組織、非正規）と組合員女性の分断を乗り越える必要があった。労働運動は、通常、

6）パートタイマーなどの労働条件改善、格差是正は、ほかの女性運動からも要求されていた。

組合員のために行われるが、大阪総評婦人協はパートや内職、主婦とともに運動していた。たとえば、「国際婦人年大阪連絡会」（1975 年 2 月結成）は、42 の地域婦人団体・市民団体・労働組合が集まる広範なもので、大阪総評は事務局を担った。「連絡会」の多様な人びとと団体を結びつけるために、伍賀は竹中が論じていた「母性の社会的保障」に着目する。「母性だったら、働く女性も地域の家庭にいる女性もつなげる」と考え、竹中に「母性の社会的位置ということの講演」（1975 年 5 月）を依頼したという（伍賀 b）。大阪総評婦人協を中心とした女性運動は、女性という集合的アイデンティティーを掲げる運動の接着剤として「母性」に着目し、大阪総評という枠組みを越え多くの女性と協働した[7]。

　しかし、「総評が春闘で賃上げしたら、それがいずれは回り回って未組織のところにも影響する」（伍賀 a）と未組織労働者の問題は先送りにされていた時代であり、組合組織外である未組織労働者との連携は簡単ではなかった。

　　伍賀：未組織労働者との連帯というのは手探りだったんですよ。だから婦人運動のなかで、未組織の人たちの声を代弁するという（ことを考えた）。たとえば労基法改悪に対して 2 万人調査[8] をやったときも、「1 人が 5 人の未組織労働者との会話を」というスローガンを出して。自分の周りには未組織の人が必ずいるわけだから、そういう人たちの対話のなかでアンケートをすると。

　　質問者：それは女性にパート労働が多かったことと関係していますか。

　　伍賀：そうです。それと、やはり部落解放同盟と一緒につねに運動していたから……。そういう組織されていない人たちの悪い条件を意識して

---

7) そのほかに、伍賀らが作成した「手作り白書三部作」（『出産白書──3361 人の出産アンケートより』（国際婦人年大阪連絡会、1979 年）、『大阪のはたらく婦人──2 万人の「婦人労働者の労働と生活実態」調査から労基研報告を批判する』（総評大阪地評婦人協議会、1980 年）、『いま、保育所の子供たちは─保育の実態と要求についての 2299 人の親の声』（大阪保育運動研究会、1981 年）と呼ぶ実態調査や、沖縄基地問題への連帯、「女性差別撤廃条約の早期批准を促進する大阪府民会議」（1981 年発足）、戦前から続く女性運動の担い手たちへの聞き取りをし、書籍化など行っている。

8) 前注、『大阪のはたらく婦人』のこと。

いたというのがあります。(伍賀 a、注引用者)

　伍賀が「組織されていない人たちの悪い条件」と語る同様の思いで、竹中も研究に取り組んできた。竹中は、総評の機関誌において「大企業が女子の長勤続を阻み、中高年女子には臨時やパートタイマーとして以外に、企業に入ることを遮断し、本雇いだけからなる労働組合が、それに対応して階級的連帯に立たない賃金交渉をしているかぎり、この差別的な賃金構造は、有効に維持されるであろう」(竹中 1973：2012：150 頁) と、パート労働者を疎外する組合のあり方を批判している。竹中は、女性たちが抱える問題に取り組むことで連帯を重ねてきた。だからこそ、竹中の理論は、「働く女性たちにとって、論理的にも実感としても、胸にストンと落ちるものだった」(伍賀 b) のである。

　　　男女の差別は自然的なもの（肉体的・生理的）というよりは、よりつよく社会的なものにもとづいている。女性におわされているハンディキャップを保護によってうずめる努力は、男女の地位の平等化と、さらに労働者階級全体の労働条件の引き上げにつながっている。その意味で婦人労働問題にとって、保護は重要な地位を占めているといえる。(竹中 1962：27 頁)

「保護」を労働者全体の引き上げとつなげ、「社会的なもの」に男女差別の原因をみる竹中の結果の平等論は、さまざまな立場にある女性が、女性の経験という実感から共感できるものであったと考えられる。

4　要因3：マイノリティ運動との連帯

　要因3として、マイノリティ運動との連帯があげられる。竹中は女子差別撤廃条約の検討から、積極的是正措置は逆差別ではないと論じていたが、均等法制定時にこうした考えは主流といえず、母性保護は「男女平等の足かせ」と位置づけられていた。

　大阪の女性労働運動が逆差別批判にひるむことなく主張を行っていた理由を、伍賀は以下のように答える。

　伍賀：(部落解放運動の) 彼女たちは、「差別されている側が差別者を乗

り越えないと、勝てないんだ」といっている。たとえば、識字学級のなかで文字を覚えていった人がどのように自己を確立していったかとか、（改良）住宅への逆差別（という批判）、オール・ロマンス闘争[9]とか……。そんななかから自分たちの力で住宅改良闘争をやっていった、そういう運動を目の当たりにしてきているから（伍賀 b）。

　部落解放運動における逆差別批判。逆差別（という批判）に対して、結果の平等を求めるためにアファーマティブ・アクションがいかに必要かというのは、もう、よくよく運動のなかでわかっていたから（伍賀 a、注 引用者）。

伍賀は大阪の女性労働運動が逆差別批判に抵抗できた要因として、部落解放運動の闘いを目の当たりにしてきたことをあげる。被差別部落に対する差別が、社会に組み込まれたものであり、その是正のための措置が逆差別であるという意識を「差別されている側が乗り越え」なければならないことを、解放運動の闘いから学んでいた。

逆差別という批判は当事者を苦しめるものだ。伍賀が部落解放同盟で生理休暇のオルグを行った際、生理休暇は贅沢なもので恵まれた人のものだと思っていたが、伍賀の説明によって、いちばんひどい労働条件にいる自分たちにこそ必要なのだと理解できた、といわれたという（伍賀 a）。部落解放同盟大阪府連副委員長の塩谷幸子は、「差別の連鎖的な生活」、「必死で働かざるを得な」い状況で、「伍賀さんや上田育子[10]さんとかとお会いし」、最低賃金制度を初めて知ったと語っている（塩谷 2007：56頁）。塩谷が、「履歴書なんて必要ない所で働いているから、労働者の権利も知らなかった」[11]と

---

9) 1951年、部落解放委員会京都府連合会が中心となって、雑誌『オール・ロマンス』に一京都市職員が投稿した小説「特殊部落」の差別性を告発し、その原因・責任を行政に向けることで、戦後の差別行政反対闘争の「原型」をつくり出した闘争のこと。
　「同和対策事業特別措置法」の獲得につながる端緒ともなった（山本崇記 2006「『オール・ロマンス』糾弾闘争の政治学—戦後部落解放運動史再考にむけて」『Core ethics』2：181頁）
10) せんしゅうユニオン元代表、元大阪府和泉市市議会議員。
11) 『毎日新聞』（2016年7月25日付）反橋希美「たのもー！フェミ女道場15 いま、部落差別語ることはタブー？ 塩谷幸子さんに聞く」

話すように、雇う人も雇われる人も制度を知らない状況があった。彼女たち
に生理休暇などの母性保護が逆差別ではないと伝えることには、大きな意味
があっただろう。女性の経験にそった主張が逆差別と批判されたとき、「構
築されている権力関係をあばくこと」（Scott 1988 = 1992：258 頁）が重要
となるのだ。

　大阪の女性労働運動は部落解放運動のほか、在日韓国朝鮮人[12]、障害者運
動との長きにわたる連帯がある。竹中も在日朝鮮人と結婚し、さまざまな差
別にあった経験をもつ。その経験から、「女性解放という問題を見る場合も、
ピラミッドの頂点がどんどん伸びることも重要だが、底辺がどう改革される
のか、エリートの地位の変化よりもマスである女性の地位がどう変わってい
くのか、がきわめて重要だ」（竹中ら 2009：14 頁）と語るように、つねに社
会的弱者への視線をもち研究を進めてきた。それは、女性が置かれた状況か
ら「社会構造に深く埋め込まれているジェンダーに着目した視座」、「女性中
心アプローチ」（浅倉 2000： i 頁）であったといえるだろう。

　最後に、結果の平等論が受け入れられやすい大阪の地域特性にふれてお
く。徐阿貴（2012）は、関西が「明治以前からの被差別部落に加え、近代日
本国家の領土として包摂された沖縄や奄美諸島、および朝鮮半島から大勢の
人々が産業都市の発展に必要不可欠な労働力として流入」し、マイノリティ
集団が形成された地域だとする。そのなかで、「戦前から続く部落解放運動
は、理論、方法、人的ネットワーク等、運動資源を厚く蓄積してきており、
そのほかのマイノリティ運動に多大な影響を及ぼし」てきた。徐は、関西
の社会運動を分析する際には、マジョリティとマイノリティ間だけでなく、
「マイノリティの相互作用」への注目が重要だと指摘する（徐阿貴 2012：95
〜 99 頁）。労働運動のなかでマイノリティである女性の労働運動が、他のマ
イノリティ運動と相互作用した結果、逆差別批判を乗り越え、「男女の実質
的平等のためには、女性への特別措置が合理的である」（竹中 1982：2011：

---

12) 在日韓国朝鮮人との連携は戦中に遡る。伍賀は、戦後まもなく結成された、企業や産
　業別を越えた働く女性の組織である勤婦連（大阪勤労婦人聯盟）に、在日朝鮮女性同盟
　が参加していたことを明らかにしている（伍賀 2014『敗戦直後を切り拓いた働く女性
　たち―「勤労婦人聯盟」と「きらく会」の絆』ドメス出版）。

73 頁）とする結果の平等論が受け入れられたと考えられる。伍賀が、大阪の女性労働運動の特色を「連帯が大きく、横のネットワークが広い」[13]（伍賀 a）というように、さまざまな団体や運動と連携がはかられてきたことは注目に値するであろう。

第Ⅲ節　「機会の平等の落とし穴」

　本章では、均等法成立後、政策として進められた「規制緩和」と「家族主義」に着目し、竹中が指摘してきた「性別分業体制への再編の危険性」（竹中ら 2009：62）を検討する。

1　「規制緩和」と格差問題

　均等法制定後、労働の規制緩和は急速に進んだ。すでに、1961 年度の税制改正における配偶者控除創設など、専業主婦とサラリーマン世帯を優遇する社会保障制度が進められ、1970 年代には「高度経済成長のための積極的労働力政策」「労働力流動化政策」（竹中 1971：2012：127 ～ 128 頁）として、既婚女性パートタイマー活用の問題が顕在化していた。1985（昭和 60）年の均等法成立に伴う労基法改正によって女性の深夜労働時間規制が撤廃され、変形労働時間制やみなし労働時間制を含む 1 週 40 時間法制へ移行、非正規雇用を労働市場に位置づける労働者派遣法も同年に成立し、低賃金化が起きた。

　このような規制緩和は、女性間に、家族的責任不在・長時間労働を前提とする男性稼ぎ手モデルを担える者とそうでない者の分断をもたらした。1989 年に大阪総評婦人協が発表した実態調査『2 つの調査が語る—女が退職する

13）たとえば、大阪では、女性問題に焦点をあてた労働組合が非常に早い時期から、多様に発展してきた。1981 年「男女差別賃金をなくす大阪連絡会」、1987 年「おんな労働組合（関西）」、1988 年「せんしゅうユニオン」（パート女性だけの労働組合）、1990 年「セクシャルハラスメントと斗う労働組合ぱあぶる」、1995 年に働く女性の地位向上をめざして活動する NGO「WWN」、2004 年には働く女性のための労働相談やワークショップ、実態調査、政策提言を行う「働く女性の人権センター　いこ☆る」が設立されている。

とき 続けるとき』では、1983 ～ 88 年の 5 年間に退職・転職した女性から、「残業が増え、休みづらくなった」「女性も転勤の可能性が出てきた」などの変化があげられ、機会の平等をうたった均等法が転・退職のきっかけとなったことが明らかにされている。

女性の低賃金パート労働は、女性の主体的選択とされる傾向にあるが、男性稼ぎ手モデルを担えない者は、パート労働を選ばざるを得ない社会構造がある。実際に、非正規の女性は 1985 年に 32.1％だったのが、2014 年には 56.7％にまで上昇しており、男性の 21.8％を大きく上回る（『平成 27 年版 男女共同参画白書』）。

女性パートの賃金格差として無視されてきた非正規問題は、1995（平成 7）年に日経連が発表した「新時代の『日本的経営』」による雇用政策の転換を背景に、若年男性の非正規の増加や橘木俊詔（1998）による「格差」の社会問題化を経て、注目を集めるようになった。しかし、弁護士の中野麻美（2006）が、男女間の賃金格差の要因は「性役割と年功処遇、職能資格制度と人事査定の仕組み、コース別雇用管理と非正規雇用化」といった「労働と生活における男女の性役割」という構造にあると指摘しているように（中野 2006：79 頁）、非正規のなかにもジェンダー構造は組み込まれている。女性が約 7 割を占めるパートタイム労働者には、正規労働者に支払われる通勤手当や賞与、退職金、家族手当などは企業の任意となっている。さらに、女性のほうが給与の水準が低いという非正規のなかの男女間格差も存在するのである [14]。

また、男性稼ぎ手モデルに合わせることのできた女性たちにも、男女賃金格差が存在し [15]、中野円佳（2014）が産休や育休を取得して復帰した女性たちが離職する現実を描いたように、実際には高い壁がそびえ立っている。均等法が目的とした機会の「均等」は、長時間労働が可能な、家族的責任を背負わなくてもよい、幸運にも正規雇用者となれた一部の人だけに与えられる

14) パート労働者間の男女賃金格差は、年齢階級別でも勤続年数別でも女性が男性より下回っている（厚生労働省 2015「短時間労働者対策基本方針（案）データ集」）。

15) 2015 年の給与の男女間格差は、男性の一般労働者の給与水準を 100 とすると、女性一般労働者の給与水準は 72.2（平成 28 年度版 男女共同参画白書：43）。

「限定した平等」だったのではないか。2016 年の日本のジェンダーギャップ
指数が 144 カ国中 111 位、経済分野で 118 位と後退している[16] のは、機会の
平等が機能していないことを示しているのではないだろうか。

2　「家族主義」政策と「機会の平等」

　均等法成立の翌年、第 3 号被保険者制度が開始され、労働政策は「家族」
との関係を強めていく。労働と家族は、男性が家族を養える賃金（家族賃
金）である一方、女性は「家計補助的労働」として低賃金（中野 2006：78
頁）、かつ被保険者としての範囲で働くことが見込まれるという、性別役割
分業と密接な関係にある。また、田間泰子（2006）が、「労働者（主として
男性）の身体を管理し、性と生殖だけでなく、生活習慣をも統制し変容させ
ることによって、労働者としての生産性を高めることは、そのまま企業の利
益と戦後日本の経済成長に寄与」した（田間 2006：244 頁）というように、
家族単位の賃金や福利厚生が、結果として国と企業による労働者とその家族
の身体を管理し、家族形成に影響をおよぼしてきたことも見過ごせない。
　近年では、くるみんマーク[17] やイクメンプロジェクト[18] など、働く女性や
男性に向けた子育て支援政策が打ち出されている。一方で、日本の育児や保
育に対する公的支出は OECD 諸国で 4 番目に低く、また、保育施設の入園
率も低い[19]。働きたくても働けない女性や、出産などで離職した後、正規職
に就けない「不本意非正規」も少なくない。子育て支援は、子育てを家族の
無償のケアや企業負担で進めるのではなく、社会保障のあり方そのものから
検討する必要がある。均等法成立前の 1983（昭和 58）年、すでに「婦人の
就業に関する世論調査」（総理府）において、女性の就業継続意識の高まり
を背景に、それを可能にするための労働条件や制度として、子どもが病気に

16）世界経済フォーラム The Global Gender Gap Report 2016
17）「子育てサポート企業」として、厚生労働大臣の認定を受けた証。
18）厚生労働省による、働く男性が、育児をより積極的にすることや、育児休業を取得す
　ることができるよう、社会の気運を高めることを目的としたプロジェクト。
19）OECD「よりよい家族生活のために——低出生率と限られた女性の雇用」（http://
　www.oecd.org/els/soc/47701030.pdf　2016 年 11 月 21 日取得

なったときの看護休暇、保育施設の充実などが求められていた（赤松 1985：
12 頁）。調査から 34 年以上経過した今も、それらは十分に実現されていな
いのである。

　2015（平成 27）年 8 月の国会で、「女性の職業生活における活躍の推進に
関する法律」が成立し、政府は「女性の活躍」を日本の経済成長のカギとし
た。2016 年、自民党は選挙公約に「配偶者控除・国民年金第三号被保険者
制度など、女性の活躍促進に大きく関連する税・社会保障制度は、女性の生
き方・働き方に中立的なものになるよう本格的に見直します」と掲げ、専
業主婦や補助労働者としての女性というモデルを取り払ったかのようにみ
える。しかし、こうした政策は「三世代同居支援税制」のような、祖父母に
よる無償のケア労働により、母親の就労を増やすことを目的とした「家族頼
み」のものである。

　家族のケア負担によって国庫の支出を抑え、経済成長のために女性を活用
しようとする政策は、あくまで男性稼ぎ手モデルの枠組みのなかにある政策
であり、「社会変革」からは遠く離れている。竹中や伍賀が語り、めざして
いた「社会改革」は、「ペイドワークとアンペイドワークをトータルにとら
えて、それを両性にフェアに配分するために社会的システムを変える政策」
であった（竹中 2008：2011：220 頁）。「男女ともに人間らしい労働と生活」
というディーセント・ワークの実現は、2012 年に閣議決定された「日本再
生戦略」にも盛り込まれている。そのために取られるべき施策は「家族主
義」政策ではなく、竹中の論じる「社会的システムを変える政策」ではない
だろうか。

おわりに

　1984（昭和 59）年春に赤松良子が均等法法案の内容を当時の中曽根首相
に伝えた際、「資本家の走狗と言われるのを覚悟してやりなさい」といわれ、
ショックを受けたと語るように（赤松 2003：99 頁）、均等法は「資本」との
親和性が高いものであった。均等法制定から労働の規制緩和がはじまり、そ
して今、長時間労働や正規／非正規雇用者の格差、待機児童問題などが解決

されないまま、配偶者控除・第三号被保険者制度が人権面ではなく、経済面から見直されようとしている。

　本稿では、均等法制定時に結果の平等論に基づいた先駆的な女性労働運動が大阪で展開されていたことを振り返り、その意義を論じた。均等法が掲げた機会の平等は、男性型の働き方を選べない者を排除する「平等」だった。機会の平等とは、竹中が「年功賃金も終身雇用も『そうでない層』とセットとなって組み合わされている」（竹中a）と語る、「そうでない層」を取りこぼした「平等」であった。

　長時間労働など日本的な労働のあり方が、性別役割分業や家事労働と切り離せないことを論じた竹中の結果の平等論と、それを支えとした大阪の女性労働運動には、パート・内職・主婦たちとの連携や、被差別部落をはじめとするマイノリティ運動との連帯があった。そこに、そもそも機会の平等の入り口に立てない「そうでない層」への注目の重要性が示されている。現在、非正規労働者や家族をもたない人は、機会の平等や家族主義といった「平等」の枠組みから外されている。

　今後はさらに、シングルの人、性的マイノリティ、外国人労働者、セックスワーカーなど、これまでの労働者像から外されてきた「そうでない層」を包摂していく必要があるだろう。機会の平等は「生まれ」という不可避の条件から人を救わず、さらに貧困の連鎖を生み出す可能性がある。格差、貧困という喫緊な問題を考えるうえで、本事例の考察が参考となるのではないだろうか。

（初出　大阪府立大学『女性学研究』24　2017年3月）

引用文献

赤松良子（1985）『詳説　男女雇用機会均等法及び改正労働基準法』日本労働協会。
――――（2003）『均等法をつくる』勁草書房。
――――　花見忠（1986）『有斐閣リブレ No。8 わかりやすい男女雇用機会均等法』有斐閣。
浅倉むつ子（1999）『均等法の新世界――二重基準から共通基準へ』有斐閣。
――――（2000）『労働とジェンダーの法律学』有斐閣。

有泉享・桑原靖夫・塩沢美代子・田中寿美子・花見忠・林弘子（1979）「（座談会）婦人労働法制の今後の課題」『ジュリスト』683：62 ～ 83 頁。

伊田久美子（2015）「女性学・女性問題における貧困・階層問題―フェミニズムと労働をめぐって」『大原社会問題研究所雑誌』680：21 ～ 32 頁。

奥山明良（1984）「男女雇用均等法案と母性保護規定」『ジュリスト 8 月 1 日 - 15 日号』819：40 ～ 46 頁。

金井淑子（1989）『ポストモダン・フェミニズム―差異と女性』勁草書房。

神﨑智子（2009）『戦後日本女性政策史―戦後民主化政策から男女共同参画社会基本法まで』明石書店。

北田衣代（1991）「母性と女の人権」竹中恵美子監修・関西婦人労働問題研究会編『ゼミナール 女の労働』ドメス出版：176 ～ 212 頁。

伍賀偕子（1991）「第三章 働く女たちの歩み（戦後編）―法の下の解放から「結果の平等」をめざして」竹中恵美子監修・関西婦人労働問題研究会編『ゼミナール 女の労働』ドメス出版：91 ～ 133 頁。

―――（2002）『次代を拓く女たちの運動史』松香堂書店。

―――（2016）「関西における労働運動フェミニズムと竹中理論」栗田啓子・松野尾裕・生垣琴絵編著『日本における女性と経済学―1910 年代の黎明期から現代へ』北海道大学出版会。

桜井絹江（1987）『母性保護運動史』ドメス出版。

塩谷幸子（2007）「部落女性の労働問題」『リレートーク報告集 大阪の女性労働―現状と課題』大阪府立大学女性学研究センター：55 ～ 60 頁。

柴田悦子（1984）「『雇用平等法』と女性労働―保護と平等」『ジュリスト 8 月 1 日 -15 日号』819：62 ～ 67 頁。

島田信義（1983）「婦人労働者の法的・社会的地位と権利闘争の展開」『早稲田法学』58（1）：197 ～ 234 頁。

Scott, Joan（1988）*Gender and the Politics of History,* Columbia University Press,（＝荻野美穂訳 , 1992,『ジェンダーと歴史学』平凡社）。

徐阿貴（2012）『在日朝鮮人女性による「下位の対抗的な公共圏」の形成―大阪の夜間中学を核とした運動』御茶の水書房。

高木澄子（1999）「3 労働組合を変えなくちゃ」行動する会記録集編集委員会編『行動する女たちが拓いた道―メキシコからニューヨークへ』未來社。

竹中恵美子（1962）「婦人労働問題の底にあるもの」竹中恵美子・西口俊子『女のしごと・女の職場』三一書房：11 ～ 27 頁。

―――（1971）2012,「婦人の低賃金と今日の課題―ウーマン・パワー政策および所得政策に関連して」『竹中恵美子著作集 Ⅳ』明石書店：125 ～ 142 頁。

─────（1972）2011,「母性保護問題」『竹中恵美子著作集　Ⅴ』明石書店：34
　　〜 63 頁。

─────（1973）2012,「春闘と女の賃金」『竹中恵美子著作集　Ⅳ』明石書店：
　　143 〜 157 頁。

─────（1975）2011,「社会保障における女性の地位」『竹中恵美子著作
　　集　Ⅴ』明石書店：155 〜 183 頁。

─────（1982）2011,「『機会の平等』か『結果の平等』か」『竹中恵美子著作
　　集　Ⅴ』明石書店：65 〜 76 頁。

─────編（1983）『女子労働論─「機会の平等」から「結果の平等」へ』有斐
　　閣選書。

─────（1985）（2011）「『保護と平等』論議の現段階」『竹中恵美子著作集　Ⅴ』
　　明石書店：77 〜 91 頁。

─────（1985）「女子労働論の再構成─雇用における性別役割分業とその構造」
　　社会政策叢書編集委員会編『婦人労働における保護と平等』（社会政策叢書
　　第 9 集）啓文社：4 頁。

─────（2008）（2011）「いま労働のフェミニズム分析に求められるもの─日
　　本の課題について考える」『竹中恵美子著作集　Ⅶ』明石書店：211 〜 237 頁。

─────竹中恵美子　関西女の労働問題研究会著（2009）『竹中恵美子の女性労
　　働研究 50 年─理論と運動の交流はどう紡がれたか』ドメス出版。

橘木俊詔（1998）『日本の経済格差─所得と資産から考える』岩波書店。

田間泰子（2006）『「近代家族」とボディ・ポリティクス』世界思想社。

中島通子編・私たちの男女雇用平等法をつくる会（1984）『働く女が未来を拓く
　　─私たちの男女雇用平等法』亜紀書房。

中野麻美（2006）『労働ダンピング─雇用の多様化の果てに』岩波新書。

中野円佳（2014）『「育休世代」のジレンマ─女性活用はなぜ失敗するのか？』
　　光文社新書。（花見忠 1986）『現代の雇用平等』三省堂。

村上潔（2009）「『男女平等』を拒否する『女解放』運動の歴史的意義─『男女
　　雇用平等法』に反対した京都のリブ運動の実践と主張から」『Core ethics』
　　5：327 〜 338 頁。

籾井常喜（1979）「婦人労働における『保護』と『平等』」労働教育センター編
　　『保護と平等─婦人労働者の自立のために』労働教育センター：22 〜 38 頁。

山田和代（2011）「労働運動にみる男女雇用平等実現への課題──均等法制定前
　　後の総評婦人局の諸相から」『大原社会問題研究所雑誌』635・636：42 〜
　　58 頁。

与謝野有紀（2012）「機会の平等」大澤真幸・吉見俊哉・鷲田清一編『現代社会
　　学事典』弘文堂：239 〜 240 頁。

238

付記　本稿は、2014 年度、2015 年度公益財団法人東海ジェンダー研究所団体研究助成による研究成果の一部です。
　女性労働運動史研究会、大阪府立大学女性学研究センター第 2 回ジェンダー研究セミナー、同志社大学 F.G.S.S. での研究発表をもとに執筆しました。
竹中恵美子氏と伍賀偕子氏をはじめ、関係機関に心より感謝いたします。

第9章

＊

働く、学ぶ、生きる
——竹中恵美子と仲間たち：経済学と出会うとき

松野尾　裕（愛媛大学教授）

はじめに

　竹中恵美子先生は、戦後直ぐに経済学研究の道を歩み始められ、その後一貫して女性労働研究を推し進めてこられた。先生の歩みは、女性が高等教育を受ける機会をつかみ、大学のなかに研究と教育の場を獲得し、さらに自らの研究の成果を社会で働く女性たちのために役立ててきた歴史そのものである。

　本稿は、“青本”・“赤本”という愛称で親しまれている、関西女の労働問題研究会・竹中恵美子ゼミ編集委員会編『竹中恵美子が語る　労働とジェンダー』（ドメス出版、2004 年）と、竹中恵美子・関西女の労働問題研究会著『竹中恵美子の女性労働研究 50 年—理論と運動の交流はどう紡がれたか』（ドメス出版、2009 年）を読みながらまとめた、女性が経済学と出会う場面についての一覚え書きである（以下、敬称略）。

第Ⅰ節　経済学を人間の学問に

　竹中恵美子は 1929（昭和 4）年 11 月 19 日に岐阜県大垣市に生まれた。1946 年に岐阜県大垣高等女学校（現 岐阜県立大垣北高等学校）を卒業し、同年、大阪府女子専門学校（のち大阪女子大学、現 大阪府立大学）の経済科へ進学した。大垣高等女学校で公民の教師から河上肇の『貧乏物語』について聴いたことが、竹中恵美子に、経済学へ関心をもつきっかけをつくった。「軍国少女であった私の人生を変える 僥倖（ぎょうこう）というべきであった」と、竹

中は当時を振り返って述べている[1]。

　河上肇は、京都帝国大学において明治末から大正・昭和初期まで活躍した日本を代表する経済学者である。人道主義的な立場で貧困問題とその解決策を論じた『貧乏物語』は、当初『大阪朝日新聞』に連載され、1917（大正6）年に書籍として刊行されたもので、多くの読者を獲得した河上肇の代表的著作である[2]。河上肇は1946年1月30日に京都の自宅で死去した。そのことは新聞各紙で報じられたから、おそらく、大垣高等女学校の教師はそのことを生徒たちに語るなかで、『貧乏物語』に話がおよんだのであろう。そのことが、卒業間際の竹中恵美子の心を捉えたのである。

　大阪府女子専門学校[3]に入学した竹中恵美子は、授業よりも、社会科学研究会で近隣の男子校の学生たちと議論を交わすことが大きな刺戟となったようである。1947年の朝日新聞社主催「学生討論会」に3人ひと組でチームをつくって参加し、近畿代表となって東京大会に出場した。また、同年に結成された学生自治会の初代会長に就き、翌1948年に東京で開かれた全日本学生自治会総連合（全学連）の結成大会に参加した。

　学内では社会科学研究会の活発な活動や、学生自治会活動の高揚があり、学外では、1946年4月の衆議院議員選挙で初の女性参政権が行使され、39

---

1) 竹中恵美子・関西女の労働問題研究会著『竹中恵美子の女性労働研究50年』第Ⅰ部、11頁。

2) 河上肇『貧乏物語』岩波文庫収録。河上肇は、人道主義的な経済学からやがてマルクス主義経済学へと研究を進めた。そのことが原因となって、1928年に京都帝国大学を辞職した。その後はマルクス主義経済学の原典の研究に没頭したが、治安維持法違反により1933年1月に下獄。1937年6月に出獄した後は京都の自宅で晩年を過ごした。住谷悦治『河上肇』（新装版）吉川弘文館、1986年を参照。

　治安維持法は、国体の変革、私有財産制度の否認を目的とする結社活動や個人的行為に対する罰則を定めた法律である。1925年4月に公布され、1928年と41年に強化された。これにより言論・思想の自由が蹂躙（じゅうりん）され、社会科学研究は不可能となった。1945年10月に廃止された。奥平康弘『治安維持法小史』岩波現代文庫、2006年を参照。

3) 大阪府女子専門学校は、1924年に創立された。公立の女子専門学校としては、1923年創立の福岡県立女子専門学校（1925年に福岡県女子専門学校と改称）に次いで2番目である。経済科は、1944年に英文学科を廃して新設された。1学年定員は40人。大阪女子大学70年史編集委員会編『大阪女子大学70年の歩み』大阪女子大学、110頁を参照。

人の女性議員が誕生した。労働組合運動もまた大きく勢いづいていた。こうした時代のなかで、竹中恵美子は経済学を学び始めたのである。1949年3月に、卒業論文「社会主義経済と貨幣」を提出し、卒業した。この年の経済科の卒業生は43人であった[4]。

竹中恵美子は、同年、大阪商科大学（現　大阪市立大学）へ入学した。このときの入学者は男性が216人、女性が3人である。竹中は回想してこう語っている。「そこで最初に学んだことは、名和統一教授（国際経済学で著名）の、『経済学とは金儲けの学問ではない、経世済民の学である』という言葉。また、イギリスの経済学者アルフレッド・マーシャル（Alfred Marshall）の『経済学を学ぶ者は、すべからくイースト・エンド（ロンドンの貧民街）に行け』、つまり、『経済学を学ぶ者に必要なのは、〈冷静な頭脳と温かい心情〉（Cool Head but Warm Heart）である』という言葉であった。これらは砂地に水が浸み込むように私の心をとらえた」[5]。

1943年に治安維持法違反により大阪商科大学の学生と教員が検挙、拘置された事件—「大阪商大事件」[6]—があり、名和統一は、その犠牲者のひとりであった。名和は1945年10月に釈放され、大学に復帰していた。

竹中恵美子は1952年に大阪商科大学を卒業した。卒業論文は「男女賃金格差と男女同一労働同一賃金原則についての一考察」である。そして、同年、竹中は大阪市立大学経済学部に助手として採用された。1957年に講師となった。大阪市立大学経済学部50周年記念誌に収録されている座談会の記録のなかで、竹中恵美子は次のように語っている。

　　——竹中先生が旧制商大を卒業され、市大経済学部の助手として残られたのは何年でしたか？　そのころの学園の様子や学生気質辺りからおはなしをうかがいたいのですが……。

4) 大阪女子大学附属図書館編『大阪府女子専門学校卒業論文目録』大阪女子大学附属図書館、217頁。
5) 竹中恵美子・関西女の労働問題研究会著『竹中恵美子の女性労働研究50年』第I部、13頁。
6) 大阪商大事件については、上林貞治郎『大阪商大事件の真相—戦時下の大阪市立大で何が起こったか』日本機関紙出版センター、1986年を参照。

　竹中　1952年9月に経済学部助手に採用されました。名和ゼミの出身で、22歳でした。学生と接したのは55年頃、もう〔校舎は〕杉本町に戻っていました。担当は外書講読でしたが、学生さんたちとあまり歳が違わないものですから、「何だこんな若い女性が……」というような目をされ、教壇に上がるのにドギマギしたことを覚えています（笑い）。経済学部では、当時の学生のほとんどが男性で、女性はほんの1～2人、その後もせいぜい数人という時代でした。後に私が学部長になった86年頃には、定員180人中20％位まで女性が占めるようになりましたが、それがピークじゃないでしょうか。ちょうど、男女雇用機会均等法が施行された年でした。

　——学生の様子はどうでしたか？

　竹中　時代、時代で変わりますね。そう、60年安保の前後までの学生は、市大経済学部で「マル経」をやろうといったある種のイメージを持っていたし、目的意識があって入学してきた様子でした。当時の暮らしは貧しかったでしょうが、社会問題に対する関心や政治意識が高く、社会病理を改革しなければ、といった気概にあふれていました。研究資料捜しも今と較べるとなかなか大変でしたが、学内の研究会活動はずいぶん盛んでしたよ。

　全共闘運動が始まったころから、学生気質が変わって来ました。特殊な人達を除くと多くの学生は自分の周囲の小さいことにしか関心がなく、みんなと一緒に行動を起こそうといった気概もない。80年代、つまり学歴社会が成熟期に入って以降は、偏差値教育の弊害でしょうが、ただ就職のために必要な単位を取ることに頭が向いているようで、さまざまな社会事象に怒ったり、反応をしない。喜怒哀楽が現れないんです。

　若い時期ですから、少々はみ出したり、思い切り純粋に行動しても良いのに、それをしない。私のゼミでも年によって違いますが、まとめ役の学生がいない年のゼミはお通夜のようになってしまう。しかし、リポートを書かせたり、発表させたりするときちんとこなすのです。他人

の前で目立つような行動をするのが嫌なのでしょう [7]。

　竹中恵美子が 1952 年に提出した卒業論文のテーマは、上述の通り、「男女賃金格差と男女同一労働同一賃金原則についての一考察」であった。1951年に ILO（国際労働機関）が第 100 号条約「男女同一価値労働同一報酬に関する条約」(Convention concerning Equal Remuneration for Men and Women Workers for Work of Equal Value) を採択しており、竹中の卒業論文はこのホットな話題を捉えてのもので、男女の賃金格差の原因とその解消を要求する諸説をまとめたものである [8]。竹中恵美子は、しかし「はじめから女性労働論の研究をめざしたわけではなかった。……4 ～ 5 年間は研究方向を決めるための模索の時期が続いた」といっている [9]。経済学部で担当する科目を決める際には、「労働経済論」はすでに吉村励が担当しており、「人口論」あるいは「社会保障論」をという話もあったようだが [10]、「労働市場論」という科目を新設し、それを竹中恵美子が担当することとなった。

　1961 年に、竹中恵美子は社会政策学会において、「労働市場と賃金決定」を主題にした研究報告（中村＝西口俊子と共同）を行った。その論文が「労働市場と賃金決定 I ―労働市場の構造とその運動」（1961 年）である [11]。こ

---

7) 大阪市立大学経済学部編『マーキュリーの翼　大阪市立大学経済学部 50 周年記念誌』132 ～ 133 頁。

8) この論文は、竹中恵美子「男女賃金格差と男女同一労働同一賃金原則についての一考察」『経済学雑誌』第 29 巻第 3・4 号、大阪市立大学経済研究会、1953 年所収として発表された。ただし、『竹中恵美子著作集』明石書店、2011 ～ 2012 年には収録されていない。竹中にはこの論文に満足しないところがあった。そこから竹中独自の労働市場分析が構築されるにいたったことについて、松野尾裕「竹中恵美子の女性労働研究――1960 年代まで」栗田啓子・松野尾裕・生垣琴絵編著『日本における女性と経済学――1910 年代の黎明期から現代へ』北海道大学出版会、2016 年所収を参照。

9) 竹中恵美子・関西女の労働問題研究会著『竹中恵美子の女性労働研究 50 年』第 I 部、13 頁。

10) これは、松野尾が 2010 年 11 月 27 日に行った竹中恵美子へのインタビューにおける発言による。

11) 竹中恵美子「労働市場と賃金決定 I ―労働市場の構造とその運動」社会政策学会編『労働市場と賃金　社会政策学会年報第 10 集』有斐閣、1961 年所収。竹中恵美子『現代労働市場の理論』日本評論社、1969 年の第 1 章および、『竹中恵美子著作集 I　現代労働

れに続いて翌年に、論文「わが国労働市場における婦人の地位と賃金構造」
(1962年)を発表した[12]。この2作により竹中恵美子の女性労働研究がスタートしたのである。そして同年には、西口俊子との共著『女のしごと・女の職場——合理化の中の女子労働』(三一書房、1962年)を刊行した[13]。

　竹中恵美子は1955年に姜在彦と結婚し[14]、1958年には長男が誕生した。上記の論文や著書は、家庭と職場との両方の仕事で文字通りてんてこ舞いの忙しさのなかで仕上げられたのである。

　竹中は研究を進めるにあたって自身がとった視点について、のちに振り返って、2つのことを挙げている。すなわち、「一つは、ピラミッドの底辺に研究の軸足を置くこと。二つ目は、ひとつの事象を構成する表と裏、両者を統一的にみる複眼的な視点、女性労働研究に即していえば、女性労働を日本の労働市場の全体構造の中に位置づけ、男女の相互の関係性の中で分析するという方法論である」[15]。そして、竹中は「そのいずれもが私の生身の生活実践と深く結ぶものでもあった」として、次のように語っている。長くなるが引用したい。

　　　第一のピラミッドの頂点ではなく底辺に軸足を置く視点は、私が在日
　　朝鮮人と結婚したことと関係している。当時は朝鮮人に対する差別意識
　　が強く、私は親に勘当を申し入れて自分の戸籍をつくって結婚し、みか
　　ん箱を積んで本箱にするといった生活から出発することになった。結婚
　　＝永久就職とは無縁の出発であり、私にとって、経済的に自立すること

　　市場の理論』明石書店、2012年の第1章に収録。

12) 竹中恵美子「わが国労働市場における婦人の地位と賃金構造」『経済学年報』第15集、
　　大阪市立大学経済学部、1962年所収。竹中恵美子『現代労働市場の理論』第7章およ
　　び、『竹中恵美子著作集Ⅱ　戦後女子労働史論』明石書店、2012年の第6章に収録。

13) 竹中恵美子・西口俊子『女のしごと・女の職場——合理化の中の女子労働』は原ひろ
　　子監修／藤原千賀・武見李子編『戦後女性労働基本文献集』第9集、日本図書センター、
　　2006年に収録。

14) 姜在彦(1926-2017)は朝鮮史研究者。姜在彦・竹中恵美子『歳月は流水の如く』青丘
　　文化社、2003年を参照。

15) 竹中恵美子・関西女の労働問題研究会著『竹中恵美子の女性労働研究50年』第Ⅰ部、
　　13頁。

は人間としての生活の基本条件であった。こうした経験が物事を見るときに、ピラミッドの頂点ではなく、むしろその底辺を見るという視点を育てたのだと思う。したがって、女性解放という問題を見る場合も、ピラミッドの頂点がどんどん伸びることも重要だが、底辺がどう改革されるのか、エリートの地位の変化よりもマスである女性の地位がどう変わっていくのか、がきわめて重要だと考えるようになった。この研究視点は、ともあれ今日まで一貫して引き継がれてきた私のバックボーンでもある。

　同時に、この底辺からの視点は、女性研究者としてスタートした頃の生活体験とも深い関わりをもっている。研究生活に入りやがて結婚生活を経験することになるが、なぜ女性であるということで家事労働をしなければならないのか、いったい女性にとって家事労働とは何なのかということを真剣に考えるようになった。とくに、子どもができてからは研究時間が細切れになり、細切れの研究時間を寄せ集めたからといって研究ができるわけではない。結局、自分の睡眠時間を削るよりほかない。こうして結婚生活の中で男性と女性とのいろいろな意識の葛藤も経験し、いったい、性役割分業とは誰のためにあるのかを考えざるをえなかった。そして、そうした性別役割を当然と考える社会通念、それを形づくっている社会の仕組み、あるいは構造に目を向けざるをえなかったのだと思う。このように、研究生活を始めるとともに、研究者であると同時に一人の働く女性として問題を見てゆくことを余儀なくされた。これが、これまで欠落してきた女性の経験を理論化することこそ、女性労働研究の課題だと考えることになった一因でもあろう。

　二つ目の視点。本質を明らかにするには、物事を表裏一体として見ること、女性労働は男性労働との相互関係の中でとらえるべきだという観点は、当時の労働問題研究の学会動向に触発されている。私が研究者としての道を歩み始めたときの社会政策学会は、男性の視点が主流を占めていた。労働統計を見ても、ほとんど代表されているのは男性の統計であり、それに並ぶ女性の統計はきわめて少ないのが実情であった。また、日本の労使関係の特質を語る場合には、三種の神器として、終身雇

用・年功賃金・企業別組合を論ずるのが常識であった。確かに、これは日本の特質には違いないが、年功制度や年功賃金、終身雇用といっても（これも、男性一般ではなく大企業の正規労働者の特徴に過ぎないものであるが）、こうした労働のあり方は、必ずその一方で、それに伴う非正規労働力がセットになっている。にもかかわらず、非正規労働者の主流をなしてきた女性労働者はほとんど、それを語るときに消去されてしまっている。あるいは、もし語るとしても、きわめて副次的にしか語られない。そういう説明の仕方に疑問をもった。

　そもそも分析する場合には、必ず表があれば裏があるというふうに、双方をトータルにとらえていく必要がある。日本の労使関係についても、そうした複眼的な見方をしなければ、真の実像は浮かび上がってこない。こうした思いが、日本的労使関係のもつ、もう一つの側面を支えた女性労働研究に入ってゆくきっかけとなった（この点で、後に批判の対象となった私の「女子労働の特殊理論」は、男性労働を一般とみたて、女性労働をそれからの乖離（かいり）として見る視点とはまったく異なる——後に詳述）。男女労働者をトータルにとらえたうえで、その両者の組み合わせのパターンを規定してきたものが何なのか、それこそが私の女性労働分析の基本視点である[16]。

　竹中恵美子にとって、河上肇の『貧乏物語』や、名和統一教授が語ってくれた言葉から学びたいと思った経済学は、ヒューマニズムにあふれた、経世済民の学問であるはずなのである。しかしながら、実際の学界で論じられる諸説は、圧倒的に「男性の論理」に貫かれたものだということに気づかされもした。竹中恵美子は、「女性の経験を理論化する」ことによって、経済学を真に人間の学問へ革新する道を歩み始めたのであった。

16）竹中恵美子・関西女の労働問題研究会著『竹中恵美子の女性労働研究50年』第Ⅰ部、13〜15頁。

第Ⅱ節　理論と運動と

1　労働組合婦人部活動

　竹中恵美子と西口俊子との共著『女のしごと・女の職場――合理化の中の女子労働』（1962年）は、竹中にとって記念すべき最初の著書である。それは、研究書として評価を得た[17]ということにとどまらず、さまざまな仕事の現場で働く女性たちに受け入れられ、広く読まれた本となった。

　戦後日本の女性が働く職場は、確かに、かつての紡績工場で働く女性たちの生活を描いた『女工哀史』（1925年）的なイメージで捉えることはできないが、しかし、民主化された社会に相応しい男女平等の職場になったかといえば、それはまったくそうではなかった。竹中と西口は、女性たちが働く職場を訪ねて丹念に取材し、各種の統計、調査資料、新聞記事、そして労働組合の機関紙等を用いて、女性の仕事の現実をわかりやすく説いた。

　たとえば、同書の「Ⅳ　現代の合理化と婦人労働」（竹中執筆）には、松下電器産業（現　パナソニック）高槻工場で働く女性たちの仕事に取り組む姿が描かれているが、そうした職場の女性たちを目の当たりにして竹中は、「戦後の民主主義教育をうけた若い彼女たちは働く意欲にもえて社会に巣立ってくる。だがその夢と期待とはたちまち冷たい現実のなかで凍りついてしまう。職場で彼女たちを待ちうけているのは、労働のよろこびではなくてきびしさであり、いわれのない男女差別である。そしてむしろ戦後のいちじるしい婦人労働の発展と、現在のように若い労働力の不足が叫ばれるときにこそ、婦人労働問題の本質がよりはっきりと浮かびでているといえよう」。「婦人労働者の実態をみていくと、なんとしても、労働者の女としての側面

17）『女のしごと・女の職場』の研究史的意義について、山田和代は、「高度経済成長期前半の女性労働力の編成を取り上げた当時としては数少ない研究書である本書からは、その後の女性労働研究や、日本的雇用制度と男女の労働力編成に言及するジェンダー研究の広がりを展望することができる」と述べている。原ひろ子監修／藤原千賀・武見李子編『戦後女性労働基本文献集』中の『別冊 戦後女性労働基本文献集 解説・解題』日本図書センター、2006年、77〜81頁を参照。

を買われているのだということを痛切に感じないわけにはいかない」と記した[18]。

大阪総評（日本労働組合総評議会大阪地方評議会。1951〈昭和26〉年結成、1989年解散）の婦人部専従としてオルグ活動をしていた伍賀偕子は、竹中恵美子に労働組合婦人部活動の指導を求め、竹中はそれに応えることとなった。関西の女性労働運動と竹中との関わりについて詳述した伍賀偕子の論文がある[19]。そのなかに、松下電器産業ラジオ事業部（当時）で働いていた杉浦＝鈴木美枝子が『女のしごと・女の職場』と出会い、それが杉浦＝鈴木のその後の人生をどのように決定づけたかが、本人の回想を要約するかたちで紹介されている。その箇所を読んでみよう。

　この本が出された1962年は、私が松下労組中央本部婦人部長になった年である。右も左もわからない中で、はじめてこの本と出会ったのである。

　1957年7月、私は17歳で、松下電器ラジオ事業部に臨時工として採用された。女性労働の花形が繊維産業から電機産業に軸が移りつつある時代で、東南アジア向けのトランジスターラジオが秒単位で生産され、広い2階のフロアーに100mのベルトコンベアーが4本稼働していて、向かい合って仕事をしていたからおおむね800人の若い女性が働いていた。名前を覚える頃になると、いつの間にか居なくなる。ほとんどが結婚で辞めてしまうが、1万5000人の女性のほとんどがこんな仕事だから、辞めてもすぐ代わりが入ってくる（「寿退職」という退職金の割増し制度があった）。一緒に入った臨時工は翌年の不況風であっさり首を切られたが、なぜか私は切られずに、1年後には本社員になった。電機産業の大合理化の真っ只中に立っていたのである。

　私も、入社当時は結婚するまでの腰掛的仕事という軽い気持ちだっ

18) 竹中恵美子・西口俊子『女のしごと・女の職場—合理化の中の女子労働』三一書房、1962年、14〜15頁。

19) 伍賀偕子「女性労働運動・女性運動との関わり」竹中恵美子・関西女の労働問題研究会著『竹中恵美子の女性労働研究50年』第Ⅱ部所収。

た。ところが組合活動に推挙され、4年間のラジオ支部婦人部長を経て、1962年にはオール松下（本部）の婦人部長（2代目）におしあげられるなかで、女は男に養われ、従属物になっていいの、という疑問が本気で湧いてきたのが、この本に出会ってからといっても過言ではない。女である前に、ひとりの人間として自立するというのはどういうことなん？生理的違いを別にしたら、男も人間、女も人間、何で男は外に出て働き、家族を養う義務があり、責任があるの？　そして女は家に居て、子どもを産み育児をし、家庭に責任をもたねばならないの？　誰がそんなことを決めたの？　という疑問に的確に応えてくれたのが本書だった。私は夢中で読み、周りを見回してみると、雇用のされ方、勤続の短さ、仕事の仕方、昇進の仕方、等々、一生を通じて仕事をし続けることの難しさに大きな衝撃を受けた。これでは一人前の人間とは言われへん、男女差別ではないか、ということに気づいたのである。ここから労働組合の女性役員の役割みたいなものが見えてきた。この本をみんなに読んでもらおうから始まり、500人の職場委員全員に配付し、どこの職場でも読まれて、松下労組婦人月間（9〜10月）の締めくくりに、「女性が働き続けるために」と題して、共著者の西口俊子先生に講演をしてもらった。

　松下労組は秋に労働協約改定闘争に取り組んでいたが、婦人部が創設されて、最初に取り上げた要求は、「寿退職」の結婚・出産優遇措置をやめ、勤続年数に見合った男女同一の退職金制度への移行、臨時工制度の見直し（＝一定月数を経過すると退職の意思がないものと判断し、積極的に本社員登用に道をつける）、産前産後休暇を18週に、1時間の育児時間を45分×2回に、などであり、大きく前進した。これがやればできるの自信になり、婦人部の結束は大きくなった。そして、当時公立保育所が一つもなかった門真市（松下電器の本拠地で居住者も一番多い）に、公立保育所をつくる要求を掲げ、門真市や寝屋川市で地域共闘のようなものをつくり、昼休み門真市役所前に500人の女性が座り込み、仕事を終えた後は戸別訪問をして署名を集めて、市役所裏の本町に

第 1 号の公立保育所が誕生した [20]。

　杉浦＝鈴木美枝子は、松下労組が加盟していた大阪総評の婦人部活動にも参加し、大阪総評婦人部書記長をも務めた [21]。1977 年に大阪総評婦人部の活動を担った人たちが中心となって関西婦人労働問題研究会が結成され、伍賀偕子が事務局長となり、竹中恵美子は顧問に就いた [22]。

2　男女同一価値労働同一賃金原則

　男女賃金差別撤廃の課題が竹中恵美子を労働組合運動と結びつけた。竹中は、『月刊 総評』の年 1 回の臨時号「婦人問題特集」に 3 回にわたり論文を寄せている。すなわち、「婦人のしごとと賃金」（1965 年）、「婦人の低賃金と今日の課題——ウーマン・パワー政策および所得政策に関連して」（1971 年）、そして「春闘と女の賃金」（1973 年）である [23]。さらに、『月刊 労働問題』に「個別賃金要求と賃金闘争」（1973 年）を書いた [24]。

　日本の労働組合の賃金引き上げ闘争は、よく知られているように、1954（昭和 29）年暮れから始まった、ベース・アップ（平均賃金の引き上げ）を柱とするいわゆる「春闘方式」であった。これは、企業別に組織された労働組合が連帯して賃金引き上げの統一目標を設定したうえで、一定の時期に集

---

20)　竹中恵美子・関西女の労働問題研究会『竹中恵美子の女性労働研究 50 年』第 II 部、256、260 ～ 261 頁を参照。、173 ～ 175 頁。
21)　松下労組は 1965 年に大阪総評を脱退した。杉浦＝鈴木美枝子は 1966 年に松下電器産業を退職し、全電通（全国電気通信労働組合。日本電信電話公社〈現 NTT/NTT グループ〉の労働組合）近畿地方本部書記となり、そこで 28 年間活動した。同上書第 II 部、175 頁を参照。
22)　関西婦人労働問題研究会は 1992 年に関西女の労働問題研究会と改称され、伍賀偕子が研究会代表となった。「竹中恵美子略年譜」、「関西女の労働問題研究会　プロフィール」。同上書第 II 部所収。
23)　これら 3 つの論文は、『竹中恵美子著作集 IV　女性の賃金問題とジェンダー』明石書店、2012 年の第 2 章、第 4 章に収録。
24)　この論文は、竹中恵美子『増補 現代労働市場の理論』日本評論社、1979 年の補論 II および、『竹中恵美子著作集 I　現代労働市場の理論』第 10 章に収録。

中して各企業で労使交渉を行うというものであり、賃金引き上げの「社会的
相場」を示すことでもって、未組織労働者を含む社会全体にその効果をおよ
ぼすことをねらったものであった。

　竹中は、のちに、この「春闘方式」について、一定の意義があったことを
認めつつも、次のように述べている。「しかし最大の問題点は、交渉決定の
権限が基本的に企業別組織に委ねられており、春闘方式は、賃金総額（平均
賃金）引き上げ（ベース・アップ）闘争であって、個別労働者の差別賃金を
是正するものではなかった。……一般的なベース・アップにとどまること
なく、いかに性差別的な賃金決定の仕組みを変革するかに論究せざるをえな
かった」[25]。

　1970年代に入ると、賃金引き上げ闘争は、ベース・アップ要求から個別
賃金要求への転換が図られるようになった。竹中は、それを「各労働者層の
賃金の絶対額について社会的相場を形成する」ものとして一定の評価を示し
得るものだとしたうえで、さらに要求を進めた。竹中は当時執筆した論文を
引きながらこう述べている。「私は、『組合のあるべき賃金要求の視点からす
れば、当然このような個別賃金要求方式は、あくまで過渡的形態であって、
個別企業の枠を超えた、同一労働同一賃金の貫徹形態である個別賃金要求へ
と具体化されなければならない（中略）。それは職種別・熟練度別賃率の確
立』にほかならないと考えた。『もちろんこの過程は決して容易な道ではな
い（中略）。しかしこれが労働力の生産過程そのもの（労働力の質的形成＝
養成とその社会的格づけ）への労働組合の積極的介入が無に等しく、賃金闘
争の重要な一つの機能が空洞化してきた以上、いまこそその営為が問われて
いるといってよいであろう』とした」[26]。

　要するに、当時の個別賃金要求は、男性の賃金を「家族賃金」（家族を養
うに足る賃金）＝「世帯賃金」とみる発想に基づいていたので、男女間にお
ける差別的な賃金を改めるところにまで到達していなかったのである。その
ため、男女間の賃金差別を撤廃するための同一労働同一賃金の要求は、労働

25）竹中恵美子・関西女の労働問題研究会著『竹中恵美子の女性労働研究50年』第Ⅰ部、
　　30〜31頁。
26）同上書第Ⅰ部、33頁。

組合の指導者層にも容易に受け入れられなかった、と竹中はいっている[27]。

1951 年に ILO で採択された第 100 号条約「男女同一価値労働同一報酬に関する条約」を、日本は 1967 年に批准し（発効は 1968 年 8 月 24 日）、男女賃金差別の問題をめぐる議論がようやく始まっていた。使用者側はこの条約を同一職種同一賃金と解釈し、女性と男性とで職種が異なるのだから男女間で賃金が異なるのは当然であると主張しようとした。しかし、この解釈が誤っていることは明らかであった。この条約は、「同一職種」ではなく「同一価値労働」を行う男女の間で報酬に差をつけてはならないと定めているのである。竹中恵美子は 1977 年に、論文「女子労働者と賃金問題」を書いて、男女同一労働同一賃金を実現するために労働者側が提起すべき課題を論じた。そのなかで、竹中は、各産業に広範に存在する家内労働者を含む未組織の（＝労働組合に加入していない）低賃金労働者に目を向け、次のように当面の課題を整理して示している[28]。

第 1 に、最低賃金制を確立する。

第 2 に、労働組合の横断的な組織と運動を確立し、パートタイム労働者の労働組合加入を進める。

第 3 に、個人のライフ・ステージに応じた社会保障制度を確立する。

第 4 に、企業内の賃金体系と労務管理上の男女差別を撤廃する職場闘争を進める。

そして、竹中はいう。「今日の女子賃金問題は、性差別の実態を集約的に象徴しており、これを解決するためには、たんに男女同一労働同一賃金の実現にとどまらず、女子の短期雇用管理を排除し、真の労働権を確立するための社会保障をはじめ、雇用・配置・昇進・職業技術訓練についての男女の均等待遇の実現など、多面的な課題ときり離すことのできないことを示している」[29]。

---

27) 竹中恵美子・関西女の労働問題研究会著『竹中恵美子の女性労働研究 50 年』第 I 部、34 頁。

28) 竹中恵美子「女子労働者と賃金問題」氏原正治郎他編『講座 現代の賃金 4 賃金問題の課題』社会思想社、1977 年所収。『竹中恵美子著作集 IV 女性の賃金問題とジェンダー』第 5 章に収録、196 ～ 200 頁。

29) 同上書、200 頁。

3　男女賃金差別撤廃裁判闘争

　1973（昭和48）年の第1次オイル・ショック、1978年の第2次オイル・ショックにより日本の経済成長は終焉し、労働組合の主要テーマは賃金引き上げから雇用確保へと移ってゆき、80年代は賃金論の「空洞期」になったと竹中恵美子はいう。しかし、竹中はこうもいっている。「一言付言したい。……日本の低賃金構造を根本的に変革するための賃金論争が、学会の外で激しくたたかわされていたことである。しかも、そこでの議論はそのまま今日に通底する多くの課題を含んでいたということを銘記すべきであろう」[30]。すなわち、同一労働同一賃金は同一価値労働同一賃金と改めて理解し直され、同一価値労働同一賃金を実現する道が、裁判の場で大きく拓かれることとなったのである。

　1998年4月に、屋嘉比ふみ子は勤務先の京ガスを相手に男女の「ペイ・エクイティ（Pay Equity）」を求める裁判を京都地方裁判所に提訴した。ペイ・エクイティとは、異なる職種であっても、同等の価値をもつ労働に対して同じ賃金が支払われることを意味する言葉で、「コンパラブル・ワース（Equal Pay for Work of Comparable Worth）」と同義である。屋嘉比ふみ子は、職場での男女差別への憤り、アメリカで進んでいたコンパラブル・ワース運動やカナダのオンタリオ州で1987年に成立したペイ・エクイティ法（Pay Equity Act）を学んだこと、そして賃金差別撤廃の裁判闘争へ踏み出す意思を固めるにいたった思いを、次の通り語っている。

　　京ガスでの男性主導の労働組合による組織的な激しい攻撃の中で、仕事を自らの力で獲得してほぼ完璧に遂行し、代替不可能と管理職一同が認めるまでに精通していた私は、男女差別による賃金格差を「職種の違い」のみで合理化しようとする会社や労働組合の姿勢に納得できず、「仕事・職務」に対する強いこだわりをもち続けた。誰がどのような仕

30）竹中恵美子・関西女の労働問題研究会著『竹中恵美子の女性労働研究50年』第Ⅰ部、41頁。

事に従事し、その職務をまっとうするためにどんな要素が必要なのか、職務の価値と賃金との関連を検証することで、会社や労働組合に対して男女差別を追及したかった。1986年建設部に配転されて以来、私はガス工事現場での男性監督職の職務を徹底的に調査した。そのうえで、理論的な裏づけと証明する手段を希求していた。

　1980年代後半から90年代には、女性労働研究の先駆者である竹中恵美子さん（大阪市立大学名誉教授）の理論や提言に大きな影響を受けた。竹中さんの著書はもちろん大半読破している。90年に開催された関西婦人労働問題研究会主催の「ゼミナール『女の労働』」に全回参加し、94年には京都の「女のフェスティバル」で私とパネル・ディスカッションされた竹中さんからアメリカのコンパラブル・ワース運動を学んだ。

　私はアメリカのペイ・エクイティ運動に強い関心をもち、様々な文献を読んだ。94年に日本ペイ・エクイティ研究会が、カナダ・オンタリオ州のペイ・エクイティ法について調査研究を行い、『平等へのチャレンジ（96年）』という報告書にまとめ、同時に研究者と商社に働く女性たちが共同で着手した実践研究の成果が *WOMEN AND MEN PAY EQUITY*（商社における職務の分析とペイ・エクイティ、97年）として出版された。97年10月、WWN（ワーキング・ウィメンズ・ネットワーク）主催の講演会で、この報告書にもとづく森ます美さんの具体的な提起に触れ、私は確信をもって、ペイ・エクイティを活用して裁判する意思を固めた。

　竹中さんや森さんたち研究者の理論を現場で実践に移すことが、運動に関与する者としての使命との思いもあったが、シングルマザーとして子どもを育て、職場で過酷な労働に従事しながらの裁判闘争は、まさに身体を張っての壮絶さが伴った。京ガス闘争は、入社当時から最後には激しい倒産争議で解雇されるまで26年間続き、まれに見る苦闘の連続と歴史的な勝利を勝ち取った大変意義深い運動である。厳しい現実に立ち向かいながらも、ポジティブさを喪失することなく、最後まで果敢にたたかうことができたのは、全国の運動団体や個人からの絶大な支援の

存在はさることながら、研究者の優れた理論による先導だったと心から感謝している[31]。

2001（平成 13）年 9 月に京都地方裁判所の一審判決が出された[32]。「原告と男性監督職の各職務を、知識・技能、責任、精神的な負担と疲労度を比較項目として検討すれば、その各職務の価値に差はない。労働基準法 4 条違反で違法、女性差別である」。屋嘉比が就いていた「（積算・検収）事務職」と男性が就いていた「（ガス工事）監督職」を比較し、「各職務の価値に差はない」として、ペイ・エクイティが認められたのである。原告側が提出した森ます美の「同一価値労働同一賃金原則の観点から」と題する鑑定意見書が証拠として採用され、これが上記の判決を導いた。裁判は、大阪高等裁判所へ控訴されたが、2005 年 12 月に同高裁の勧告による一審判決を踏襲した和解で決着した。

屋嘉比ふみ子は、この裁判を振り返って次のようにいう。「『森意見書』は、同一雇用主のもとで就業する（積算・検収）事務職と（ガス工事）監督職という、女性と男性の異なる職種の職務分析と職務評価による賃金是正要求の実践である。京都地裁の勝利判決は、事務職と監督職の『同一価値労働』を認定したもので、かつ高裁では一審判決を踏襲した和解で解決し、日本では立証が困難といわれた同一価値労働同一賃金原則を初めて採用した歴史的意義があり、その社会的影響と波及効果は大きい」[33]。

竹中恵美子は、労働組合における同一価値労働同一賃金要求の取り組みについて、さらに、次のように課題を示している[34]。

第 1 に、同一価値労働同一賃金原則は、職務内容を比較したうえで賃金の相対的水準の妥当性を判断するものであるから、賃金の絶対的水準を決定する原則にはなり得ない。「『絶対的な生活水準の下限』を規制する運動との結

31）屋嘉比ふみ子「ペイ・エクイティを女たちの手に」竹中恵美子・関西女の労働問題研究会『竹中恵美子の女性労働研究 50 年』第 II 部所収、238 ～ 239 頁。

32）判決は『労働判例』813 号に掲載されている。

33）竹中恵美子・関西女の労働問題研究会著『竹中恵美子の女性労働研究 50 年』第 II 部、238 頁。

34）同上書第 I 部、103 ～ 105 頁。

合なしには意味をもたないことは胆に銘ずべきであろう」。

　第2に、職務評価が企業内ベースで行われる限り、企業間・産業間の賃金格差は解消しない。「企業の枠を超えた職種別の横断賃率、"労働の社会的格づけ"をめぐる産業別労使交渉機関の設置などが構想される必要があろう」。

　第3に、職務評価技法の問題がある。「職務評価の方法、システム、異議申し立てなど、その制度整備に向けた運動が大きな課題である」。

　第4に、賃金差別には同一価値労働に対する差別賃金と、雇用上の職務分離による昇進や職能教育等の差別とが複合している。「男女賃金格差の解決への道は、賃金と雇用の両側面からの差別是正への課題をもっている」。

第Ⅲ節　アンペイド・ワークとペイド・ワーク

1　人間の生産＝再生産としての家事労働

　竹中恵美子の仕事を多年にわたりみてきた伍賀偕子は、「竹中恵美子への聞き書き」のなかで、竹中がいう「女性の経験を理論化する」ということについて、こう説明している。

　　〔子どもの〕乳児期には授乳しながら学術書を読み、幼児期にはひたすら早く寝てくれることを願い、寝かしつけてから自分の睡眠時間を削って研究を続けた。講義でノートを開くと子どもの落書きが目に飛び込んできて苦笑するという日々を振り返り、子どもに悪いことをしたと。……彼女自身の働く女性としての経験を研究対象にして、経済学の領域に"家族"を結びつけ、市場と家族をつなげ、女性労働のジェンダー分析の草分け的存在として、研究を続けてきた……。「性役割分担を組み替える社会政策をもたない限り、実質的な平等はない」という主張は、男女雇用機会均等法における「"機会の均等"論の落とし穴」についてや、労基法の保護規定全廃についての評価に貫かれていて、明快であるだけでなく、何よりも現場で苦悩している圧倒的多数の女性労働

者の実態を見据えての提言である[35]。

　竹中恵美子は家事労働（アンペイド・ワーク）を大切なものと考えている。家事労働は解体されるべきものではないし、安易に市場化（商品化）されてよいものではない。竹中は、家事労働は人間の生産＝再生産そのものであって、生活時間のなかに家事労働を正当に位置づけること、そのためには職業労働（ペイド・ワーク）の時間を短縮することが必要なのだと主張した。竹中が家事労働について本格的に論じ始めたのは、論文「家事労働の経済的評価」（1976年）においてである[36]。このことについて、竹中は次のように述べている。「拙稿では次のように述べた。『家事労働が女性の抑圧の物質的基礎であることをやめ、真に創造的な労働力の再生産としての意味をとり戻すには、（中略）その手だてとして、家事労働を二つの領域に分けて考える必要があろう。一つは、家事労働の中で個人がおこなう、自由で自主的な生活活動という領域であり、二つは、それとは対照的に、社会的な共同労働として、外部化すべき領域である。第一の領域は、（中略）新しい生活文化を創造する自由な労働の権利として、生活時間のなかに位置づける必要がある』と。権利として位置づけるということは、この家事労働を社会的に必要な労働として評価するということにほかならない。その場合、これが男女両性の権利であることはもちろんであるが、その社会的評価方法は、生活時間確保のための労働時間短縮要求（つまり、時間の二分法─労働と余暇─から、三分法─労働と家事と余暇─へ）へと具体化されなければならない[37]。

　竹中は、上記の論文ののち、「労働力再生産の資本主義的性格と家事労働──家事労働をめぐる最近の論争によせて」（1980年）、「家事労働の価値観」（1987年）、「現代家族と家事労働──歴史の流れの中で考える」（1994

35）伍賀偕子「〈竹中恵美子への聞き書き〉怒りが私の変革の原動力」竹中恵美子・関西女の労働問題研究会著『竹中恵美子の女性労働研究50年』第Ⅱ部所収、253〜255頁。

36）竹中恵美子「家事労働の経済的評価」『ジュリスト 増刊総合特集 No.3 現代の女性─状況と展望』有斐閣、1976年所収。竹中恵美子『戦後女子労働史論』有斐閣、1989年の第3章および、『竹中恵美子著作集Ⅱ　戦後女子労働史論』第3章に収録。

37）竹中恵美子・関西女の労働問題研究会著『竹中恵美子の女性労働研究50年』第Ⅰ部、133頁。

258

年）を書き、さらに、90年代に入ってからの家事労働をめぐる論争を受けて、「家事労働論の新段階——アンペイド・ワークとその社会的評価」（1996年）、「家事労働論の現段階——日本における争点とその特質」（2002年）と、家事労働を主題にした論文を書き続けた[38]。

　竹中はいう。「私が論じたよりよい生活のための家事労働時間確保論は、あくまで家事労働社会化論のコンテクストの中で議論したものであり、女性役割あるいは内助の功としての家事労働の重視とは根本的に異なる。『問題は、家事労働自体が解体すべき対象なのではなく、家事労働が女性抑圧の基盤となってきた社会的なありよう、つまりそれが社会的に必要不可欠な労働であるにもかかわらず、見えざる労働としてきた市場と家族への労働世界の分裂、しかも見えざる労働を女性役割としてきた家父長制構造こそが解体すべき対象なのである。したがって必要なことは、家事労働を『見えない労働』から『見える労働』へ転換していくこと、しかもこの労働を女性役割としてきた構造から解き放つことである』……」[39]。

　戦後日本の「福祉国家」の基本戦略は、「完全雇用」とそれにより確保される財源にもとづく「社会保障」という枠組みによるものであったといえるが、そこでの「完全雇用」はあくまでも男性稼ぎ手についての完全雇用であり、「社会保障」は男性稼ぎ手を世帯主とする賃金労働者家族を単位とし

---

38) 竹中恵美子「労働力再生産の資本主義的性格と家事労働—家事労働をめぐる最近の論争によせて」『経済学雑誌』第81巻第1号、1980年所収。同「家事労働の価値観」『かんぽ資金』1987年7月号、簡保資金研究会、1987年所収。以上の2論文は竹中恵美子『戦後女子労働史論』第2章、第3章付論および、『竹中恵美子著作集 II 戦後女子労働史論』第2章、第3章付論に収録。同「現代家族と家事労働—歴史の流れの中で考える」三田市教育委員会編『平成5年度 第5回三田市民大学報告書〈現代家族〉を読む』湊川女子短期大学、1994年所収。同「家事労働論の新段階—アンペイド・ワークとその社会的評価」西村豁通・竹中恵美子・中西洋編『個人と共同体の社会科学』ミネルヴァ書房、1996年所収。同「家事労働論の現段階—日本における争点とその特質」竹中恵美子・久場嬉子監修『叢書 現代の経済・社会とジェンダー』第1巻（久場嬉子編『経済学とジェンダー』）、明石書店、2002年所収。
　　以上の3論文は『竹中恵美子著作集 VI 家事労働論（アンペイド・ワーク）』明石書店、2011年の第2章、第3章、第5章に収録。
39) 竹中恵美子・関西女の労働問題研究会著『竹中恵美子の女性労働研究50年』第I部、133〜134頁。

て設計されたものであった。1980年代から90年代に大きく進展したフェミニズム経済学は、この「完全雇用」や「社会保障」の姿を経済学研究の場で明らかにし、従来の経済学には家事労働を分析する視点も、個人単位の社会保障に着目する視点も決定的に欠落していたことを明らかにした。竹中は、論文「新しい労働分析概念と社会システムの再構築—労働におけるジェンダー・アプローチの現段階」（2001年）を書き[40]、そのなかで、現代フェミニズムによって提起された労働分析のための新しい視点を次の5つにまとめて提示した[41]。

　第1に、労働概念にペイド・ワークだけでなくアンペイド・ワークをも含める。

　第2に、「時間利用調査（time use survey)」において、ペイド・ワークと余暇の二分法からペイド・ワークとアンペイド・ワークと余暇の三分法への転換を図る。

　第3に、家事労働に含まれるケア（育児、介護など）の性格とその社会化についての議論を深め、「ケアする権利、ケアされる権利」という概念を提起する。

　第4に、アンペイド・ワークの社会的評価すなわち市民権（公的援助制度に基づく社会保障および社会福祉に対する権利）を確立し、アンペイド・ワークのジェンダー・フェア化をめざす。

　第5に、家事労働に関する新たな分業関係（家事労働の底辺労働者への押しつけ）の問題が生まれていることについての議論を提起する。

　そして、竹中恵美子は、資本のグローバル化＝労働力の再生産のグローバル化の進展を見据えたうえで、次のように述べている。「1990年代半ば以降は……真の男女平等のためには、PW〔＝ペイド・ワーク〕とUW〔＝アンペイド・ワーク〕を性に偏りのないように、社会システムを構造調整すべき

---

40) 竹中恵美子「新しい労働分析概念と社会システムの再構築—労働におけるジェンダー・アプローチの現段階」（2001年）竹中恵美子・久場嬉子監修『叢書 現代の経済・社会とジェンダー』第2巻（竹中恵美子編『労働とジェンダー』）、明石書店、2001年所収。『竹中恵美子著作集 VII 現代フェミニズムと労働論』明石書店、2011年の第5章に収録。
41) 竹中恵美子・関西女の労働問題研究会著『竹中恵美子の女性労働研究50年』第I部、112〜115頁。

だとする議論が前面に押し出されることになる。この過程で無償の家事労働概念は、世界的にもっと多様な形でかつ膨大に存在するUW（自給農業の中の生活維持活動、自営業における家族労働、ボランティア活動など）概念の中に含められ、グローバルな視野でUWと女性との構造的関わりを規定している社会システムそのものを変革する議論へと発展しつつある。

こうして、ジェンダー・アプローチは国民国家を超える議論を準備してきたといえるであろう」[42]。

2　ワークシェアリング

2000（平成12）年に入る頃から日本で「ワークシェアリング」の議論が台頭した。ヨーロッパにおいてすでに議論が進んでいたワークシェアリングは、職場と家庭とにおける男女平等を実現するために考え出された、労働のフレキシビリティをつくる社会システムである。ところが、日本でのワークシェアリングは、単に「雇用の維持・創出を目的として、労働時間の短縮を行うもの」とされ、経営者側が進めた議論の方向は、労働時間の短縮にリンクさせて雇用形態の多様化（契約、派遣、パートなど）を進め、賃金総額の抑制に利用しようとするものであった。

正規雇用労働者を非正規雇用化することまでもがワークシェアリングと呼ばれる状況を、竹中恵美子は厳しく批判し、「シェアすべきワークとは一体何をいうのか、ワークシェアリングが目的とするのは何か」と問うた。竹中はいう。「ヨーロッパではオイル・ショック以降、深刻な失業問題が蔓延し、労働のフレキシビリティが要求されて労働市場が流動化しました。しかしそのような中で、人間らしい生活の質の確保が労働者側から要請され、国連やEUも、男女平等政策による雇用と、家族責任における男女の平等を求めました。それらがワークシェアリング進展の背景にあり、このことが日本のワークシェアリングとの違いをつくり出している」[43]。

---

42) 竹中恵美子・関西女の労働問題研究会著『竹中恵美子の女性労働研究50年』第Ⅰ部、117頁。
43) 関西女の労働問題研究会・竹中恵美子ゼミ編集委員会編『竹中恵美子が語る　労働と

　そこで竹中は、オランダのワークシェアリングを取り上げ、その特徴を次のように説明している。「オランダの場合は、従来の性別分業の社会システムそのものを変革する『生活革命』をビジョンとしているところに特徴があります。すなわち、ペイド・ワークにおける変革だけではなく、ペイド・ワークとアンペイド・ワークをトータルにとらえた変革となっています。これは、性別分業にとらわれない夫婦が、協働で育児と労働を両立させるという、新しい家族システムの創出を意味しています」[44]。

　男女が協働で職業労働と家事労働を両立させるためには、なによりも職業労働時間の弾力化が必要である。すなわち、それは、労働者が各自の生活の事情に合わせて、職場においてフルタイムで勤務するか、パートタイムとするかを自発的に選べる仕組みをつくるということである。従来型の稼ぎ手の男性の場合には、職業労働時間の短縮へ向かうことになる。この場合、前提条件が必要である。すなわち、竹中はいう。「これを実施するためには前提条件が必要です。それは、雇用と社会保障におけるパートとフルの均等待遇政策の実施です。これがなければ、パートを普及することが、劣悪な労働を拡大することになってしまいます。日本ではこの点が抜け落ちているといわざるをえません。オランダ労働連盟（FNV）も、労働形態を自ら選べる働き方の自由選択性の確立と、パートとフルの相互転換の自由を保障するための均等待遇の実現に力を注ぎました。日本のように、一度パートに変わると二度とフルには戻れないという状況とはまったく異なっています。もう一つは、パートであっても生活が保障されなければならないので、短い労働時間でも人間たるにふさわしい生活を営むことができ、個人の経済的自立が可能な水準に賃金を引き上げることが課題とされました」[45]。

　家事労働（アンペイド・ワーク）としてのケア労働をどのように扱うか。竹中は４つのシナリオを示す。第１のシナリオは、男性がフルタイム労働、女性がパートタイム労働という形のもとで、ケア労働は女性が担うというも

　　ジェンダー』ドメス出版、2004 年、140 〜 143 頁。

44）関西女の労働問題研究会・竹中恵美子ゼミ編集委員会編『竹中恵美子が語る 労働と
　　ジェンダー』ドメス出版、2004 年、145 頁。

45）同上書、145 〜 146 頁。

のである（現状維持型）。第2は、ケア労働の外部化＝ペイド・ワーク化は極力抑え、ケア労働を女性と男性とで平等に分担するというものである。この場合、ケアの時間を確保するために女性、男性ともにペイド・ワークの時間を制限する必要がある（割当型）。第3は、ケア労働の一部を外部化するとともに、ケア労働を女性と男性とで平等に分担するというものである（結合型）。そして第4は、ケア労働の外部化を進め、女性、男性ともにフルタイム労働に従事するというものである（外部契約型）。

オランダが選んだのは、第3の「結合型」である。つまり、第2の「割当型」と第4の「外部契約型」を結合させたものである。男性も女性も区別なく、フルタイムへの復帰が可能という条件のもとで、パートタイムで働き、ケアを分担する。そして必要に応じて有料のケア・サービスを利用するというものである。こうして、育児や看護・介護等のケアに従事する男女がともにパートタイムで働く場合には、「週4日就労（29〜32時間）、週休3日」とし、これを実現するために、フルタイムとパートタイムの間で均等待遇とし、高水準の最低賃金、両親の有給休暇、公的保育所や老齢・疾病者のためのケア・ホームの増設などの政策が進められた。また、所得税や社会保障における世帯主助成（税控除や扶養・介護手当支給）を廃止し、それに伴う税収分を個人単位で運用することと改められた[46]。

竹中は、ワークシェアリングについて次のように主張している。「ワークシェアリングは、あたかも失業問題の処方箋のように考えられがちですが、本来のワークシェアリングの理念は、働き方の自由・生き方の自由を高めることにあります。……効率至上主義の経済は、働く自由を拡大するのではなく、働かせ方の自由を限りなく拡大してきました。つまり、時間が雇い主のコントロールのもとに、働く者からどんどん奪われていく過程だったといえます。人々は生活に必要な時間を削り取られ、金銭を稼ぐことに翻弄（ほんろう）されてきたといえます（ましてや、金銭を稼げない人がさらに貧しい状態におかれてきたことはいうまでもありません）が、このように商品の奴隷になることが果たして本当に豊かなのか、という問いが発せられるようになったのでは

46）関西女の労働問題研究会・竹中恵美子ゼミ編集委員会編『竹中恵美子が語る 労働とジェンダー』148〜151頁。

ないでしょうか。

　その意味でワークシェアリングは、20 世紀の経済効率至上主義への反省から生まれた主張だったといってよいでしょう」[47]。

　そして、「ワークシェアリングの本質が、何よりも時間を働く者の主体に取り戻すことにあるとすれば、まずは社会のペイド・ワークとアンペイド・ワークをトータルに捉えたうえで、これを男女がフェアに担える条件をつくり出すことが不可欠」だ、と竹中はいう。その条件とは、「男性稼ぎ手モデル」の解体にほかならない。

3　男性稼ぎ手モデルの解体

　女性差別撤廃条約（Convention on the Elimination of all forms of Discrimination Against Women）が国連で採択されたのは 1979（昭和 54）年のことである（1981 年発効）。日本は 1985 年にこれを批准した。そして、1981 年には ILO が 156 号条約「家族的責任を有する男女労働者の機会及び待遇の均等に関する条約（略称：家族的責任を有する労働者条約）」（Convention concerning Equal Opportunities and Equal Treatment for Men and Women Workers : Workers with Family Responsibilities）を採択した（1983 年発効）。日本は 1995（平成 7）年にこれを批准した。これらにより、雇用（ペイド・ワーク）における男女平等と家庭において家族が担うべき責任（アンペイド・ワーク）の男女平等とは同時に実現されなければならないことが明確に示された。

　これまでの企業とりわけ大企業の職場は、総じてみれば、家事労働（ケア）をしない男性（＝ケアレス・マン）の正規雇用労働力と、家事労働を担い、その隙間の時間を利用してパートタイム労働に出る女性の非正規雇用労働力とによって構成されてきた。こうした状況が続く限り、家事労働の大部分を担う女性は、「自発的に」正規雇用労働市場から退却せざるを得ず、雇用における男女平等が実現しないことは明らかである。雇用における男女平

47）関西女の労働問題研究会・竹中恵美子ゼミ編集委員会編『竹中恵美子が語る　労働とジェンダー』152 ～ 153 頁。

等をめぐる政策的論議はどのように進んでいるのか。竹中恵美子は、そこで
の論点を次の３つにまとめている[48]。

第１は、労働者の標準モデルを世帯単位から個人単位とする。

第２は、機会の平等ではなく結果の平等を実現する。

第３は、家事労働を男女共有とする。

家事労働（ケア）をどう扱うのかにより政策全体が異なってくる。考え方
として、１つは、ケアをできる限り外部化するという方向がある。市場にゆ
だねるという方法（＝商品化）もあれば、公的セクターやNPOのような市
民的相互扶助にゆだねるという方法もあり得るが、いずれにしても家事労働
としてのケアを極力削減するというものである。もう１つの考え方は、ケア
のための社会的インフラ（保育施設、介護施設等）の整備を進めつつも、
「ケアする権利」・「ケアされる権利」を保障するという方向である。竹中は
後者の考え方を支持して、次のように述べている。「人間らしい自由な生活
や働き方の観点から、公的セクターの拡充とともに、両性にフェアに子育
て・介護をする権利を保障する方向が求められているのではないでしょう
か」[49]。上述したオランダの「結合型」であるといえる。

日本では1999（平成11）年６月に男女共同参画社会基本法が施行された。
しかしながら、種々の統計をみても、「ケアレス・マン」が多数派を占める
状況が依然として続いており、「男性稼ぎ手モデル」の解体への道のりは長
いといわざるを得ない。竹中は、「ほど遠いケアの男女個人単位化」と述べ
て、次のようにいう。「1980年代以降も制度・政策上一貫して『夫稼ぎ手モ
デル』が強固に維持されてきた日本では、ケア（保育であれ看護・介護であ
れ）は圧倒的に女性役割として構造化されており、意識のうえでもケアを男
女で共有化できないというのが現状です。……EUなどの先進例で見られる、
男女がそれぞれに稼ぎ手であると同時にケアの担い手であることを保障す
る『ケアの男女個人単位化』には、ほど遠いといわねばならないでしょう。
……日本の男女雇用平等政策は、理念上ようやく世界の流れのスタート・ラ

---

48) 関西女の労働問題研究会・竹中恵美子ゼミ編集委員会編『竹中恵美子が語る 労働と
　　ジェンダー』175 ～ 180 頁。
49) 同上書、181 頁。

インに立ったに過ぎません。いかに内実を持った政策に具体化できるかは、日本の福祉国家をいかに構築していくのか、政治・経済体制のありようとも深く関わっているといわねばならないでしょう」[50]。

　働く者一人ひとりがアンペイド・ワークとペイド・ワークとのバランスをとることを可能にする社会保障制度、社会システムがなんとしても必要なのである。

むすび
──ディーセント・ワークをめざして

　竹中恵美子は、また、1990年代から、一人暮らしの高齢者（65歳以上）が急速に増大していること、しかも圧倒的に女性が多い状況に目を向け、高齢女性の貧困の問題と合わせて女性の経済的自立が喫緊の課題であることを論じてきた。竹中はいう。「〔高齢者の〕個人所得の平均では、男性303.6万円に対し、女性は112.4万円。所得のない高齢者は男性4.4％に対し、女性は16.5％、これが75歳以上になると、女性は約二割（19.1％）に達しています。こうした高齢女性の貧困化が、若い時代の経済的に自立しえない現状と密接に連動しているとすれば、なおさら女性の労働権の確立と、女性の経済的自立を阻む性別分業を超えた新しい社会システムをどのように創るかは、差し迫った課題となっているといわざるをえないでしょう」[51]。

　こうした竹中恵美子の主張に呼応するようにして立ち上げられたのが、高齢社会をよくする女性の会・大阪である。1993年に設立された。竹中は1994年から2001年までの間、この会の代表に就いた。副代表を務めた山田芳子は、竹中と出会ったことについて回想して、こう述べている。

　　私はきわめて平凡に主婦生活を送り、きちんとした専門のテーマをもつ大学教授とは、なんら接点もないはずであった。きっかけは1975年

50）関西女の労働問題研究会・竹中恵美子ゼミ編集委員会編『竹中恵美子が語る　労働とジェンダー』186〜187頁。
51）同上書、200〜201頁。

の国際婦人年であり、女性運動の大きなうねりをもたらした「国連女性の10年」である。全世界の女性の心を動かした地位向上への希求は、世界から国へ、地方自治体へと広がり、連動し、私たちの身近なものになってきた。

1980年、大阪府は女性の地位向上と差別撤廃への第一歩として「女性問題アドバイザー養成講座」を実施した。約60単位におよぶ講座の内容は、府内外の女性の意欲を刺激し、第1期の受講希望者は定員の10倍に達したと聞いている。私は第2期の養成講座に応募し、10月から翌年3月までの半年間、女性に関して生理、法律、家族の現在、労働環境の問題、経済上の男女の差異など、午前、午後と一日4時間、週2日、多角的に勉強をした。……

その講座で竹中先生を知る機会を得たのだ。もし、あのアドバイザー養成講座がなかったら、竹中先生とは永久に無縁のままであったかもしれない。そう思うと、当時居住していた貝塚から1時間半かけて、上町の婦人会館まで週2回通った頃の決意がうれしく思い出される。

講座を終了後、数人の仲間ともう少し勉強を深めようと、「家族問題研究会」をつくり、周囲の人々からアンケートをとるなど、関心の領域を広げていった。大阪市大の竹中講座へ、もぐりで聴講に行く機会があり、学生に混じり講義を受けもした。社会構造の中でも労働環境における明らかな男女の違い、主婦のアンペイド・ワーク、経済的構造からくる男女の歴然とした格差など、女性の置かれている状況を理論的に、しかもやさしく講義なさる竹中先生の授業は私の心に沁みとおり、いまだにものごとを考えるときの原点になっている[52]。

1999年に、ILO は21世紀の目標として「ディーセント・ワーク（decent work）」を提起した。伍賀偕子は、これを「人間としての尊厳が保障される生活と働き方」と言い換え、そして、こう語る。

52）山田芳子「『高齢社会をよくする女性の会・大阪』と竹中恵美子」竹中恵美子・関西女の労働問題研究会著『竹中恵美子の女性労働研究50年』第Ⅱ部所収、218〜219頁。

　2002 年に開講した竹中恵美子ゼミ「労働とジェンダー」でも、当時書かれた論文でも、20 世紀のレイバリズム（労働主義）を超えて、ディーセント・ワークをめざす社会的システムと道すじが明確に語られた。

　私たち働く女たちは、「結婚しても子どもを産んでも働き続けられる権利を」のスローガンから、「男女ともに人間らしい労働と生活を」を主張してきた。それでも、現実には、ケア・ワークは「労働の障壁」だった。

　――それは経済至上主義に立つレイバリズム（労働主義）であって、ケアすることとケアを受けることは、人間のアイデンティティの一部であって、それを可能にする社会システムの変革が必要、ケア・ワークはディーセント・ワーク戦略の不可欠な要素である――

　このような竹中講義や論文は、私たちの胸にぴたっと響いた[53]。

竹中恵美子がゼミナール「労働とジェンダー」を終えて語った言葉を読んで、本稿のむすびとする。

　労働問題をジェンダーの視点からとらえるとは、既存の学問体系への挑戦であるということです。……既存の労働経済学は、女性の経験を理論化することのない男性本位の学問として発展してきました。つまり、労働問題をジェンダー視点から分析するということは、市場だけではなく、非市場領域における膨大なアンペイド・ワーク（UW）を視野におさめ、それを男女がフェアに担っていくための理論体系をつくることでもあります。それは決して女性のためだけの理論ではなく、21 世紀における男女にとって、人間として尊厳ある生き方（働き方）がいかに可能かを探る理論だということができます[54]。

53）伍賀偕子「女性労働運動・女性運動との関わり」竹中恵美子・関西女の労働問題研究会著『竹中恵美子の女性労働研究 50 年』第Ⅱ部所収、212 頁。
54）関西女の労働問題研究会・竹中恵美子ゼミ編集委員会編『竹中恵美子が語る 労働とジェンダー』208 頁。

　私は、竹中恵美子と仲間たちの著作を読み、そして話を聴いて、こう思う。女性が経済学と出会うとき——経済学は「経済人（ホモ・エコノミクス）」から解放され、人間のための学問として 蘇 る希望が立ち現れるのである、と。

　付記　本稿は、拙稿「竹中恵美子先生と仲間たち：経済学と出会うとき——ディーセント・ワーク（人間としての尊厳ある働き方）を求めて」『地域創成研究年報』第 6 号、愛媛大学地域創成研究センター、2011 年所収に加筆し、補正を加えたものである。

第 10 章

*

2つの「竹中セミナー」から共同学習への歩み

　1年間、毎月、竹中恵美子の系統的な講義を受けるという「竹中セミナー」
が、2000年代に2回も開講されたことは、第7章—Ⅳ節で述べているが、
ここでは、2回目のセミナーとその後の展開を中心に報告したい。

1年間の竹中恵美子ゼミを通して受講生が編集したテキスト
『竹中恵美子が語る　労働とジェンダー』

　1回目の竹中セミナーは、2002（平成14）年竹中が大学人生活を終えられ
て、どこに潜り込んでも竹中講義を聞けないという事態を迎えて、系統的な
学習と交流の場を設定したいという願いから、2002年1月から受講生募集
を始めた。当初じっくり学ぶために20名ぐらいのゼミ形式を考えて、1000
字の「受講動機」を課題としたが、40名を超える「熱い動機」が寄せられた。
いずれも選考しがたいほどの熱意を受けとめて、42名全員で開講した。90
分の講義30分の討議形式で行い、毎回高出席率で、討議交流時間も積極的
な参加で終始した。途中で、中間レポートや交流会も設定した。

- 開講時期　2002年5月〜2003年3月　第3金曜日18：30〜　於　ドーン
  センター
- 共　催　関西女の労働問題研究会／ドーンセンター（大阪府立女性総合セ
  ンター〈当時〉）
- 受講者　42名（労働組合・ユニオン役員、自治体の女性施策担当者、研
  究者をめざす人など）

● カリキュラム

第1回	5/17	①労働の中のジェンダー　②資本制経済のしくみとジェンダー
第2回	6/21	①資本制経済の発展と女性労働 ②「労働力の女性化」と家族的責任
第3回	7/19	①日本における女性雇用の現状　②その特質は何か
第4回	9/20	①日本的経営とジェンダー構造 ②パート労働法　家族賃金制度　税制・社会保障など
第5回	10/18	①コンパラブル・ワースとは何か ②賃金格差とコンパラブル・ワース運動
第6回	11/15	①経済のグローバル化と規制緩和 ②規制緩和に向かう労働法制と女性労働
第7回	12/20	①男女雇用平等政策の世界的流れ ②日本における政策的課題と問題点
第8回	1/17	①少子・高齢社会と性別役割分業の社会的非効率 ②女性の労働権確立にむけて
第9回	2/21	①ワークシェアリングとは何か ②オランダ・モデルから何を学ぶか
第10回	3/21	①いま　なぜ　アンペイド・ワーク（無償労働）か ②新しい社会システムのための政策的課題

　これほど系統的な講義を自分たちが学ぶだけではもったいない、どこででも独学で学べるテキストを刊行しようと、受講生による編集委員会を立ち上げて出版したのが、『竹中恵美子が語る　労働とジェンダー』（関西女の労働問題研究会・竹中恵美子ゼミ編集委員会編／ドメス出版、2004年8月）である。

　テキスト刊行だけでなく、受講生が女性労働運動や市民運動のリーダーとして今も活躍していること、また、数人が研究者として、大学教育に携わっていることを大きな喜びとして報告したい。

　テキストの出版以降も、数年間「自主ゼミ」として、学習交流が続いた。

2 回目のセミナーから
「フォーラム　労働・社会政策・ジェンダー」が誕生

　2 回目の竹中セミナーは、2010（平成 22）年 5 月〜 2011 年 6 月開催の「セミナー竹中恵美子に学ぶ〜労働・社会政策・ジェンダー」である。

　どの分野でもリーダーの高齢化が問題となっているなかで、次世代育成を目標として、「1 年間一緒に学び、エンパワーメントしませんか」と、次世代の参加を広く呼びかけて、70 名の受講者で、1 年間共同学習を続けた。

- 開講時期　2010 年 5 月〜 2011 年 6 月　第 3 金曜日 18：30 於　ドーンセンター

- 共　　催　「セミナー企画委員会」（9 名＝伊田久美子、植本眞砂子、木村涼子、伍賀偕子、清野博子、中原朝子、蜂谷紀代実、森屋裕子、山田和代）
　　　　　　財団法人大阪府男女共同参画推進財団（ドーン財団）
　　　　　　事務局＝関西女の労働問題研究会

- 受講者　70 名（労働組合・ユニオン役員、自治体の女性施策担当者、研究者をめざす人など）

- カリキュラム

第 1 回	5/21	A）講義を始めるにあたって B）フェミニスト経済学の登場とその意義について
第 2 回	6/18	A）資本主義経済の仕組みとジェンダー B）「労働力の女性化」とジェンダー
第 3 回	7/15	A）男女賃金格差について B）全電通の育児休職制度（1965 年協約）について
第 4 回	9/17	均等法成立と前後して行われた平等をめぐる三つの論争
第 5 回	10/15	日本的経営とジェンダー構造
第 6 回	11/19	経済のグローバル化と規制緩和
第 7 回	12/17	画期となる国連「北京世界女性会議」と「行動綱領」 〜いまなぜアンペイド・ワーク（UW）か
第 8 回	1/21	再燃する同一価値労働・同一賃金原則 〜コンパラブル・ワース（＝ペイ・エクイティ）の意義

第 9 回	2/18	労働におけるジェンダー・アプローチの現段階
第 10 回	3/18	セカンド・ステージに立つ家事労働論 〜「ケアレス・マン」を超えて
第 11 回	4/22	男女雇用政策のいま──世界の流れと日本
第 12 回 ＊	5/27	特別講演「現代フェミニズムと労働論」 〜竹中恵美子著作集刊行を記念して
第 13 回 ＊	6/17	上映会 『山川菊栄の思想と行動　姉妹よ、まずかく疑うことを習え』

＊　第 12 回と第 13 回は受講生以外にも広く呼びかけて開催した。

〈青本〉2004 年刊 /〈赤本〉2009 年刊

テキストは、・『竹中恵美子が語る　労働とジェンダー』（第 1 回セミナーから生まれた）（関西女の労働問題研究会／竹中恵美子ゼミ編集委員会編　ドメス出版、2004 年）・『竹中恵美子の女性労働研究 50 年─理論と運動の交流はどう紡がれたか』（竹中恵美子／関西女の労働問題研究会著　ドメス出版、2009 年）

　いずれも竹中恵美子と受講者・仲間たちが共同で制作した自前のテキストである。同じデザインで色違いの表紙なので、先のを青本、後のを赤本と呼んでフルに活用した。

　竹中講師は、これらに加えて、毎回丁寧なレジュメと資料を準備されて、80 歳を超えた人とは思えない凛（りん）とした声で、80 分間立ったまま講義された。

　さらに、講義のあと、9 名の企画委員がそれぞれのキャリアを活かしてコメンテーターの役割を果たした。感想アンケートでは、それらのコメントも新鮮だったと関心を呼んだ。

　そして、このセミナーを終えて、企画委員に若手世代の受講生が加わって、恒常的な学習交流組織として「フォーラム　労働・社会政策・ジェンダー」が 2011 年 9 月に誕生した。

「フォーラム 労働・社会政策・ジェンダー」の活動
（〜2019年春まで）

　新しく誕生した「フォーラム 労働・社会政策・ジェンダー」の呼びかける例会は、2011（平成23）年9月、「子ども手当」の学習討議から始まった。

2011年9月〜2015年10月の例会

日時	テーマ	講師
2011 9/30	「子ども手当」本当に無くしていいのか	北　明美 （福井県立大学教授）
12/8	激論 子ども手当とペイエクイティ、育児サービス—バッシングをのりこえて	北　明美 （福井県立大学教授）
2012 4/20	財政とジェンダー	只友景士 （龍谷大学教授）
10/5	賃金のジェンダー平等を求めて—同一価値労働同一賃金原則の歴史と展望	居城舜子 （女性労働研究、前常葉学園大学教授）
2013 7/12	竹中恵美子著作集を読む—竹中理論における年功賃金批判のいくつかの特質について	北　明美 （福井県立大学教授）
10/29	竹中著作集を手掛かりに考える—介護・保育の市場化問題と児童手当の命運	北　明美 （福井県立大学教授）
2014 2/28	今、なぜアーレントなのか？—映画「ハンナ・アーレント」に蔓延する『悪の凡庸さ』	志水紀代子 （追手門学院大学名誉教授）
5/30	厚生労働省の「自助・共助・公助」の特異な新解釈を批判する—選別型から皆保障型社会保障をめざして	里見賢治 （佛教大学教授、大阪府立大学名誉教授）
9/12	今こそ考えたい「女性のからだと仕事」①歴史編　敗戦直後を切り拓いた働く女性たち—勤婦連の人々の活動を中心に	伍賀偕子（フォーラム運営委員、元関西女の労働問題研究会代表）
10/24	今こそ考えたい「女性のからだと仕事」②現在編　経済効率、強者優先の時代に—女性のこころとからだ	北田衣代 （産婦人科医・きただ女性クリニック）

日時	テーマ	講師
2015 2/27	今こそ考えたい「女性のからだと仕事」③ 未来編　経済効率、強者優先の時代に―国が何故こんなに女性のからだに口出しするのか？	北田衣代 （産婦人科医・きただ女性クリニック）
5/22	北京会議から20年　私たちの到達点と課題 第1回　男女共同参画施策を検証する	森屋裕子 （フォーラム運営委員、前尼崎市女性センター・トレピエ所長）
9/4	北京会議から20年　私たちの到達点と課題 第2回　労働法制の規制緩和とディーセント・ワーク	幸長裕美（弁護士）
10/9	北京会議から20年　私たちの到達点と課題 第3回　岐路に立つ社会政策とジェンダー―少子化社会対策大綱と第4次男女共同参画基本計画素案を読む	北　明美 （福井県立大学教授）

　毎回、コメンテーターを配置し、討議内容のレポートを認定NPO法人ウィメンズ アクション ネットワーク（WAN）に投稿して、広範な人たちと共有した。

　もちろん、竹中先生は、すべての回に参加されて、進行係の指名を受けて、印象深い感想を述べられた。

　各講座と討議内容は、『例会報告集』（2016年）に収録（1000円＋送料）。申込先は tnforum2013renraku@gmail.com

竹中恵美子著作集完成記念シンポジウムを全国に呼びかけて開催

　2013年2月2日（土）13：30〜於　ドーンセンターパフォーマンススペース

　主催は当フォーラムだが、全国的規模で100名近い方々が集われ、次世代の研究者・院生や女性運動現場から、多彩な顔ぶれだった。また、一般財団法人 大阪府男女共同参画推進財団（ドーン財団）の共催も得て、終了後、ドーンセンターに設置されている「竹中文庫」の見学も行った。

◇講演　・竹中「労働の経済学」の今日的意義と著作集刊行に寄せて

　　　　　　　　　　　　　　　久場嬉子（東京学芸大学名誉教授）

　　　　・竹中理論と社会政策―著作集第Ⅴ巻『社会政策とジェンダー』
　　　　　を中心に
　　　　　　　　　　　北　　明美（福井県立大学教授）
　　　　・竹中理論と経済学の革新　松野尾裕（愛媛大学教授）
　　　　　コーディネーター　　　　伊田久美子（大阪府立大学教授）

◇「シンポジウム報告集」の発行

　３人の研究者の特徴ある講演と豊かな討論内容をまとめた「報告集」を５月 20 日に発行した。同時期に開催された第 126 回社会政策学会大会におけるジェンダー部会の「竹中理論の諸相」分科会に参考文献として配布することができたことを嬉しく思う。

例会報告集「いま、この時代に働くこと 生きること
　　　　　　―ディーセントワーク実現をめざして」
　　　　　の出版と記念シンポジウム

　2011 年９月のフォーラム発足以来、公開の例会を 14 回重ねてきたが、竹中恵美子先生から、「多彩な講演と討議内容を記録に残すように」という助言を受けて、運営委員全員で記録化する作業に取り組んだ。Ａ４判 140 頁の

表題の報告集が完成したのは、2016 年７月。出版に必要な経費の捻出が大きな問題だったが、「2016 年度きんとう基金活動助成金」*を受けることができて、出版と記念シンポジウムを実施することができた。

　「きんとう基金」に対して、心からの謝意を表したい。

*きんとう基金活動助成金　女性運動の発展に寄与する活動のために全石油シェル労働組合によって提供された「きんとう基金」の運営の一部として設けられた。

いま、この時代に働くこと 生きること
～ディーセントワーク実現をめざして

2回の記念シンポジウムは以下の通りである。

◇いま、この時代に働くことと生きること
　　―ディーセントワーク実現をめざして　Part1
　2016年7/23（土）13：30～ 於 ドーンセンター
　・「安倍政権の"社会政策"―その功罪と女性」
　　　　　　　　　　　　　　　　　　北　明美（福井県立大学教授）
　・「女性活躍推進法でディーセントワークは実現するか」
　　　　　　　　　　　　　　皆川満寿美（早稲田大学ほか非常勤講師）
　・「例会報告集」出版報告　　　堀あきこ（フォーラム運営委員）

◇いま、この時代に働くことと生きること
　　―ディーセントワーク実現をめざして　Part2
　2016年11/19（土）13：30～ 於 エルおおさか南館
　・「労働規制緩和と雇用差別」　　　　　大橋さゆり（弁護士）
　・「貧困・格差問題から見た『働き方改革』」
　　　　　　　　　　　　　藤原千沙（法政大学大原社会問題研究所）

　2回のシンポジウムでの到達点としては、安倍政権の社会政策・労働政策・施策を具体的に検証することで、「ディーセントワークをめざし、すべての女性が基本的人権を享受できる社会を実現する」ための課題に迫る学習と討議を共有化できた。
　出版記念とともに、フォーラム発足5周年の記念事業にもなった。

竹中恵美子米寿記念シンポジウム
「不平等と生きづらさ―人間らしく働けない社会に挑む」

2017年9月10日（日）13：30～17：00 於 ドーンセンター セミナー室2
　◇シンポジウムの呼びかけチラシには、次のように趣旨をアピールしている。
　　非正規労働、低賃金、不安定雇用……人とは本来、「生きるために働け

る」べきなのに、近年の状況は、まさに「働くために 生きている」ようなもの。どうして、人は人間らしく働くことが難しいのか。「企業が活躍しやすい社会」では、人間らしい働き方など求めてはいけないのでしょうか。

しかし労働経済学の歴史をひもとくと、現代の「しんどさ」を読み解く多くの言葉と出会うことができます。労働力商品化体制、ジェンダーとアンペイド・ワーク、同一価値労働同一賃金……。

本会では、資本主義経済と性別役割分業との関係、人間らしく働くことができない構造の問題を古くから論じてこられた竹中恵美子先生の米寿を記念し、現在の日本の現状からあらためて竹中理論と向き合い、男女ともに「生きづらい」社会のしくみを考えたいと思います。「生きづらさ」をお持ちの方も、そうでない方も、ぜひお気軽にご参加ください。

◇プログラム

第1部「竹中恵美子が提起してきたこと」

　・「竹中理論の戦略：その歴史性と現代性」

　　　　　　　　　松野尾　裕（愛媛大学教育学部教授）

　・「竹中恵美子の同一価値労働同一賃金論とフェミニズム」

　　　　　　　　　北　明美（福井県立大学看護福祉学部教授）

第2部「私たちはどう受け止めた？　どう繋げる？」

　　　　　　参加者からの報告と討論

　　　特別報告・WISH「均等法がとりこぼした『平等』を問い直す

　　　　　　　　　　―大阪の女性労働運動に着目して」

第3部「米寿を共に祝う」各界からの祝辞　竹中先生から一言

『たたかいつづける女たち
　＝均等法前夜から明日へバトンをつなぐ』上映会

2017年12月1日（金）18：30～ 於 大阪市大文化交流センター大セミナー室

2017年に完成した山上千恵子監督の『たたかいつづける女たち＝均等法前夜から明日へバトンをつなぐ』は、男女雇用機会均等法成立前後の女性た

ちの思いやたたかいを記録した貴重なドキュメント映画である。そのなかには、竹中先生と関西の女性労働運動も登場している。均等法を知らない若い世代に向けて上映会を開催するには、どのようなやり方がいいのか、運営委員会で議論し、各方面に相談した結果、古久保さくら・大阪市立大学教授のご尽力で、「大阪市立大学人権問題研究センター第4回シネマ de 人権」として、2017年中に開催することができた。

　共催は、当フォーラムで、ACW2（働く女性の全国センター）と、いこ☆る（働く女性の人権センター）から協賛を得た。

　上映会の後、話題提供をフォーラムの伍賀偕子が担当し、山上千恵子監督のご来場を得てコメントを受けた。

　新たな開催形態の試みで、従来の範囲を超える方々の参加をえて、多彩な感想・交流ができた。

シンポジウム　働き方改革をジェンダー視点で斬る
　―人間らしい働き方と生活は実現するのか

2018年4月7日（土）13：30〜 於 大阪ドーンセンター大会議室

　安倍首相は、「今国会を働き方改革国会にする」「70年ぶりに労働基準法を改正する」と宣言し、労働基準法や労働契約法など、8本の法律の改定案が一括して提案された。

　一括審議されるこの法案は、私たちがめざすディーセントワーク、女も男も人間らしい労働と生活に近づくものなのか、政財界の戦略や、規制緩和の変遷が労働者に何をもたらしたのかを検証し、この一括法案にどう立ち向かうかを学ぶために企画した。

　・基調講演　　「働き方改革関連法案を斬る
　　　　　　　　　　〜規制緩和の変遷をふりかえって」大脇雅子（弁護士）
　・シンポジスト　「母子世帯の労働から」田宮遊子（神戸学院大学准教授）
　・報告　　　　　「女性労働者の現場から」

　　　　　　　　　　　　　　　いこ☆る（働く女性の人権センター）

　・質疑討論

2019 年セミナー

2019 年 2 月 9 日（土）13：30 ～ 於 大阪ドーンセンターセミナー室
講演　「選別しない社会へ──社会保障とお金の話」

北　明美（福井県立大学教授）

　安倍首相のいう「全世代型社会保障」の企図を分析することから、社会保障の基礎理論が提起されて、全体討議を行った。

　タイムリーな企画だったとアンケートへの回答が多く寄せられた。

　2019 年の秋は、本書第 1 章の報告のように、竹中恵美子卒寿記念フォーラムを開催した。

運営委員会内部学習交流会

　上記の各取り組み以外に、運営委員会内部で、読書会、学習交流会などをほぼ 2 カ月ごとに開催して、互いにエンパワーした。

　テーマとしては、労基法改悪の歴史、パート労働法の歴史と検証をはじめ、話題となっている論文・書籍の読書会──最近では、大森真紀「女性労働問題と政治」（『女性展望』市川房枝記念会女性と政治センター連載）。

　また、各運営委員の自分史や活動発表なども重ねて、交流を深めてきた。

　以上、2 つの「竹中セミナー」が生んだ「共同学習の場」を大切な共有財産として育て、より広い人々にも共有していただけるようにと願っている。

（要約＝伍賀偕子）

竹中恵美子の自分史

第 11 章

*

竹中恵美子への「自分史 聞き書き」

竹中恵美子先生の「自分史 聞き書き」は、現時点で確認できるかぎりでも以下が挙げられる。

A) 井上理津子「女性労働を研究する経済学者」(『大阪おんな自分流
　　　　　　　　　　　—扉を開けた 8 人の肖像』ヒューマガジン、1998 年)
B) 泉　耿子「おおさかの女 100　ドーンセンター館長 竹中恵美子さん」
　　　　　　　　　　　　　　　　(『大阪春秋』No.122、2006 年春号)
C) 『変革期に生きる女たち—次世代に語り継ぎたいこと』
　　　　　　　　　　　　　　　(竹中恵美子ドーンセンター館長退任記念、
　　　　　　　　　　　　　　　ウィメンズブックストアゆう、2008 年)
D) 「竹中恵美子への聞き書き　怒りが私の変革の原動力」
　　　　　　　　　　　(『竹中恵美子の女性労働研究 50 年』ドメス出版、2009 年)

　これらには今では入手自体が難しいものもあるが、本章ではそれらの内容を踏まえた直近の D) を再録するとともに、本書刊行にあたって、改めてお聞きした内容を後半に追加することとした。

　そこでは、日頃の端正なたたずまいからは想像できないような私生活での苦闘と、スポーツやダンスを好まれたなどの意外な側面が、竹中先生自身の言葉で率直に語られている。

〈再録〉「竹中恵美子への聞き書き─怒りが私の変革の原動力」
『竹中恵美子の女性労働研究 50 年　理論と運動の交流はどう紡がれたか』
第 2 部（ドメス出版、2009 年）より再録
　　本記録は、関西女の労働問題研究会のメンバーが、竹中恵美子の「女
性労働研究 50 年」を振り返るお話だけでなく、ピーンと筋の通った生
きざまを、個人史にも踏み込んでお聞きしたいと、聞き書きに取り組ん
だものをまとめたものである。以下、「本書」、「第 1 部」の記述は、『竹
中恵美子の女性労働研究 50 年』を指す。

〈再録〉

竹中恵美子への聞き書き
──怒りが私の変革の原動力

　　私たちはいままで、竹中さんの著述や講演に数えきれないほど接し、数々
の運動の場でもご一緒して、触発され続けてきた。私的なことを日頃はほと
んど話されないので、研究生活や結婚・家事・育児等の悩みやご苦労につい
て推察するだけだった。本書で研究生活 50 年を振り返るにあたって、ピー
ンと筋の通った生きざまを、個人史にも踏み込んでお聞きしたいと、聞き書
きにも取り組んだ。ご一緒した期間は長くても、どこまで踏み込めたか、心
もとないが、以下の優れたインタビューに負うところが多かったので、謝し
て挙げさせていただく。
• 井上理津子著「女性労働を研究する経済学者」（『大阪おんな自分流─扉を
　開けた 8 人の肖像』ヒューマガジン、1998 年）
• 泉耿子「おおさかの女 100　ドーンセンター館長　竹中恵美子さん」（『大阪
　春秋』No.122、2006 年春号）
　　なお、パートナーの姜在彦さんについては、研究や在日朝鮮人運動におい
て多大なご業績とご労苦があったことと拝察するが、竹中さんとの共同生活
にしぼったので、大変失礼な記述になっていることをお詫び申しあげたい。

　また、子育てに関しても、研究者としてのご子息の人格を考えて、あえてお名前も挙げていないことをお許し願いたい。

(a) 人生における4つの出会い

　竹中恵美子は1929（昭和4）年11月19日、岐阜県大垣市にて、父竹中昇三・母登志子の次女として誕生。堺の市尋常小学校を卒業後は、母が病弱なため、祖父母が在住の岐阜・大垣へ移り、1942年に県立大垣高等女学校に入学、住友電波兵器工場へ学徒動員という戦時下の少女時代を過ごす。空襲にあっても天皇のご真影（写真）を守らねばという軍国少女が4年生の夏に敗戦を迎えた。「これからは自由にものが言える時代になると思った」と。

　翌年1946年1月に、一つの大きな出会いがあった。公民担当の先生から経済学者河上肇の『貧乏物語』の話を聞いた。「貧困」を経済学的に説明したマルクス経済学者で、京大教授であった河上先生は、1933年から4年間獄中にあり、敗戦後の社会復帰の希望もむなしく、1946年1月30日に死亡。その直後に河上先生の生きざまを聞いたのが、竹中の進路に大きく影響したのだった。これからは国に生き方を強制されるのでなく、どう生きていくか自由だと16歳の少女に、可能性が輝いた。戦争がすぐれて経済的要因によるものだと知った彼女は、リベラリストだった数学教師の父親と同じように漠然と数学をと思っていたのを進路変更して、1946年4月、大阪府女子専門学校（現在は大阪女子大を経て大阪府立大学）に進学し、経済学を専攻する道を選んだ。大阪市住吉区帝塚山にあった学校の運動場は、戦時中の芋畑のままで、モンペを穿いて貨車通学だった。入学の年1946年4月10日、初めて女性参政権が行使されて、39人の女性議員が誕生し、胸が高鳴る日々だった。

　二つ目の出会いは、敗戦直後、学生運動や労働運動が高揚していくこの時期に、社会科学研究会で、近辺の男子校（旧制高校）の学生と議論を交わしたこと。国民一丸となって戦争協力と思い込んでいたが、命をかけて抵抗していた人がいたことを知った彼女は、砂地に水が吸収されるような勢いで、価値観が変わっていった。なぜ自分は戦争中にそのことを知ろうとしなかったのか、知らされなかったというのは言い訳でしかないのではと、無念な思

いが募った。これからは、新しい日本を自分たちで創らねばと熱く燃えた。

　1947 年 11 月朝日新聞主催の学生（大学・高専校）討論会で、近畿代表（3
人 1 組）となり、全国大会（於明治大学、地方代表 10 校出場）に出場し、
貿易再開、死刑廃止、二院制などのテーマを論じた。優勝はしなかったが、
"女子でもこれほどまでできるのかと驚嘆した"という男性選考委員の講評
に、評論家の松岡洋子さんが怒って退席したという逸話もあった。

　2 回生のときに学生自治会が結成され、初代会長となって、大学管理法案
反対・授業料値上げ反対等、大学当局に毅然とものし、1948 年東京での
全学連結成大会に参加した。当時の労働運動・学生運動の高揚は、第 1 部で
記述されているが、「将来は政治の道に」の思いも湧くほど意識が高揚して
いた。

　経済学をもっと研究したいと思い、1949 年、戦後初めて女性にも門戸が
開放された大阪商科大学学部（現 大阪市立大学商・経・法・文学部にあた
る）に進学した。男性 216 人、女性は 3 人だった。「戦時中の商大事件*で
獄中にあった先生方が大学に戻り、リベラルな学風にあふれていた」と語
る。

　　*1943 年から 45 年初め、大阪商科大学の教員・卒業生・学生ら数十名が治安
　　維持法違反容疑で特別高等警察により検挙投獄された事件で、日本学生運動
　　史上の 3 大事件とされている。

　三つ目は、ここでの名和統一教授との出会い。「経済学とは、決してお金
を儲ける学問ではない、政治を正し、民衆を救済する〈経世済民〉の学問で
あって、経済学ほどヒューマニズムにあふれた学問はない」と話される名和
教授の言葉に胸を熱くして、国際経済学を学んだ。この頃には研究者をめざ
そうと考え始めていた。卒業論文のテーマは「男女賃金格差と男女同一労働
同一賃金原則についての一考察」であった。ここから「女性労働」研究が始
まるが、その基本的スタンスや研究過程については、第 1 部「なぜ女性労働
研究を始めたのか」（本書 13 ページ参照）に譲りたい。

　そしてここで、四つ目の決定的な出会いがあった。

(b) 夫・姜在彦<ruby>カンジェオン</ruby>さんとの出会いと結婚

姜在彦さんとの出会いは、竹中が3回生の1951年、名和教授の研究室だった。朝鮮戦争の真っ只中、「祖国への想い」を熱く語る<ruby>痩身<rt>そうしん</rt></ruby>の大学研究科生に魅了された。自分は日本人とは何かと真剣に考えたことがあっただろうかと自問自答。24歳と21歳の出会いだった。

姜在彦さんは、反李承晩的立場で学生運動や政治活動に従事してきたために、生命の危険から、朝鮮戦争が勃発した1950年12月に日本へ亡命してきた。密航という非合法入国者がどのようにして大阪商科大学研究科生になれたのかについても、運命的な出会いがあった。当時の恒藤恭学長が「日本が講和条約を結ぶまでは*、旧植民地の朝鮮人も台湾人も日本国籍をもっている。だからこれは密航にはならない。堂々と真正面から実力さえあれば入れる」と明快に答を出され、堂々と真正面から受験して入ったのだった。

> * 講和条約発効は1952年4月28日。——後日、NHKラジオ深夜放送で「在日50年」を語るなかで、「私が学者として何がしかの業績を残したとするなら、恒藤先生のこの一言が、私の運命を変えたわけです」と、語っている（2002年1月8～10日NHKラジオ「こころの時代」）。

二人の国際結婚は覚悟はしていたものの、周囲から祝福されたわけではない。リベラリストの父は、彼に会ううちに「二人がいいならそれでいい」と認めてくれたが、当時の根強い朝鮮人差別を考えて、自分ひとりの戸籍を作って、1955年11月結婚に踏み切った。堺市役所に婚姻届を出したが、一方が帰化して夫婦同姓にならないと結婚は成立しないと却下された（国籍法改正は1985年）。どちらかに吸収されるのでなく、対等な結婚を求めて、事実婚を選んだ。しかし、何カ月か早く結婚した妹が、それが理由で離婚となり、<ruby>愕然<rt>がくぜん</rt></ruby>とした。反対は彼の側にもあった。韓国にいる彼の妹から「植民地時代を忘れたのか」と詰め寄られたのをはじめ、日本人と結婚すること自体に反対があったのだ。「自分の家族側から反対されるのは予想していたが、韓国にいる彼の家族から反対されるとは思っていなかった自分の傲慢さを思い知らされた」と。それぞれ国籍の違う者同士の国際結婚の難しさを、十分に知っておられた名和統一先生に、媒酌の労をとっていただき、多くの師友

に囲まれて、大阪・上六のナニワ会館で挙式。

　アパートを探すにも、「朝鮮人お断り」の壁は厳しかった。堺・上野芝の民家の 2 階に間借り、みかん箱を重ねた本箱に囲まれた新婚生活が始まった。

(c) 研究者、「妻・母」としての葛藤を超えて

　数少ない女性研究者のパイオニアとして、妻・母としての家庭建設の過程は並大抵のことではなかっただろうと推察していたが、今回、竹中恵美子と姜在彦さん・ご長男の年譜を並べて、時系列で追ってみて、実生活におけるご苦労を垣間見た気がした。

　竹中の研究者としてのスタートは、1952 年卒業と同時に、母校大阪市立大学経済学部助手就任からである。経済学部初の女性教員で、いかに優秀であったかが伺える。その後も彼女には、この「初の女性○○」が付いてまわる、パイオニアである。結婚に自分の意志を貫けたのは、教員という経済的基盤を手にしていたからで、「行動の自由に経済的自立が如何に大切か」、「経済的に自立することは私にとって人間として生きる基本的な条件となった」と。

　姜在彦さんは、朝鮮通信社の編集部、月刊『新しい朝鮮』の編集部など、在日朝鮮人運動に従事し、朝鮮戦争さなかの 1951 年から 1968 年まで 18 年間（25 歳〜 43 歳）、朝鮮総連で活動していた。「朝鮮戦争当時は、学問、アカデミックな象牙の塔にこもることが、若い者として非常に罪悪感をもっていたんですよ。日本の軍事基地から発進したアメリカの B29 や戦車・大砲が、数十万、数百万の同胞を殺しているのを傍観できなかったんです。何らかの形で運動に参加しなくちゃ……」（前掲 NHK ラジオ深夜放送より）ということだから、ほとんど定収入がなく、経済的にはきわめて不安定だった。1968 年、政治的・思想的見解の相違と摩擦による苦悩のすえ、朝鮮総連を辞め、在野の研究者となった。

　1974 年、大阪市大経済学部非常勤講師となって以降、1984 年に花園大学の嘱託教授になるまで、京大・阪大・関大はじめ、北は北海道大学、南は琉球大学にいたるまで、"非常勤講師稼業" を続けた。姜在彦さんを非常勤講

師として迎えようと尽力された方々の、「何とかこの大学でも、朝鮮研究の種を播いてほしい」という思いを受けとめるなら、「"種を播く人"として、全国を渡り歩いたということになろうか」と。この間の著作目録は膨大である（『歳月は流水の如く』姜在彦・竹中恵美子共著　青丘文化社　2003年）。

　朝鮮では、妻を持ち上げるのは"本バカ"、子どもの自慢は"半バカ"というそうだが、1980年の著書『朝鮮の開化思想』（岩波書店）の「はしがき」で初めて妻について語った。

　──私事にかんすることではあるが、かえりみれば知命の峠をすでに越したこの歳になるまで、何とも情けない話ではあるが、民族運動に身を投じた十八年間の活動期をも含めて、たとえ一年たりとも安定した定収入をえて家庭を支えたためしがない。もしこれまで客観化された私のささやかな研究が、いささかでも斯界に寄与するところがあったとするならば、それはすべて妻竹中恵美子の理解と支えによるものである。われわれの旧い風習では、男（＝「外」）たる者が妻（＝「内」）を語るのは「本バカ」ということになっている。敢えて「本バカ」になったつもりで、いつかはこの一言を語らずには居られなかったというのが、私の心境である。──と。

　翌1981年、この著書により、京大文学博士号を取得された（55歳）。

　このことについて竹中は、「彼の思想信条に共鳴してともに生きていこうと決めたのだから、家庭の経済は負担できる方がすればよいと初めから思っていた」。経済的なことで諍いや責めたりしないでおこうと決めていたと。

　在日朝鮮人との結婚による経験が、「ものごとを見るとき、ピラミッドの頂点ではなくて、むしろその底辺を見る、女性解放を見るときも、エリートの地位がどうなるかということよりも、マスである女性の地位がどう変わっていくのかが非常に重要」と、研究と活動の基本的姿勢に貫かれた。

　だが、実際の日常生活は、理念や理想どおりにはいかない。政治活動中の夫は、月の半分ぐらいは活動拠点に泊まっていて、経済的にも時間的にもシェアし合えない、とくに3年後1958年に長男が誕生してからは、育児も一人で背負うことを選んだ。保育所が未整備な当時、乳児期は家庭保育園（初めて大阪市が実施した、自宅を開放して子どもを預かる主婦への助成制度）に、幼児期は幼稚園と保育時間後は近所の主婦に二重三重の保育を依頼

するという綱渡りのような日々だった。家も大学近くの住吉区我孫子の団地に移り、"粗隠し"にベレー帽を被り（今もトレードマークになっている）、自転車で大学と子どもの送迎・家庭を往復。夜間の授業がある日は、商学部教員の柴田悦子さんと互いに子どもを預けあった。

　研究時間は細切れになり、それを寄せ集めても研究ができるわけではない。「全日制研究者」である男性に対して"細切れ時間研究者"であることへのいらだち、つらさは、どうしようもなく、全日制の彼らより5年長生きして元をとろうと、心をいさめた。

　乳児期には授乳しながら学術書を読み、幼児期にはひたすら早く寝てくれることを願い、寝かしつけてから自分の睡眠時間を削って研究を続けた。講義でノートを開くと子どもの落書きが目に飛び込んできて苦笑するという日々を振り返り、子どもに悪いことをしたと。『女のしごと・女の職場』（共著、三一書房）の出版は、4歳のときだった。この執筆の際に子どもを預かってもらった逸話は第1部で記述されている。6歳で朝鮮初級学校に入学したときに助教授に就任した。10歳で事情あって日本の小学校へ転校することになり、この過程でのフォローも大変だったと思うが、この間に『現代労働市場の理論』（日本評論社、1969年）も執筆し、1972年には経済学博士号を取得し、同じ年に7刷2万部普及された『現代の婦人問題』（創元社）も上梓。息子の高校入学の春、経済学部教授に就任した。

　このような職業と「妻・母」役割の"てんてこ舞い"の日常生活、研究者であると同時にひとりの働く女性として抱える経験、それ自体が研究対象となった。なぜ女が家事・育児の二重労働を強いられるのか、性別役割を当然と考える社会通念と社会構造を研究者として明らかにしたいと思った。振り返ってみると、5年目ごとに「女性労働」に関する本を書いてきたわけだが、「時代が解明すべき課題を出してくる」という。

　夫・姜在彦さんとは、互いの論文や著書を真っ先に見せあい、批評しあってきたという。

(d) 変革に挑み続けて
――怒りを原動力に

　子育ちの話に戻ると、長男は、高校入学2週間で不登校となり、5年かかって何とか卒業して、悶々とした心境のなかで京都の陶芸職業訓練校に入った。「親の後ろ姿を見て育つと思っていたのは間違いだった」と忸怩たる思いであった。親として本人の悩みを幾分かでも分かち合えないかと、毎週京都の下宿を訪ねる日々が続いた。

　そうしたなか、学園紛争ただ中の経済学部学部長の話があって、「もう1年待ってほしい」といいたかったが、女だから逃げたといわれたくないと受けることを決断した。28歳の長男の大学入学と「公立大学初の女性学部長」（と言われた）誕生が、1986年だった（今は両親と同じ研究者としての道を歩んでおられ、大学教員同士の共働き生活で、竹中が、熱を出した孫の子守をすることもある）。

　私たち女労研のメンバーも子育ちには、一人ひとり苦悩を抱えてきたので、初めて伺うこのお話に、身につまされて涙した。

　大阪市大退官時の講演で、「何もしないでも自然に扉が開くわけではない」「風当たりが強いのは、また向かい風を受けているのは、確かに前に進んでいるという証拠」と、次世代にエールを送り、ドーンセンター館長退任時の朝日新聞インタビューでは、「女性たちよハンマーをもて」と檄を飛ばしているが、それは一歩も引かずに生きてきた彼女自身の生きざまに裏づけられているから、迫力がある。

　彼女自身の働く女性としての経験を研究対象にして、経済学の領域に“家族”を結びつけ、市場と家族をつなげ、女性労働のジェンダー分析の草分け的存在として、研究を続けてきたことは、第1部、第2部の記述のとおりである。「性役割分担を組み替える社会政策をもたない限り、実質的な平等はない」という主張は、男女雇用機会均等法における「“機会の均等”論の落とし穴」についてや、労基法の保護規定全廃についての評価に貫かれていて、明快であるだけでなく、何よりも現場で苦悩している圧倒的多数の女性労働者の実態を見据えての提言である。まさに本書の副題である「理論と運

動の相互交流」が一貫して紡がれてきた軌跡だといえる。

　もうひとつ特記したいのは、多くの自治体や女性センター、団体での講演や、審議会委員を受けて多忙な生活に身を追い込んできたが、決して、「審議会に取り込まれ」たり、権力におもねることがなかったことである。

　2001 年 71 歳で大阪府女性総合センター（ドーンセンター）館長（非常勤）の重責を受けたときも、2000 年の東京女性財団の廃止・東京ウィメンズプラザの直営化を目の当たりにして、「大阪はああいうふうになってはいけない」と思ってのこと。6 年間の努力については、『変革期に生きる女たち──次世代に語り継ぎたいこと』（ウィメンズブックストアゆう、2008 年）の、伊田久美子さんとの対談で十分語られている。

　館長退任の翌年 2007 年、橋下知事が誕生しての、"橋下行革"で、当初ドーンセンターの売却・男女共同参画推進財団の解散が打ち出されたときの憤りは、多くの府民や女性たちがそうであったように、今までその真っ只中で苦渋の選択も含めて積み上げてきた営みが何であったのかという自問自答と怒りでいっぱいだった。短期間の間に繰り返されたデモの先頭に立ち、大阪府議会や関係部局へのロビーイングにも、体調を省みず行動を重ねる姿に、私たちがハラハラした。「府庁の前でハンガーストライキをしている夢をみた」という怒りの姿に、「怒りが変革の原動力よ」という竹中語録に一層重みが加わった。

　　　　　　　（関西女の労働問題研究会・伍賀偕子記／ 2009 年 6 月 30 日）

竹中恵美子への聞き書き 2020
──人生を振り返って

　竹中恵美子先生は 2003（平成 15）年夏に膝の手術で入院されて以降、十数年の間に 4 度入院された。それでもヘルパー訪問を活用しながら、夫婦お 2 人での生活を続け、姜在彦先生の入院時には連日病院通いもしていたが、2017 年 11 月の姜先生のご逝去と 2018 年 12 月の大腿骨折の手術を契機に、「同じ場所で 2 度も倒れるようでは、ひとり暮らしは無理です」と主治医か

ら進言された。それまで、入院のたびに長男夫妻に来阪の労をかけてきたこともあり、2019年2月末からは東京で息子さん家族と同居されている。

　今は体力を回復し、週3回デイケア・センターに通うほか、関西の仲間や東京での知人が訪ねてきて、その絆を深める時間ももっておられる。

　以下は、転居されてほぼ1年後の2020年1月～3月に、改めて、人生を振り返るお話をお聞きした要約である。（聞き手　北明美、伍賀偕子）

夫・姜在彦さんのご逝去と今思うこと

2017年姜先生は心臓疾患で入院されたのち、2017年11月19日に91歳の波乱の人生に幕を下ろされました。お2人はどんな関係でしたか。

　「彼は、私に対し、どうこうすべきと指図するようなことはいっさいなく、ただ気持ちを受けとめてくれる存在という感じでした。自分のなかでもやもやしている感情や考え、本音をただ受けとめてくれる存在があったということは大きかったと思いますね。」

姜先生の入院中、竹中先生は周囲の心配をよそに、ご自身の体調不良をおして、連日病室に通われていました。姜先生が亡くなられたのは、奇しくも竹中先生の誕生日でしたね。

　「毎日病院へ通っていたのですが、11月18日は自分自身が起き上がれない状態で休んでいたところ、病院から容態急変の連絡が入り、19日早朝に駆けつけました。そのときまで、待っていた感じで、私が到着して手を握りしめると、その手を1度握り返し、それから「眠らせてくれ」と言って、そのまま手の力が抜けました。本当に来るのを待っていたように、しかも私の誕生日に、そう考えると、不思議な気持ちがします。もう死期が近いとは聞かされていましたが、現実に彼の手の力が抜けたときは愕然とした思いでした。彼もそれで終わりとは思っていなかったのでしょうね。だから、別れの挨拶らしきものは何もなかったのです。もう少し早く到着すればよかったかという気持ちはあります。そうすれば、もう少し話せたかな。」と。

ご夫婦でお互いに原稿を見せ合っておられたそうですが、論文の書き方、研究上の主張での意見の違いなどはなかったのでしょうか？

　「大きな意見の違いというのはなかったように思います。原稿は私が自分から見せていたという感じです。彼の日本語のテニオハは私が少し直したことはありましたが、そういうことはそんなに多くありません。彼の日本語の文章は昔からうまかったのです。彼のほうが私より文章力があると思っていました。私が彼のアドバイスで自分の論文の組み立てを考え直したこともあります。

　彼も私もそれぞれ自分の机はあっても、2人ともその机をあまり使わないで、わざわざ食卓に必要なものや資料を持ってきて、相手のものがちょっとこっちのスペースに出過ぎてるから場所を空けてよ、とか文句を言いながら、2人それぞれ論文を書くというふうなことをしていました。

　私はいわば昔ながらの優等生タイプの勉強家で、必ず下書きを書いてからでないと原稿を書けません。ところが、彼はふらっと散歩に出て行って、帰ってきて、食卓に座り、とたんに「近くて遠い国であった」と真っ白い原稿用紙に書き出すのです。彼は男で家事を気にせず自由に出て行って、その間に内容や文章について集中してずっと考える時間がある。私にはそんな余裕はない。2人のそういう違いもあるから、彼はそういうことができるんだと思っていました。それはそうなのですが、彼がそういう能力に長けていたことはたしかです。遊んでいるように見えても、下書きを書くことなく、いきなり完成した論文を書けるぐらいに頭のなかでとことん考えている。私とのそういう違いがあったと思っています。

　また、私はもともとまず序論から始めて、叙述的に書いていくスタイルなのですが、彼の文章から学んで、まずバーンと主張を打ち出して、後から説明をしていく、そういうインパクトのある書き方をしなければならないと意識するようになりました。

　彼は会話もそうで、作家のA氏と彼が酒を飲みながら話している会

話を私が横で聞いている場面が結構あったのですが、2人の会話はいきなり本質的なことをやりとりするという感じで、そういう会話の仕方ができる2人にとても感心していました。」

とくに70年代以降の論文のなかで、竹中先生は資本の利害と密接に結びついた男性の権力性を明確に指摘されていますが、姜先生はそこのところもお読みになったのですよね。

「読んだはずですが、彼は反論したり弁解したりはしません。認めざるをえなかったので、何も言わなかったのでしょう。けれど、男子厨房に入らず、という朝鮮の儒教文化がしみついている人で、読んだからといって行動が変わるわけではありません。家事をやるように言っても無駄だろうし、やってもらってもろくにできないので、結局、私がやり直さないといけなくなる。だったら、自分がやるほうが早いとつい考えたりして。いずれにしても、いくら責めてもあまり動じない人だったというか、暖簾に腕押しという感じでしたね。正直、自分自身の家庭での男女平等の実践は不徹底で、理論と実際の生活の間に一貫性を欠いていたと言わざるを得ません。もっとも私の体力が弱ってきて、彼も晩年は、なし崩し的に家事を一部やるようにはなっていました。

でもそういえば、1回だけ彼に対して私が爆発したことがあります。彼を布団でくるんでその上に私が乗って、彼をばんばん叩いたんです。ただ私は人の目を気にしてしまうたちなので、そんなときでも大きな声で泣いたりわめいたりというやり方はしないんですよね。どうして私が爆発したのかは今ではもう覚えていませんが。」

竹中先生の著作集の刊行計画がもちあがったとき、姜先生は「古い時代の論文を誰が読むか」と言い捨てて、ご自分の部屋に去っていかれた。少し時間が経ってから、竹中先生は姜先生の部屋に行って、「さっきの言葉には愛情を感じない」と抗議なさったとうかがったことがありますが……。

「そんなこと、あなたに話しましたっけ。そうですね。そんなときも、彼はやはり弁解しないのですが、その後は反対がましいことは何も言わ

｜　なくなりました。」　　　　　　　　　　　　　　　　　　　　　　｜

　（姜先生がご自身の 1980 年のご著書の「はしがき」のなかで、竹中先生に感謝
の言葉を述べておられたことは、先の聞き書き D）252 頁、本書 288 頁を参照。）

**姜先生が逝去されて 2 年後の 2019 年に、「大阪社会運動顕彰塔」*に顕彰
されたことについては（2019 年 10 月 14 日第 50 回顕彰追悼式）どんなお気
持ちでしたか（＊第 1 章 32 頁参照）。**

　　「遺族としてこんなに嬉しいことはありません。まず推薦の労を執っ
　ていただいた神戸学生青年センター館長（当時）の飛田雄一氏と、顕彰
　塔を管理運営されている大阪社会運動協会に心からの感謝を申し上げた
　いと思います。大阪社会運動顕彰塔は、大阪を中心に戦前戦後の社会運
　動に功績のあった諸先輩を顕彰することを目的に、1970 年 10 月に大阪
　城公園の一角に竣工されたと聞いていますが、夫・姜在彦が朝鮮人と
　して、その一員に加えていただいたことを、当人はもとより遺族ともど
　も、どんなにか名誉なことと思っています。

　　しかも、第 50 回大阪社会運動物故者顕彰追悼式で顕彰されたのは、
　朝鮮半島出身者では 4 人目で、第 1 回で 3 名が顕彰されて以来、今回の
　顕彰は 50 年ぶりとのことと伺いました。その点からも、まことに名誉
　なことと存じます。心から感謝申し上げたいと思います。」（顕彰追悼式
　に向けて準備されていた挨拶草稿より。）

　（姜先生の著作関連文献や蔵書は、滋賀県立大学「姜在彦文庫」に収録されてお
り、いま新たに、「済州大学在日済州人センター」で展示準備が進められているそ
うである。

　竹中恵美子先生に関しては、ドーンセンター情報ライブラリーの「竹中文庫」
で閲覧できる。）

子育てにおける葛藤

**卒寿を迎えて長男夫婦と同居するようになった現在の時点から、改めて
「子育てにおける葛藤」について振り返っていただいた。**

｜　「息子に対しては、私がもう少しこうすればよかったのかなと思う、　｜

すまなさを感じています。彼は朝鮮学校に入学して頑張っていたのに、父親が関わった運動上の内紛が原因で子どもの彼までがひどいいじめにあいました。それで心配した私が半ば強引に日本の小学校に転校させたのですが、息子はそれにずいぶん抵抗しました。親の都合に振り回され、朝鮮人なのか日本人なのか自らのアイデンティティを模索しなければならず、転校したことも同級生を裏切ったように思ったかもしれませんし、あらゆることで相当辛いものがあったと思います。

それでも今度は日本の学校で頑張っていたのですが、高校受験の時期に進学先の選択で私と衝突しました。結局、私の勧めた進学校を受験して合格したのですが、その初日に私の目の前ですべての教科書を破り捨てて登校拒否になりました。その後も休学を繰り返し、結局6年かけてその高校を卒業したのですが、大学進学はせずしばらく京都で清水焼職人の修業をしています。

心を閉ざしてしまったような彼と、話し合いをすることも難しい状態が続いていたのですが、なぜかある日突然、東京の大学に進学すると言ってきました。ちょうど私が大阪市立大学の経済学部長になる年です。なぜ彼の気持ちの変化が起きたのかわからないままだったのですが、それを機に、親子が地理的に離れたことが、結果的に良かったのではないかと思っています。」

(息子の竹中均氏は現在、早稲田大学文学学術院教授で、韓国からの留学生だった女性と結婚し、現在2人の息子との4人の家庭に竹中先生が同居されている。)

子ども時代を振り返って

ご自身の子ども時代からのことを教えてください。

「戦時中の女学校（岐阜県立大垣高等女学校）時代は、母方の祖父母の所にいました。母は身体が弱かったので、きょうだいが上から順番に祖父母の所に送り込まれたのです。

祖父は陸軍士官学校を出た軍人で、たしか少佐くらいまでなり、その後は銀行に勤めていました。戦争中はいつもサーベルを下げて軍服を着

て式典に出て行くような人でしたが、怖いお爺さんという感じはなく、むしろすごく優しく、人間的に良くできた人だったように思います。在日朝鮮人である彼（姜先生）との結婚については家族中が反対し、父も社会的な対面上彼と距離を置くような感じでしたが、祖父は彼と仲が良かったんです。

　祖母は何でもできるしっかりした人という印象で、尊敬していました。私も毎日家事を手伝わされて、お掃除の仕方から障子の貼り方までいろいろ教えられました。いつも朝起きたらまず仏壇の前でお経を唱えさせられるので、その経文も全部覚えましたよ。

　子どもには母親の影響が大きいとよく言われますが、私の場合は正直言って、母親に何かしてもらったという記憶があまりないんです。母は一人娘で、しかも中学時代に自分の弟が亡くなっており、自身も虚弱だったため甘やかされて育ったようです。子ども時代はもちろん、結婚してからもずっとお手伝いさんをつけてもらっていました。

　母は晩年、よくお寺に行っては、お経を詠んでいました。淋しかったんだろうなと今は思うんです。私にとっては、何もできないお嬢さん育ちの母という思いが強くて、爪が伸びすぎているからちゃんと切りなさいよ、なんて注意したこともありました。でも今は、悪いことをしたな、と思っています。だって、子どもから注意されたらショックじゃない？　やっぱり自尊心が傷つくし、悔しいと思いますよ。そんなとき、母は黙っていたんですが、思えばかわいそうなことを言ったな、思いやりがなかったなと後悔しています。」

「私の性格は間違いなく父親似だと思いますし、また父親が大好きでした。高校の数学教師だった父はテニスもやるしハイキングや山登りもするし。父と出かけるときはいつも楽しかった。スキーに連れて行ってもらったりもして、その影響で私もスキーやテニスをやるようになりました。

　体を動かすのは嫌いではなくて、鉄棒は苦手でしたが、短距離なんかだと走るのもわりに速かったんですよ。水泳学校にも行っていました。

　父が世界文学全集などを買っておいてくれていたので、それらを読むのは好きでしたが、文学少女というほどではなかったと思います。むしろ、父が絵が好きだったことから、父の知り合いの絵描きさんの所に絵を習いに行ったりしていました。

　人生って不思議なもので、偶然のきっかけで人との接触ができ、絵を習いに行くようになって、それで絵が好きになって……。もともと才能があるから、それを発揮する場を見つけて……というふうに進んでいくものではないのだなと思います。

　ただ軍国主義と戦争の時代だったので、私には楽しい少女期というものはあまりなかったと思いますよ。」

　「絵以外にはピアノもやりたいと思っていました。子ども時代には実現しなかったのですが、息子が幼稚園に行くようになった頃でしたか、父が本当に突然、私のためにタンスとピアノを贈ってくれました。団地に住んでいて手狭だったので、おかげで布団を敷くときもそのピアノの下に足を入れて寝るはめになりましたが……。父は結婚を機に私に距離をおいていましたが、心の中では何かしてやりたいとずっと思っていたのでしょう。私がピアノを習いたがっていたのも覚えてくれていたのですね。」

　「反抗期というのはあまりなかったかもしれませんね。とくにお爺さん、お婆さんに対して反抗したということはなかったです。母に対しては心の中で批判的に見ているところがありましたが、喧嘩（けんか）するというようなことはなかったと思います。家族の反対を押し切って在日朝鮮人を夫にしたのが唯一の反抗だったかもしれませんね。

　子ども時代は、芯（しん）は負けず嫌いだったかもしれないけれど、友だちに対しても無理は言わない子どもだったのではないかな。友だちはたくさんいましたね。

　子ども時代から人と喧嘩して大声で泣くというようなことはほとんどなかったように思います。思春期に一緒に暮らしていた祖父は軍人出

身、祖母はしっかり者、もともとまわりにあまり取り乱すような人はいなくて、自分の感情を律する習慣が自然に身についたのかもしれません。」

（竹中先生も姜先生も穏やかで、家のなかで声を荒げるようなことはほとんどなかった、そのため自分に耐性がつかず、外で苦しむことになったと、息子の均さんが竹中先生に嘆いたことがあったそうです。）

青春時代と研究者への道の選択

　「大垣の女学校時代は忠実な軍国少女でしたが、戦後を迎え女学校を卒業して、大阪府女子専門学校に進学してからは「闘士」だったと思います。自治会の初代会長になって、全学連にも入り、その動きに呼応していて、府女専でもストを打つとか、毎日のように学生大会を組織して授業料値上げ反対をぶちあげたり、壁新聞を作ったり……。それだけでなく、社会の体制変革をめざそうという戦後すぐの時代の機運のなかで、私も学内外でさまざまな活動に真剣にのめりこみました。」

　「さらに大阪商科大学（現　大阪市立大学）に進学して、国際経済論の名和統一先生のゼミに入ります。そこで主に行われていたのは資本論研究に基づく国際価値論の議論でした。名和先生のゼミを選んだのは、当時すでに関心をもっていた女性の低賃金問題を考えるために、価値論のレベルからどう理論展開していくのか、『資本論』を読み込んでそうした議論ができる場だと考えたからです。名和先生ではなく別の先生なら、このような問題意識は教条主義的に一 蹴 されてしまったかもしれません。

　当時 1950 年代初頭は、学会でも男女の労働力の個別的価値差が論じられており、その問題に理論的に決着をつけたいと思っていました。それで、このゼミのなかで私も積極的に発言し、卒論のテーマも男女賃金格差と男女同一労働同一賃金原則についての考察にしました。

　大学卒業後は労働経済学分野の教員として大阪市立大学に就職しまし

た。ほかでも触れたことがありますが、当時は、女性だから女性問題を
やるというのではなく、あえてより一般的なテーマに取り組むことを
よしとする風潮がありました。ですが、私は女性の低賃金問題にこだわ
り、そこから労働経済学を再構築したいと考えていました。」

最近お亡くなりになった吉村励先生とのご関係は？
　「吉村先生とは、不遜な言い方ですが、心情的には同志という感じで
しょうか。理論的に近い立場ですし、大阪市大時代は日ごろの接触も多
かったですしね。あの先生のもとで仕事を始められたのはよかったと
思っています。歴史にひたすら忠実に研究・叙述していくけれども、理
論的には全然魅力がないような研究よりは、吉村先生のようなタイプの
研究に魅力を感じていました。」

研究人生を振り返って

**ご自身の長い研究人生において、めざしてこられたことや、そこでたとえ
ばどのようなことに喜びを感じられたかなどを教えてください。**
　「1962年初出の『わが国労働市場における婦人の地位と賃金構造』
（「著作集」第Ⅰ巻所収）で、労働市場論の研究方法を一通りつかんだと
いうのが、その後も含め私の研究のいちばんの基底になりました。そ
のうえでさらに1969年に出した『現代労働市場の理論』（日本評論社）
は、一つの成果としてまとまった内容のものと思っています（『著作集』
第Ⅰ巻）。これがあって、その後の私の研究の新たな展開があるのです。
　女性の低賃金を問題にするにも、それが資本の蓄積過程のなかでどの
ように展開され決定されていくか、という労働市場の構造を解明しなけ
ればなりません。その分析を深めていくという自らに課した課題が私の
研究人生のなかで大きな位置を占めました。その意味で、『現代労働市
場の理論』では、自分がそこまで行き着いたという達成感がありまし
た。
　また、労働市場に入る前後に、家族のなかで労働力が再生産されてい

ます。労働市場と近代家族のなかの労働力再生産とを結ぶ関係（のちに言う労働力商品化体制と家父長制的資本主義）を考える、という当初からの問題意識は、労働経済論とフェミニズムを重ね探求していくその後の研究につながりました。

　研究でいちばん楽しい、達成感のある瞬間は、自分の考えている分析方法によって、今問題になっている現状がある程度まで説明・理論化できたのではないかと感じたときですね。

　文献研究に際しては、日本語文献と外国語文献を半々くらいの比率で読んできたと思います。どちらかがより多いということはありません。国際的議論に触発されて、それを日本の文脈で考える。逆に日本の議論を国際的議論の文脈のなかで考えるという相互作用ですが、どちらかというと、後者、まず日本についての問題意識から出発するほうが多かったと思います。

　学術論争においては、相手の主張が重要と思えばこそ、徹底して論争しなければならないと考えてきました。売られた喧嘩に対しては、必ず応えていかなければならないという気持ちはありました。説明し返せなかったら敗北だと思ってきたのです。それに無視というのは相手への最大の侮辱で、してはいけないことだと。

　また、自分の研究や主張がその時代の課題に応えるために、いかに変化し発展してきたかについても説明しなければならないし、できなければならないと考えて論争してきました。」

院生・学生や若手研究者の研究を指導・評価する際に大事にされていたことは何ですか。

　「間違っているかどうかは別として、通説に対して果敢に挑んでいく、まったくこれまでとは別の次元から通説に食い込んでいく、そういう研究を評価します。

　たとえ結果的に間違っていても、そうした姿勢とチャレンジが日本の研究を発展させる原動力になると考えて、そういう研究に注目してきましたし、院生等にもそういうことを言って指導してきました。場合に

よっては異端と言われるくらい、何か起爆剤となるような新しいものをもっている研究に関心があります。」

1960年代末には日本にもウーマンリブの波がきましたが、それに対し揶揄的・嘲笑的な論調が多かった当時でも、先生はその意義を学問的に評価しておられましたね（『著作集』第Ⅶ巻所収「婦人解放の今日的課題」）。

『大阪社会労働運動史』第7巻（1997年）の監修をなさったときも、リブ運動の掘り起こしをすべきだと提案されて一つの章をそれにあて、その先駆性を再評価しようとなさっています。リブ的なものに対する内面的な共感をもともとお持ちだったのでしょうか？

「そうでしょうね。それに、このことに限らず、ある理論、たとえある理論に矛盾があっても、どこかそのなかに萌芽的な要素を含んでいたら、それを引き出さないといけないと思うのです。頭から否定してしまっては理論の発展はないと、いつもそう考えてきました。頭から馬鹿にするとかはしてはいけないと。

かといって、無条件に迎合していくのは慎まないといけないけれど、どこかポジティブな面があったら、それを見極めて引き出していくことをしないといけない。だいたい新しい理論が出てくるときは、以前の理論を否定したり、それ自体が混乱していたりするものなので、だからといって新しい理論を全否定してすますことは、してはいけないという姿勢でいます。」

「1981年にアメリカで約5カ月間、海外研修をしていました（『著作集』第Ⅶ巻の付論「私の見たアメリカの女性問題」は、当時のアメリカの女性労働の状況や運動課題をルポルタージュふうに活写している）。主として労働組合や女性組織を取材したのですが、国連公使として女子差別撤廃条約に賛成投票を行った赤松良子さんが、ちょうど当時アメリカにおられて、そこに出入りしているスタッフが私と一緒に取材先に回るようにしてくださるなど、赤松さんにはだいぶんお世話になりました。

「結果の平等」を主張して「男女雇用機会均等法案」を批判する私と、同法案を成立させようとする彼女とは、その後対照的な立場に立つことになるわけですが、アメリカ滞在中はまだ意見の違いはあまり感じなかったのです。

　アメリカ滞在の副産物は、ディスコ・ダンスが好きになったことですね。ホームステイ先のお宅では、よく地下室でダンス・パーティーをやっていて、その影響を受けたんです。それで、大阪市大時代は、ゼミ終了後よく飲み会になったのですが、その打ち上げでもゼミ生たちと心斎橋のディスコに行ったりするようになりました。楽しかったですよ。

　実は、私のほうから学生たちを誘うことが多くて、皆が解散する最後まで付き合って夜遅くまで踊ったりしていました。」

大阪市立大学を退官されたときの記念文集『ベレーと自転車』の一節では、授業を終えて自転車で夜道を帰宅するときに感じた充実感について述べられていますね。

「今でもそのときの気持ちを覚えていますよ。当時の私にとって自転車は必需品。二部の授業を終え、預け先に迎えに行った息子を後ろの荷台に乗せて、ペダルを踏み、ふと上を見上げると暗い夜空に星が瞬いている……。こういう形で今自分が生きていることに対する感動、喜びを感じるというか。とにかくやりこなしてきている、自分は精一杯やっていると思えるということ、「生きている」という実感、生きがいですね。

　授業にもやりがいを感じていて、面倒だとか嫌だとか思ったことはありませんでした。とくに二部（夜間）の授業の場合は、皆仕事疲れのなかで講義に出てきてくれる。その姿を見ると、私はそれだけで感動しちゃって。その状況を今も思い出します。それはやっぱり励みでした。」

一部でも二部でも、学生たちとの議論に何時間でも延々と付き合われましたよね。

「それが私のダメなところかもしれません。うまく議論のかじ取りをして短時間で話をまとめさせるべきなのでしょうが、それができないだ

けなんですよ。ただ自分の時間の無駄だとはあまり思いませんでした。学生の発言が同じことの繰り返しになったら打ち切らないといけないのでしょうが、それができないんですね。」

なぜですか。

「だって、その学生がせっかくしゃべりたいと思っているんだから。聞いてもらいたいと思ってくれているんだから。

ただ、逆に1人だけあまり発言しない学生がいるときは気になるので、私のほうでその学生が口を開くきっかけをつくるように、つねにこころがけていました。」

豊かな出会いに励まされて

卒寿記念フォーラムでの竹中先生のご挨拶は、多くの豊かな出会いにエネルギーや活力を得てきたことが私の人生の宝だと強調されています。

ところが、一つ引っかかっているのは、そのご挨拶のなかで、「本当に悔しくて、思いつめて、ドーンセンターの屋上から飛び降りようかと思ったこともあるくらいです」と語っておられることです。何があったのでしょうか？

「ある著名な作家Bさんとの対談で、私が聞き出し役という企画があったのですが、私の投げかけたテーマや質問をすべて無視されて、対談が成立しなかったという忘れられない場面があったのです。無視されることは最大の屈辱です。ですが、今にして思えば、私は皆に『よいしょ』されてきた、人から無視されたことなどそれまであまりなかったような気がしますし、いわば血みどろになって闘って相手との関係をつくるというようなことは経験してこなかったのかもしれない。あのときの出来事に大きな衝撃受けたりしたのは、そういう私の弱さですね。」

（第1章の卒寿記念フォーラムでの、20名の方々の発言にも、「竹中先生との出会い」が豊かに語られていて、次世代の研究者はもちろんですが、労働運動や市民運動を担ってきて、今も続けている方々のスピーチが感動的でした。これだけ

の幅広い人びとの心のなかに鮮烈に刻まれている絆こそが、先生の人生の大きな
特長だと思います。
　以下は、竹中恵美子著作集完成記念シンポジウムでのご発言です。

　　「自らの運動にとって「理論が支えになった」と言ってくださること
　が、どんなに私自身の理論研究を支えてきたか、力になってきたかとい
　うことです。彼女たちの実践は理論を検証し、理論を発展させる原動力
　となってきたのです。そういう面ではこれから、理論と運動の相互交流
　がきわめて重要になると思います。私はもはや 80 歳を過ぎた高齢者で
　はありますが、最後まで皆さんと一緒に行動していきたいと思っていま
　す。」（2013.2.2）

　「運動現場の要請」ということでは、「高齢社会をよくする女性の会・大阪
と竹中恵美子」（山田芳子／『竹中恵美子の女性労働研究 50 年　理論と運動
の交流はどう紡がれたか』ドメス出版、2009 年）によれば、会の中心メン
バーからの懇請を受けて、1994 年〜 2001 年までの 7 年間、会の代表に就い
ておられます。すべての会合に参画して、『会報』（年 3 回発行）の巻頭言に
「介護の社会化」をめぐる情勢分析と提言を 30 回にわたって執筆し、会の指
針を示されました。それらの「巻頭言」は、『竹中恵美子著作集Ⅵ 家事労働
論（アンペイド・ワーク）』にすべて収録されていますが、その「あとがき」
で「日本における介護保険法成立（1997 年）前後に浮上した介護の社会化
の問題点を、市民運動の眼から論評した」と自ら述べておられます。
　従来、運動団体や研究会には顧問や講師という関わりで、緊密な絆を築
いてこられましたが、自ら代表となって、運動の前面に立たれましたね。
　　「そうですね。ケア・ワークが女の役割とされる問題に改めて目を向
　け、介護の社会化に研究の一つの焦点をあてていた、ちょうどそのと
　きに日本で介護保険構想がもちあがったというタイミングがまずありま
　す。それに、会員の方たちにとって、介護はまさに自分自身の人生の問
　題そのもので、自然発生的にあふれるような熱意で議論しておられた。
　それがとても新鮮で、その熱さに私自身が押されたと思います。この会
　では皆さん単なる啓発や告発ではなく、自前の調査と提言を重視してい

たのですが、それも自分たちが今動かなければならない、みんなで時代を創っていかなければ、切り拓いていかなければならないという気概からきたものでした。そのなかに私も入って、まさに一緒に取り組むという気持ちで、ほとんど「没入」していたと言ってもいいくらいでしたね。」

　当時の運営委員会の方からうかがった話ですが、委員会のメンバーには、家庭の外で自分の意見を表明する機会があまりなかった主婦たちも多くて、抑えこんでいたエネルギーを爆発させるかのような勢いで議論していた。会議の収拾がつきそうもない状況も多々あったが、そんなときでも竹中先生はいつも最後まで耳を傾け、全体の議論を見事に集約して方向を整理なさった。それでメンバーたちは先生に自分の意見を聞いてもらえて、補ってもいただけるという体験ができたことにすごく感激したそうです。

　このことに限らず、どんなに多忙でも、運動現場が発信する声や資料を重視して、運動現場の要請に真摯に粘り強く応えてこられた先生の生き方が、多くの人々を魅了しているのだと思います。

　「最後になりますが、多くの人たちに支えられ、励まされてきた人生ですが、植田洋子さんのことについて一言話したいです。私が大阪市大を退官して、二つ目の就任先の龍谷大学時代以降、だから私の年齢が60代後半からですかね、20年近くも私の研究生活や家庭生活すべてに寄り添ってお力添えをいただいたことは、忘れられない大切なことです。」

　あの膨大な著作目録の作成には、頭が下がりますね。姜在彦先生の著作目録も、植田洋子さんのご尽力ですよね。

　そうです。それだけではないんです。私の著作集全7巻の編纂にあたっては、すべての引用文献や出典を、図書館に行って、原本にあたる大変な仕事も進んで引き受けてくださいました。

　執筆や講演準備などに集中していて、食事づくりや掃除などがおろそかになったときも、黙って助けてくださって、「ごみで死ぬことはない

のだから、いい加減にしておいて」と言ったら、「先生は、家事労働を蔑んでいるのですか?!」と叱られて、はっと反省したことは忘れられません。今、改めて、心からの感謝の気持ちをお伝えしたいと思います。

（聞き書き要約：北　明美・福井県立大学名誉教授／伍賀偕子・フォーラム 労働・社会政策・ジェンダー）（2020年4月記）

『歳月は流水の如く』

（姜在彦・竹中恵美子著 2003 年 青丘文化社、A5 判 206 頁）

　在日韓国人 1 世の歴史家と女性労働研究の第一人者夫妻の自伝的講演に加筆修正した論文集。

　第 1 部は姜在彦の講演録・論文と著作目録。

　第 2 部が竹中恵美子の退任記念講演録とインタビュー、研究年譜、というように 2 部構成で、夫妻共通のインタビューや対談部分はない。

　姜在彦は 1926 年韓国済州島生まれ。反李承晩的立場で学生運動や政治活動に従事してきたために、生命の危険から、朝鮮戦争勃発時の 1950 年 12 月に日本へ密航。

　密航という非合法入国者が大学に入れるかどうかの関門については、名和統一教授に連れられて、当事の大阪商科大学の恒藤恭学長宅を訪ねたところ、「日本から解放された朝鮮人も、法的にはまだ戦前の日本国籍を離脱していない。講和条約が成立するまでは密航にはあたらない。実力さえあれば堂々と真正面から入れる」と、明快に見解を出されたと記されている（2002 年の NHK ラジオ放送で、「私が学者として何がしかの業績を残したとするなら、恒藤先生のこの一言が、私の運命を変えたわけです」と語っている）。

　講演録「体験で語る在日朝鮮人運動」は、在日朝鮮人運動に専念した過程における、当時の日本共産党の指導や朝鮮総連の方針等が歴史的記述として貴重である。1968 年、政治的・思想的見解の相違と精神的葛藤の末、朝鮮総連を辞め、歴史家としての道を選んだ過程も淡々と書かれている。「わが研究を回顧して」は、歴史家としての研究軌跡の回顧であるが、朝鮮史研究の困難な道すじから、「在日」の世界をいかに生きてきたかの精神史がうかがえる。

　「著作目録」は膨大である。在野の研究者の業績とともに、全国のいくつもの大学で "非常勤講師稼業" を続けて、朝鮮研究の "種を播く人" の役割を果たした記述も興味深い。

　姜在彦の活動には、朝鮮近代史研究のパイオニアとしての側面と同時に、在日朝鮮人の言論人としての側面がある。その主な言論誌として、1975 年 2 月に創刊、1987 年 5 月に終刊した季刊『三千里』（全 50 号）

および、その継続誌としての季刊『青丘』（1989年8月～1996年2月までの全25号）の編集委員として、それぞれの毎号に寄稿しているが、それらの経緯と苦労も綴られている。

2人は1951年に旧制大阪商科大学で知り合い、竹中は、朝鮮人差別の厚い壁を前に、自ら実家から「勘当」、自分ひとりの戸籍をつくって、事実婚の道を選んだ。

第2部は、竹中恵美子の大阪市立大学経済学部退任記念講演とインタビューが中心。

竹中は、1929年岐阜県生まれで、大阪の堺市で小学校時代を送る。女性労働研究の第一人者としての実績は、「年譜」「著作目録」で十分知りうるが、退任記念講演「女性労働研究の現在―40年を振り返って」では、研究を始めた1950年当時、賃金の男女格差も家族制度も、封建的な遺制との結びつきでしか論じられておらず、近代家族が性役割分業を内に含む家父長制家族である認識がないなかで、竹中は市場・生産の領域だけでなく、生命を再生産していく家族・再生産領域とをトータルに捉えて分析する視点が、女性労働研究の一貫したモチーフだと述べている。

1980年以降の女性労働研究の新しい視点、日本的経営と性別分業の構造的把握のもとに、家事労働（アンペイド・ワーク）の社会的評価を論じている。

退官にあたって、若い次世代に対し、「持続する志をもって」「風当たりが強いのは前に進んでいるという証拠なのだ」「向かい風に向かって進んでいくことに、生き甲斐を感じる人生を」というエールで結んでいる。

井上理津子によるインタビューでは、大阪市立大学経済学部初の女性教員から、公立大学初の女性学部長、退任までの、研究者として、妻・母親としての葛藤がさりげなく引き出されている（2人の「著作目録」「朝鮮史関係著書目録」「年譜」あり）。

なお、2009年10月に、『竹中恵美子の女性労働研究50年―理論と運動の交流はどう紡がれたか』（関西女の労働問題研究会との共著／ドメス出版）が刊行されている。 （伍賀偕子）

エル・ライブラリーBlog「近代を紡ぐ伝記資料紹介」（2010.04.15より）

コラム

竹中恵美子 略年譜

年	歳	事　項
1929	0	11月19日　岐阜県大垣市にて，父 竹中昇三，母 登志子の次女として出生
1936	6	大阪・堺市立市尋常小学校入学
1942	12	大阪・堺市立市尋常小学校卒業，岐阜県立大垣高等女学校入学
1943	13	学徒動員（住友電波兵器工場）
1946	16	岐阜県立大垣高等女学校卒業、大阪府立女子専門学校入学（現 大阪府立大学）経済科入学
1947	17	大阪府立女子専門学校学生自治会初代会長になる
1948	18	全学連結成大会（東京）に出席
1949	19	大阪府立女子専門学校卒業、大阪商科大学（現 大阪市立大学）経済学部入学
1952	22	大阪商科大学卒業、大阪市立大学経済学部助手に就任（経済学部初の女性教員）
1955	25	11月10日　姜在彦と事実婚　堺市上野芝に住む
1957	27	大阪市立大学経済学部講師に就任
1958	28	長男出生　大阪市住吉区我孫子に転居
1964	34	大阪市立大学経済学部助教授に就任
1972	42	著書『現代労働市場の理論』により，経済学博士号取得（大阪市立大学）
1974	44	大阪市立大学経済学部教授に就任
1977	47	「大阪府婦人問題推進会議」発足と同時に委員に就任
		「関西婦人労働問題研究会」（後，関西女の労働問題研究会に改称）顧問となる
1981	51	4～8月　大阪市立大学在学研究員としてアメリカ合衆国に出張
1983	53	社会政策学会幹事となる
1986	56	大阪市立大学経済学部長に就任
		「大阪府婦人問題懇話会」設置 座長となる
1990	60	6～7月 日中経済問題連合講座出講のため中国上海財経大学に出張
		8～10月「ゼミナール 女の労働」（関西女の労働問題研究会主催）6講座中3講座担当 翌年，『ゼミナール 女の労働』（ドメス出版）を監修

年	歳	事　　項
1993	63	大阪市立大学経済学部教授を定年退官　同大学名誉教授に就任
		花園大学社会福祉学部教授に就任
1994	64	「高齢社会をよくする女性の会・大阪」の代表となる
1996	66	花園大学社会福祉学部教授退任
		龍谷大学経済学部教授（特任）に就任
1999	69	（財）世界人権問題研究センター（第4部）客員研究員となる
		初孫誕生
2001	71	大阪府立女性総合センター（ドーンセンター）館長（非常勤）に就任
		「高齢社会をよくする女性の会・大阪」代表を退任
2002	72	龍谷大学経済学部教授を退任
		竹中恵美子ゼミ「労働とジェンダー」5月から1年間開講
		主催＝関西女の労働問題研究会　共催＝ドーンセンター　42名受講
		2人目の孫誕生
2005	75	社会政策学会名誉会員となる
2007	77	大阪府立女性総合センター（ドーンセンター）館長退任　名誉館長となる
2009	80	1/27　『竹中恵美子の女性労働研究50年』出版記念・傘寿を祝う集い　主催＝実行委員会
2010	81	「セミナー竹中恵美子に学ぶ～労働・社会政策・ジェンダー」翌年5月まで　主催＝セミナー企画委員会　共催＝大阪府男女共同参画推進財団　70名受講
		⇒2011年9月　受講生中心に「フォーラム　労働・社会政策・ジェンダー」発足（以降　フォーラム）
2011	82	映画「山川菊栄の思想と活動～姉妹よ，まずかく疑うことを習え」（山上千恵子監督）に出演
		5/27　特別講演「現代フェミニズムと労働論～竹中恵美子著作集刊行を記念して」共催＝セミナー企画委員会／著作集刊行委員会　協賛＝高齢社会をよくする女性の会・大阪
2013	84	2/2　「竹中恵美子著作集完成記念シンポジウム～竹中理論の意義をつなぐ」　主催＝フォーラム／著作集刊行委員会　共催＝大阪府男女共同参画推進財団　「竹中文庫」見学　5月シンポ「報告集」発行
		春　第126回社会政策学会大会（東京）ジェンダー部会「竹中理論の諸相（第1回）―労働フェミニズムの構想」（竹中入院中で欠席）
2014	85	秋　第129回社会政策学会大会（岡山）分科会「竹中理論の諸相（第2回）―労働運動と家族」

年	歳	事　　項
2017	88	映画「たたかいつづける女たち～均等法前夜から明日へ」（山上千恵子監督）に出演。
		9/10　竹中恵美子米寿記念シンポ「不平等と生きづらさ─人間らしく働けない社会に挑む」主催＝フォーラム
		11/19　夫　姜在彦　他界
2018	89	5/13　エル・ライブラリー「著者に会おう！竹中恵美子さん（88歳）と語る」
		12月　骨折により4度目の入院
2019	90	2月末　東京の長男夫婦宅へ転居
		10/13　竹中恵美子卒寿記念フォーラム「竹中恵美子先生から得たものを語り継ぐ」　共催＝フォーラム／高齢社会をよくする女性の会・大阪　協賛＝ドーン財団
		10/14　夫　姜在彦「大阪社会運動顕彰塔」に顕彰さる　顕彰式に恵美子出席

著作・論文・出版等は省略「著作目録」参照

この間に関わった　その他の役職

　・東海ジェンダー研究所　理事
　・大阪府男女協働社会づくり財団（後，男女共同参画推進財団）理事
　・大阪府男女共同参画審議会　委員
　・大阪市女性協会　副理事長
　・堺市女性問題懇談会　委員
　・大阪労働協会　理事
　・世界人権問題研究センター　評議員
　・大阪産業労働政策推進会議　委員
　・大阪市公益企業審議会　委員
　・神戸市立中央市民病院　医の倫理委員会　委員
　・京都大学　医の倫理委員会　委員
　・大阪府環境農林水産審議会　委員
　・大阪市立労働会館　運営委員
　・大阪弁護士会人権賞　選考委員　など

竹中恵美子 著作目録（1953 ～ 2017 年）

1953 年 〈論文〉「**男女賃金格差と男女同一労働同一賃金原則についての一考察**」大阪市立大学経済研究会『経済学雑誌』29 巻 3・4 号。

1956 年 〈論文〉「いわゆる『労働フォンド』と賃金労働―マルサス体系の再検討とその批判によせて」『経済学雑誌』35 巻 5・6 号。

1959 年 〈論文〉「賃労働分析上における不生産的雇用」『経済学雑誌』40 巻 2 号（『現代労働市場の理論』日本評論社，1969 年，転載）。

1961 年 〈論文〉「労働市場と賃金決定 I 労働市場の構造とその運動」社会政策学会編『労働市場と賃金』（社会政策学会年報第 10 集），有斐閣，所収（『現代労働市場の理論』日本評論社，1969 年，転載）。

　　　　〈論文〉「労働市場と賃金決定 II」社会政策学会編『労働市場と賃金』有斐閣（中村＝西口俊子氏と共作）。

1962 年 〈論文〉「**わが国労働市場における婦人の地位と賃金構造**」大阪市立大学経済学部『経済学年報』第 15 集（『現代労働市場の理論』日本評論社，1969 年，並びに，『戦後女子労働史論』有斐閣，1989 年，転載）。

　　　　〈共著〉（西口俊子氏と）『女のしごと・女の職場』三一書房，「I 婦人労働問題の底にあるもの」，「III 婦人の賃金」（『著作集』IV 所収），「IV 現代の合理化と婦人労働」（『著作集』III 所収）執筆。

1963 年 〈辞典〉「労働条件」に関する項目，西村豁通編『労働問題用語辞典』三一書房，所収。（『著作集』III，IV 所収）

　　　　〈論文〉「技術革新下における婦人労働―雇用・賃金を中心に（一）（二）」大阪労働協会『月刊 労働』175，176 号。

　　　　〈論文〉「職務給反対闘争の現状と問題点」日本評論社『月刊 労働問題』1963 年 12 月号（『現代労働市場の理論』日本評論社，1969 年，転載）。

1964 年 〈論文〉「**婦人賃金の問題点**」『月刊 労働問題』1964 年 6 月号。

　　　　〈論文〉「婦人賃金の問題点と課題」近藤文二・内海義夫編『現代の労働問題』法律文化社，所収。（『著作集』I IV 所収）

　　　　〈論文〉「労働市場に関する一試論―労働市場の決定要因について」『経済学雑誌』51 巻 4 号（『現代労働市場の理論』日本評論社，1969 年，転載）。

1965 年 〈論文〉「初任給上昇と賃金体系」『月刊 労働問題』1965 年 4 月号（『現代労働市場の理論』日本評論社，1969 年，転載）。

　　　　〈論文〉「**婦人のしごとと賃金**」労働教育センター『月刊 総評』1965 年臨時号〈婦人問題特集〉。（『著作集』IV 所収）

　　　　〈論文〉「育児休職制度とその問題点」『旬刊 賃金と社会保障』370 号（丸岡秀子編・解説『日本婦人問題資料集成 第九巻 思想（下）』ドメス出版，1981 年，転載）。（『著作集』V 所収）

　　　　〈書評〉「舟橋尚道著『賃金論研究』」日本労働協会『日本労働協会雑誌』1965 年 6 月号。

　　　　〈辞典〉「婦人労働」「賃金水準」「相対賃金」大阪市立大学経済研究所編『経済学辞典』（第二版）岩波書店，所収。

1966 年 〈辞典〉主に「社会政策・労働問題」項目の一部, 塚本哲他監修『社会福祉事業辞典』
ミネルヴァ書房, 所収。

1967 年 〈論文〉「労働力の市場価値について―論点の整理とその展開」『経済学雑誌』56
巻 4・5 号（『現代労働市場の理論』日本評論社, 1969 年, 転載）。

〈論文〉「労働力の市場価格と『労働の価値』」『経済学雑誌』57 巻 1 号（「現代労
働市場の理論」日本評論社, 1969 年, 転載）。

1968 年 〈論文〉「恐慌と戦争下における労働市場の変貌」川合一郎他編『講座 日本資本
主義発達史論 Ⅲ』日本評論社, 所収。（「著作集」Ⅲ所収）

1969 年 〈論文〉「**年功賃金成立の内的論理について**」『経済学雑誌』60 巻 5 号（『現代労
働市場の理論』日本評論社, 1969 年, 転載）。

〈論文〉「婦人労働者の賃金問題」大羽綾子・氏原正治郎編『現代婦人問題講座
第二巻 婦人の労働』亜紀書房, 所収。（「著作集」Ⅳ所収）

〈著書〉『現代労働市場の理論』日本評論社。

1970 年 〈論文〉「労基法改正問題と女子労働」『企業法研究』1970 年 2 月号。

〈論文〉「わが国ウーマン・パワー政策とその問題点」京都府民生労働部『労働と
経済』27 号。

〈辞典〉「女子労働者」「名目賃金・実質賃金」「出来高賃金」「賃金格差」「賃金協
定」「賃金統制」「標準賃金」鹿島研究所出版会『社会科学大事典』, 所収。

〈論文〉『最近における婦人労働の諸問題 Ⅰ』（労働・教育シリーズ 1 号）兵庫県
労働部（『戦後女子労働史論』有斐閣, 1989 年, 転載）。

1971 年 〈論文〉「最近における婦人労働の諸問題 Ⅱ」（労働・教育シリーズ 2 号）兵庫県
労働部（『戦後女子労働史論』有斐閣, 1989 年, 転載）。

〈論文〉「**婦人の低賃金と今日の課題―ウーマン・パワー政策及び所得政策に関連
して**」『月刊 総評』1971 年臨時号〈婦人問題特集〉。（「著作集」Ⅳ所収）

〈論文〉「法的平等と経済的平等」『朝日ジャーナル』1971 年 6 月 25 日号。

1972 年 〈論文〉「婦人の老後問題」小川喜一編『現代社会保障叢書Ⅰ 老齢保障』至誠堂, 所収。

〈編著〉『**現代の婦人問題**』創元社,「第 1 章 現代婦人労働の諸問題―雇用・賃金・
母性保護を中心に」,「第 3 章 婦人解放の今日的課題」執筆。（「著作集」Ⅴ,
Ⅶ所収）

〈書評〉「熊沢誠著『労働のなかの復権』」『甲南経済学論集』13 巻 3 号。

1973 年 〈論文〉「春闘と女の賃金」『月刊 総評』1973 年臨時号〈婦人問題特集〉。（「著作集」
Ⅳ所収）

〈論文〉「**個別賃金要求と賃金闘争**」『月刊 労働問題』1973 年 7 月号（『増補 現代
労働市場の理論』日本評論社, 1979 年, 転載）。

〈論文〉「婦人の老齢保障―年金制度を中心として」社会保障新報社『社会保障・
実務と法令』1973 年 7 月号。

〈論文〉「女の賃金」関西働く婦人の会『ワーク・ミセス』創刊号。

〈論文〉「婦人の老後保障の現状と問題点」『賃金と社会保障』631 号。

1974 年 〈書評〉「小川登著『労働経済論の基本問題』」『日本労働協会雑誌』1974 年 1 月号。

〈論文〉「女性問題と私」神戸外国語大学『架橋』創刊号（『婦人の賃金と福祉』
創元社, 1977 年, 並びに,『私の女性論―性別役割分業克服のために』啓
文社, 1985 年, 転載）。（「著作集」Ⅶ所収）

〈論文〉「保護と平等—労基法母性保護をめぐって」『月刊 総評』1974 年臨時号〈婦人問題特集〉。

〈論文〉「イギリス 1970 年男女『同等賃金法』について」大阪市立大学商学部『経営研究』128・129・130 合併号（『婦人問題懇話会会報』21 号〈特集 男女の賃金格差〉1974 年, 転載)。(「著作集」Ⅳ所収)

1975 年 〈論文〉「労働市場の形成と展開—労働市場構造分析をめぐる論争を中心に」前川嘉一責任編集, 岸本英太郎先生還暦記念論集『労使関係の論理と展開』有斐閣, 所収（『増補 現代労働市場の理論』日本評論社, 1979 年, 転載)。

〈論文〉「社会保障における女性の地位」『月刊 労働問題』1975 年 4 月号。(「著作集」Ⅴ所収)

〈論文〉「わが国企業内賃金構造の特質—いわゆる午功制の分析視角をめぐって」『経済学雑誌』73 巻 3 号。(「著作集」Ⅳ所収)

〈評論〉「国際婦人年におもう」『ワーク・ミセス』1975 年春季号。

1976 年 〈論文〉「女性解放と社会保障—その基本視点」日本婦人会議『婦人と年金制度』, 所収。

〈論文〉「家事労働の経済的評価」『ジュリスト増刊総合特集』No.3〈現代の女性—状況と展望〉, 有斐閣, 1976 年 6 月（『戦後女子労働史論』有斐閣, 1989 年, 転載)。

1977 年 〈論文〉「婦人解放と労働運動」学習運動全国連絡会議『学習運動資料』10, 11 号。

〈論文〉「女子労働者と賃金問題」氏原正治郎他編『講座 現代の賃金 4 賃金問題の課題』社会思想社, 所収。(「著作集」Ⅳ所収)

〈論文〉「賃金論論争」佐藤金三郎他編『資本論を学ぶ Ⅱ』有斐閣, 所収。

〈著書〉『婦人の賃金と福祉—婦人解放の今日的課題』創元社。

〈論文〉「男女賃金格差について」東京都労働部『労働教育』104 号。

〈論文〉「社会保障における女性の地位」松尾均・小川喜一編『日本の社会保障』日本評論社, 所収。(「著作集」Ⅴ所収)

〈論文〉「社会保障をどうとらえるか」『婦人問題懇話会会報』27 号〈特集 女性解放と社会保障〉。

1978 年 〈論文〉「差別は階級支配の手段」日本婦人会議『婦人の 10 年をどうきりひらくか（権利とくらし 平和のための婦人集会報告集)』, 所収。

〈論文〉「女性と年金制度」小川喜一編『年金（社会保障）の常識』日本評論社, 所収（「著作集」Ⅴ所収)。

〈論文〉「労働市場政策—雇用・失業政策の展開と矛盾」(「著作集」Ⅲ所収)石畑良太郎・佐野稔編『現代の社会政策』有斐閣, 1980 年, 所収。

〈共編著〉(清水澄子・堀越栄子両氏と)『婦人労働と ILO 看護婦条約』労働教育センター,「Ⅱ 第二章 ILO 看護婦条約の背景と意義」執筆（初出「婦人労働者と ILO 看護婦条約」『自治研』1978 年 6 月号)。(「著作集」Ⅳ所収)

〈調査報告〉「北海道中小企業従業員共済制度に関する調査と事業計画」賃金福祉研究会『中小企業勤労者福祉共済事業に関する調査報告書』, 所収。

〈調査報告〉「財団法人『札幌市中小企業共済センター』の運営実態について」賃金福祉研究会『中小企業勤労者福祉共済事業に関する調査報告書』, 所収。

1979 年 〈著書〉『増補 現代労働市場の理論』日本評論社。(「著作集」Ⅰ所収)

〈書評〉「労働教育センター編『保護と平等』」『月刊 労働問題』1979 年 9 月号。

〈書評〉「ナディア・スパーノ／フィアンマ・カマルソンギ著，柴山恵美子訳『イタリア婦人解放闘争史』」『月刊 総評』1979 年 10 月号。

〈調査報告〉「福祉共済事業について 1 総論」賃金福祉研究会『中小企業勤労者福祉共済事業に関する調査報告書』，所収。

1980 年 〈論文〉「労働力再生産の資本主義的性格と家事労働—家事労働をめぐる最近の論争によせて」『経済学雑誌』81 巻 1 号（丸岡秀子編・解説『日本婦人問題資料集成 第九巻 思想（下）』ドメス出版，1981 年，並びに，『戦後女子労働史論』有斐閣，1989 年，転載）。

1981 年 〈論文〉「現代社会政策と福祉国家」『経済学雑誌』82 巻別冊。

1982 年 〈論文〉「私の見たアメリカの婦人問題」『婦人問題懇話会会報』36 号〈特集 海外の女性問題〉。

〈論文〉「『機会の平等』か『結果の平等』か」『婦人問題懇話会会報』37 号〈特集 望ましい雇用平等法とは〉（井上輝子他編『日本のフェミニズム 4 権力と労働』岩波書店，1994 年，並びに，日本婦人問題懇話会会報アンソロジー編集委員会編『社会変革をめざした女たち』ドメス出版，2000 年，転載）。（『著作集』Ⅴ所収）

1983 年 〈論文〉「保護と平等をどうとらえるか」女性差別撤廃条約の早期批准を促進する大阪府民会議『女性差別撤廃条約と人権』，所収。

〈編著〉『女子労働論—「機会の平等」から「結果の平等」へ』有斐閣，「第 7 章 現段階における女子労働の特質と課題」執筆（『戦後女子労働史論』有斐閣，1989 年，転載）。

1984 年 〈論文〉「アメリカ」柴山恵美子編『世界の女たちはいま』学陽書房，所収。（『著作集』Ⅶ所収）

〈講演記録〉「男女雇用平等法の問題点」京都民主クラブ京都会議『男女雇用平等法の問題点』，所収。（『著作集』Ⅴ所収）

〈論文〉「雇用における男女平等の現段階—わが国『男女雇用平等法』（案）をめぐって」山本正治郎・異信晴編『現代労働・社会問題の新局面』（大阪市立大学経済研究所所報第 33 集）東京大学出版会，所収（『戦後女子労働史論』有斐閣，1989 年，転載）。（『著作集』Ⅴ所収）

〈論文〉「資本主義と家事労働」日本女性学研究会，1983 年サマー・セミナー・プロジェクトチーム編『家事労働』，所収。（『著作集』Ⅵ所収）

1985 年 〈論文〉「働く主婦の時代を考える」日本労働協会『労働と経営』23 巻。

〈論文〉「労働市場論—労働市場を規定するもの」『経済学雑誌』86 巻別冊Ⅱ。

〈論文〉「雇用における性差別—『機会の平等』と『結果の平等』によせて」吉村勵編『労働者世界を求めて』日本評論社，所収（『戦後女子労働史論』有斐閣，1989 年，転載）。

〈著書〉『私の女性論—性別役割分業の克服のために』啓文社。

〈論文〉「今，平等を求めて」日本婦人問題懇話会『〈記録集〉ウィメンズ・フォーラム '84，ゆれ動く現代—女たちの明日を考える』，所収。

〈論文〉「『保護と平等』論議の現段階」『ジュリスト増刊総合特集』No.39〈女性の現在と未来〉，有斐閣，1985 年 6 月。（『著作集』Ⅴ所収）

〈論文〉「女子労働論の再構成―雇用における性分業とその構造」社会政策叢書編集委員会編『婦人労働における保護と平等』(社会政策叢書第9集) 啓文社, 所収(『戦後女子労働史論』有斐閣, 1989年, 転載)。

1986年　〈論文〉「男女平等をどう考えるか」女性問題研究会『1986年現在』10巻。

　　　　〈論文〉「男女平等をどう考えるか―経済学の立場から」日本教育学会『教育学研究』53巻1号。

　　　　〈論文〉「男女平等をどう実現するか」静岡女子大学『婦人教育研究報告』第7報。

　　　　〈論文〉「働く女性を支える社会システムの構築を―『雇用均等法』後の課題をさぐる」『エコノミスト』1986年11月21日号。(「著作集」V所収)

1987年　〈論文〉「労働市場政策―雇用・失業政策の展開と矛盾」石畑良太郎・佐野稔編『(新版) 現代の社会政策』有斐閣, 所収。

　　　　〈論文〉「『均等法』後の女子雇用」国立婦人教育会館『婦人教育情報』15号。

　　　　〈論文〉「家事労働の価値観」簡保資金研究会『かんぽ資金』1987年7月号(『戦後女子労働史論』有斐閣, 1989年, 転載)。

　　　　〈論文〉「女子労働はどう変わる―『雇用均等法』その後」静岡女子大学婦人教育推進委員会編『これからの婦人―21世紀への指標』酒井書店, 所収。

　　　　〈論文〉「女子労働―世界の中の日本」京都府労働経済研究所『労働情報・京都』93号。

1988年　〈書評〉「柴山恵美子編『女たちの衝撃―コンピューターは女たちの働き方をどう変えたか』」『月刊 総評』1988年8月号。

　　　　〈講演記録〉「働く女性の現在と今後の課題」久留米雇用問題協議会・同勤労婦人センター編『1988年女子労働問題講演会報告書』, 所収。

1989年　〈著書〉『戦後女子労働史論』有斐閣。(「著作集」Ⅱ所収)

　　　　〈論文〉「再編の中の女子労働」『賃金と社会保障』1002号。

　　　　〈論文〉「1980年代マルクス主義フェミニズムについての若干の覚書― Patriarchal Capitalism の理論構成をめぐって」『経済学雑誌』90巻2号 (竹中恵美子編著『グローバル時代の労働と生活―そのトータリティをもとめて』ミネルヴァ書房, 1993年, 転載)。(「著作集」Ⅶ所収)

　　　　〈講演記録〉「これからの女の労働」大阪総評婦人協解散の資料集, 2回の講演録。

　　　　〈寄稿〉『はたらく女たちの歩み大阪39年―大阪総評婦人運動年表』「発行に寄せて」を寄稿。

1990年　〈論文〉"The Restructuring of Female Labour in 1980's", *Osaka City University Economic Review*, Vol.25, No.2.

　　　　〈論文〉「保護と平等・対立の構造をきる―山川菊栄の女性労働論」山川菊栄生誕百年を記念する会編『連続講座「山川菊栄と現代」の記録 現代フェミニズムと山川菊栄』大和書房, 所収(『女性論のフロンティア―平等から衡平へ』創元社, 1995年, 転載)。(「著作集」Ⅶ所収)

　　　　〈論文〉"New Stage in the Controversy over 'Protection and Equality'", in *Women in a Changing Society : the Japanese Scene*, comp. by Japan National Women's Education Center, Bangkok, UNESCO.

1991年　〈講演記録〉「女性の社会参加による豊かな生活にむけて」広島県民生部青少年女性課『平成3年度 豊かな地域づくり ウィメンズ・フォーラム報告集』, 所収(『女性論のフロンティア―平等から衡平へ』創元社, 1995年, 転載)。

〈論文〉「働く女性の現状と老後の生活」樋口恵子監修『女・老いをひらく』ミネルヴァ書房，所収。

〈講演記録〉「日本におけるマルクス主義フェミニズムの源流―山川菊栄の今日的意義について」『日本婦人問題懇話会会報』51 号，所収（山川菊栄記念会編『たたかう女性学へ―山川菊栄賞の歩み 1981-2000』インパクト出版会，2000 年，転載）。（「著作集」Ⅶ所収）

〈編著〉『新・女子労働論』有斐閣，「第 8 章 現段階における労働力の『女性化』とその展望」執筆。（「著作集」Ⅲ所収）

〈監修〉関西婦人労働問題研究会編『ゼミナール・女の労働』ドメス出版，「第 1 章 差別の仕組み―その根源に迫る」，「第 2 章 働く女たちの歩み（戦前編）―戦前労働運動における『婦人の特殊要求』をめぐって」，「第 6 章 これからの女の労働」執筆。

1992 年 〈論文〉 "The Restructuring of Female Labour in 1980's", in *U.S.-Japan Women's Journal* (U.S.-Japan Women's Center, California), No.2 (first published in *Osaka City University Economic Review*, Vol.25, No.2, 1990) .

〈論文〉「『男女共生』の社会をどう構築するか―『平等』から『衡平』へ，発想の転換を」『エコノミスト』1992 年 4 月 7 日号（『女性論のフロンティア―平等から衡平へ』創元社，1995 年，転載）。

〈論文〉「労働力のフェミニゼーション（Feminization）―その今日的意味」『経済学雑誌』93 巻別冊。

〈辞典〉「パート労働」市川定夫他監修『環境百科―危機のエンサイクロペディア』駿河台出版社，所収。

〈辞典〉「女子労働」「賃金」大阪市立大学経済研究所編『経済学辞典』（第三版）岩波書店，所収。

〈講演記録〉「21 世紀を支える女性と税―パート就労『100 万円の壁』を考える」全国婦人税理士連盟『35 周年記念シンポジウム報告書』，所収（『女性論のフロンティア―平等から衡平へ』創元社，1995 年，転載）。（「著作集」Ⅴ所収）

1993 年 〈論文〉「総括 現代の女性労働と社会政策―論点のサーベイ」『現代の女性労働と社会政策』（社会政策学会年報 第 37 集）御茶の水書房，所収（『女性論のフロンティア―平等から衡平へ』創元社，1995 年，転載）。（「著作集」Ⅴ所収）

〈講演記録〉「女性労働研究の現在―40 年の研究を振り返って」大阪市立大学経済学部竹中ゼミ卒業生・有志編『ベレーと自転車―竹中恵美子先生退任記念文集』，所収（『女性論のフロンティア―平等から衡平へ』創元社，1995 年，転載）。

〈編著〉『グローバル時代の労働と生活―そのトータリティをもとめて』ミネルヴァ書房，「序」，「第 3 部 第 1 章 80 年代マルクス主義フェミニズムについて―Patriarchal Capitalism の理論構成をめぐって」執筆（第 3 部 第 1 章の初出『経済学雑誌』1989 年 90 巻 2 号）。

〈論文〉「労働力の女性化と男女共生」京都府労働部労働問題調査室『京都の労働条件』No.117。

〈ハングル訳論文〉「現段階の労働力の『女性化』とその展望」『女性と社会』1993 年第 9 号，創作と批評社，ソウル。

1994 年　〈講演記録〉「現代家族と家事労働―歴史の流れの中で考える」三田市教育委員
　　　　会編『平成 5 年度 第 5 回三田市民大学報告書〈現代家族〉を読む』湊川
　　　　女子短期大学，所収（『女性論のフロンティア―平等から衡平へ』創元社，
　　　　1995 年，「第 5 章 現代家族と家事労働―その変遷と現在，未来」として，
　　　　転載）。（「著作集」Ⅵ所収）

　　　　〈書評〉「ヴェロニカ・ビーチ著，高島道枝／安川悦子訳『現代フェミニズムと労
　　　　働―女性労働と差別』」『大原社会問題研究所雑誌』No.422。

　　　　〈評論〉「女子学生の就職難と日本の企業社会」日本女性学会『学会ニュース』57 号。

　　　　〈共編著〉（久場嬉子氏と）『労働力の女性化―21 世紀へのパラダイム』有斐閣，「は
　　　　しがき」，「第 1 章 変貌する経済と労働力の女性化―その日本的特質」執筆。
　　　　（「著作集」Ⅲ所収）

　　　　〈アンケート〉「アンケート特集・資本主義は女にとって解放か?」上野千鶴子・
　　　　加納実紀代他編『New Feminism Review 5 リスキー・ビジネス』学陽書房，
　　　　所収。

　　　　〈講演記録〉「労働市場における性別職務分離―日本の場合」名古屋市立女子短期
　　　　大学生活文化研究センター『生活文化研究』第 5 集，所収。（「著作集」Ⅲ
　　　　所収）

　　　　〈著書〉『戦後女子労働史論』第 3 刷，有斐閣。

　　　　〈寄稿〉『次代を紡ぐ 聞き書き―働く女性の戦後史』関西女の労働問題研究会編・
　　　　著に「聞き書き出版によせて」を寄稿。

1995 年　〈論文〉「日本的経営と女性労働―働きつづけたい女たちへのメッセージ」日仏女
　　　　性資料センター『女性空間』No.12〈特集 家族〉（『女性論のフロンティア
　　　　―平等から衡平へ』創元社，1995 年，転載）。

　　　　〈論文〉「フェミニズムと知の場の変容―フェミニズムの果たしたもの」神奈川大
　　　　学『神奈川大学評論』21 号（『女性論のフロンティア―平等から衡平へ』
　　　　創元社，1995 年，転載）。（「著作集」Ⅶ所収）

　　　　〈著書〉『女性論のフロンティア―平等から衡平へ』創元社。

　　　　〈新聞論壇〉「衡平政策の遅れ目立つ・『均等法』抜本見直しを」（世の中探検・フェ
　　　　ミニズムの現在②）『毎日新聞』朝刊，1995 年 10 月 14 日。

　　　　〈論文〉「雇用均等法は改正すべきか」文藝春秋編『日本の論点 '96』，所収。（「著
　　　　作集」Ⅴ所収）

1995 ～　「高齢社会をよくする女性の会　大阪」の会報（年 3 ～ 4 回）の「巻頭言」を毎回執筆。
2001 年　（「著作集」Ⅵ所収）

1996 年　〈論文〉「男女賃金格差とコンパラブル・ワース」花園大学人権教育研究室編・花
　　　　園大学人権論集［3］『戦争・戦後責任と差別』京都法政出版，所収。（「著
　　　　作集」Ⅳ所収）

　　　　〈論文〉「女性労働における衡平とは」『花園大学社会福祉研究紀要』第 4 号。

　　　　〈共編著〉（西村豁通・中西洋両氏と）『個人と共同体の社会科学』ミネルヴァ書房，
　　　　「第 8 章 家事労働論の新段階―アンペイド・ワークとその社会的評価」執筆。
　　　　（「著作集」Ⅵ所収）

　　　　〈論文〉「第 5 章 労働市場―日本型労働市場の再編から変容へ」石畑良太郎・佐
　　　　野稔編『現代の社会政策』第 3 版，有斐閣，所収。

320

〈論文〉「ジェンダー・ニュートラルな社会システムに向けて」大阪市政調査会『市政研究』' 96 夏, 112 号。

〈共監修〉（中岡哲郎・熊沢誠両氏と）大阪社会労働運動史編集委員会編『**大阪社会労働運動史—低成長期 上**』第 6 巻, 大阪社会運動協会。

〈論文〉「**第 1 章 男女共生社会の社会保障を考える基本的視点**」関西女の労働問題研究会編『ゼミナール 男女共生社会の社会保障ビジョン』ドメス出版, 所収。（「著作集」Ⅴ所収）

1997 年 〈論文〉「『規制緩和』の中の女性労働—21 世紀シナリオに求められるもの」フォーラム・「女性と労働 21」『女性と労働 21』Vol.5, No.19。（「著作集」Ⅲ所収）

〈共監修〉（中岡哲郎・熊沢誠両氏と）『**大阪社会労働運動史—低成長期 下**』第 7 巻, 大阪社会運動協会,「第 7 章 第 1 節 総論 新しい社会運動（1975 ～ 84 年）」執筆。

〈論文〉「ジェンダー・ニュートラルな社会システムに向けて」女性と仕事研究所『女性と仕事ジャーナル』No.5。

〈論文〉「女性の就労はどうなるか」中小企業労働福祉協会『労働と経営』Vol.35。（「著作集」Ⅴ所収）

〈論文〉「ジェンダーと労働」平成 9 年度 近畿地区大学放送公開講座『国際から民際へ—草の根から世界をみる』一心社, 所収。

1998 年 〈監修〉高齢社会をよくする女性の会・大阪編『**共倒れから共立ち社会へ—前進させよう介護の社会化**』明石書店,「はじめに」,「第 1 章 家族責任とアンペイド・ワーク—アンペイド・ワークの評価をめぐって」執筆。

〈論文〉「**社会政策とジェンダ—21 世紀への展望**」社会政策叢書編集委員会編『社会政策学会 100 年—百年の歩みと来世紀にむかって』（社会政策叢書第 22 集）啓文社, 所収。（「著作集」Ⅴ所収）

〈評論〉「規制緩和と女性労働」世界人権問題研究センター『世界人権問題研究センター年報』1997 年度, 所収。

〈論文〉「**労働分野における規制緩和と女性政策**」大阪女子大学女性学研究センター『女性学研究』No.6。

〈インタヴュー〉「竹中恵美子さん—女性労働を研究する経済学者」井上理津子著・大阪府男女協働社会づくり財団【企画・編集】『大阪おんな自分流—扉を開けた 8 人の肖像』ヒューマガジン, 所収。

〈論文〉「**第Ⅰ章 経済の仕組みとジェンダー**」,「**第Ⅱ章 賃金差別とコンパラブル・ワース**」,「**第Ⅲ章 アンペイド・ワーク（無償労働）と社会政策—新しい社会システムに向けて**」関西女の労働問題研究会編『ゼミナール 共生・衡平・自律—21 世紀の女の労働と社会システム』ドメス出版, 所収。（「著作集」Ⅵ所収）

1999 年 〈講演記録〉「戦後 50 年—働く女の歩みと私」世界人権問題研究センター 共同研究『第 4 部「女性の人権」の研究記録』〈3〉1998 年度, 所収。

〈辞典〉「家事労働」「家事労働の社会化」庄司洋子・木下康仁・武川庄吾・藤村正之編『福祉社会辞典』（Encyclopedia of Welfare Society）弘文堂, 所収。

〈共監修〉（中岡哲郎・熊沢誠両氏と）『**大阪社会労働運動史**』第 8 巻, 大阪社会運動協会,「第 1 章 第 3 節 府民の生活と社会運動」執筆。

2000 年　〈講演記録〉「政策としてのアンペイド・ワーク（UW）論―男女で担うとはどういうことか」世界女性会議ネットワーク関西編・発行『報告書 連続講座 2000 年会議へ向けて―北京からニューヨークへ』，所収。

　　　　〈論文〉「規制緩和と女性労働」冨士谷あつ子／伊藤公雄監修『ジェンダー学を学ぶ人のために』世界思想社，所収。

　　　　〈論文〉「社会変動とジェンダー（経済学）」渡辺和子・金谷千慧子・女性学教育ネットワーク編著『女性学教育の挑戦―理論と実践』明石書店，所収。

　　　　〈論文〉「『機会の平等』か『結果の平等』か」日本婦人問題懇話会会報アンソロジー編集委員会編『社会変革をめざした女たち』ドメス出版，所収（初出『日本婦人問題懇話会会報』37 号，1982 年）。

　　　　〈講演記録〉「日本におけるマルクス主義フェミニズムの源流―山川菊栄の今日的意義について」山川菊栄記念会編『たたかう女性学へ―山川菊栄賞の歩み 1981-2000』インパクト出版会，所収（初出『日本婦人問題懇話会会報』51 号，1991 年）。

2001 年　〈共監修・編著〉『労働とジェンダー』（久場嬉子氏と共監修『叢書 現代の経済・社会とジェンダー』第 2 巻）明石書店，「第 1 章 新しい労働分析概念と社会システムの再構築―労働におけるジェンダー・アプローチの現段階」執筆。（『著作集』Ⅶ所収）

　　　　〈講演記録〉「男女共同参画社会の実現をめざして」京都府立医科大学『平成 13 年度 教職員人権啓発研修講演記録』2002 年，所収。

　　　　〈論文〉「現段階における政策としてのアンペイド・ワーク論」社会主義協会『社会主義』No.466，2001 年 10 月号。

　　　　〈論文〉"Working Environment and Social System Regarding Women in Japan"，DAWN：Newsletter of the Dawn Center（Osaka Prefectural Women's Center），Dec.2001.

2002 年　〈共監修〉久場嬉子編『経済学とジェンダー』（久場嬉子氏と共監修『叢書 現代の経済・社会とジェンダー』第 1 巻）明石書店，「第 4 章 家事労働論の現段階―日本における争点とその特質」執筆。（『著作集』Ⅵ所収）

　　　　〈講演記録〉「労働権と男女平等政策―規制緩和と日本経済のいま」大阪女子大学・女性学研究センター『働きたい・働けない―働く女性の"いま"と世界』（女性学連続講演会・第 6 期，2001 年 6 月），所収。

　　　　〈講演記録〉「ワークシェアリングの可能性を探る」（シンポジウム報告）『We』2002 年 7 月号，所収。

　　　　〈講演記録〉「雇用の男女平等を考える―ケア不在の男性（稼ぎ手）モデルからケアつき個人単位モデルへ」研究会「職場の人権」編集『職場の人権』17 号 2002 年 7 月号，所収。

2003 年　〈共監修〉（春日キスヨ氏と）『これからの家庭基礎―あたらしい生活を求めて』（高等学校家庭科教科書・指導資料）一橋出版。

　　　　〈エッセー〉「自立とケアを考える」『一橋情報 家庭科 2003』一橋出版，所収。（『著作集』Ⅵ所収）

　　　　〈講演記録〉「均等待遇実現に総力を！」均等待遇アクション 2003 大阪実行委員会『私たちのもとめるワークルールと均等待遇』報告集，所収（働く女性の人権センター『いこ☆る』創刊号，2004 年 4 月，転載）。

322

〈講演記録〉「転換点に立つ男女雇用平等政策─新しい社会システムの構築に向けて」大阪女子大学・女性学研究センター『不況と女性』(女性学連続講演会・第7期, 2002年6月), 所収。(「著作集」Ⅵ所収)

〈共著〉(姜在彦と)『歳月は流水の如く』青丘文化社。

2004年 〈論文〉「均等待遇実現に総力を！」働く女性の人権センター『いこ☆る』創刊号。

〈著書〉関西女の労働問題研究会・竹中恵美子ゼミ編集委員会編『竹中恵美子が語る 労働とジェンダー』ドメス出版。(「著作集」Ⅲ, Ⅵに一部所収)

2005年 〈論文〉「日本の男女雇用平等政策のいま─『男性稼ぎ手モデル』は転換しうるか」女性労働問題研究会編『女性労働研究』No.47, 青木書店。(「著作集」Ⅴ所収)

〈ハングル訳論文〉「日本における男女雇用平等政策の現在」『労働政策研究』2005年第5巻2号, 韓国労働研究院。(「著作集」Ⅲ, Ⅵ所収)

2006年 〈対談・インタヴュー〉「1章 対談 香山リカ・竹中恵美子 仕事が私にくれたもの」,「3章 竹中恵美子先生に聞く 働く女性の60年」ドーンセンター編著『仕事論』アルゴ, 所収。

〈書評〉「神谷治美・島田洋子・石田純子・吉中康彦共著『女性の自立とエンパワーメント─学際研究をふまえて』」京都学園大学『総合研究所所報』7号。

〈インタヴュー〉「おおさかの女100 ドーンセンター館長 竹中恵美子さん(聞き手：泉耿子)」『大阪春秋』No.122, 平成18年春号。

〈講演記録〉「基調講演 男女共同参画センターに託された使命」山形市男女共同参画センター開館10周年記念事業実行委員会『ファーラ市民企画イベント2005 from やまがた記録集』, 所収。

〈ビデオ〉ドーンセンター・オリジナルビデオ『竹中恵美子が語る「働く女性の60年」』(日本語版, 英語字幕版 Working Women : The Past 60 years), 企画・制作・著作／大阪府・(財)大阪府男女共同参画推進財団, 制作／ドーンビデオメイト (53分)。

〈インタヴュー〉「竹中恵美子さんに聞く 第二次均等法改正のポイント」女性と仕事研究所『女性と仕事ジャーナル』No.15。

〈論文〉「男女雇用機会均等法の今回の改正 (2006年6月) について」働く女性の人権センター (働く女性の情報誌)『いこ☆る』Vol.9。

2007年 〈論文〉「転換点に立つ男女雇用平等政策─新しい社会システムの構築にむけて」足立眞理子・伊田久美子・木村涼子・熊安貴美江編著『フェミニスト・ポリティクスの新展開─労働・ケア・グローバリゼーション』明石書店, 所収。

〈講演記録〉「女性労働の今日的課題を考える─『均等法』施行20年を顧みる」2006年度 大阪府立大学女性学研究センター／(財)大阪府男女共同参画推進財団共催事業 リレートーク報告集『大阪の女性労働─現状と課題』, 所収。(「著作集」Ⅴ所収)

2008年 〈講演記録〉「格差社会の中の女性─いま求められている改革とは何か」大阪市公文書館『研究紀要』No.20, 所収。(「著作集」Ⅴ所収)

〈ブックレット〉(竹中恵美子ドーンセンター館長退任記念)『変革期に生きる女たち─次世代に語り継ぎたいこと』ウィメンズブックストアゆう。

〈論文〉「いま労働のフェミニスト分析に求められるもの」「女性・戦争・人権」学会誌編集委員会編『女性・戦争・人権』9, 行路社。(「著作集」Ⅶ所収)

2009 年　〈インタヴュー〉「いま求められるフェミニズム労働分析─ディーセント・ワーク
への転換のために」『現代の理論』Vol.18，2009 年新春号，明石書店。
　　　　〈エッセー〉「社会的排除とジェンダーについて考える」（財）世界人権問題研究
センター『GLOBE（グローブ）』2009 年冬号。

（以上　植田洋子作成、以降を追加）

2009 年　〈共著〉竹中恵美子・関西女の労働問題研究会著『竹中恵美子の女性労働研究 50
年〜理論と運動の交流はどう紡がれたか』ドメス出版。(「著作集」V，VI
に一部所収)
　　　　〈インタヴュー〉「働き方変えよう　女性労働研究 50 年」『毎日新聞』2009 年 11
月 23 日「聞きたい」

2010 年　〈講演記録〉「基調講演 グローバル経済の変貌と日本社会─労働問題，女性問題
の視点から」『グローバル経済の変貌と日本社会─今我々に必要とされて
いるものは何か？』大阪市立大学経済学部創立 60 周年記念シンポジウム
記録に所収。
　　　　〈講演記録〉「私たちの求めるワーク・ライフ・バランス─雇用の保障と家族政策
の充実を」女性会議主催「2010 権利とくらし 平和のための女性集会」『講
演集』に所収。(「著作集」VII 所収)

2011 年　〈講演記録〉「女性労働研究の歴史と現代の課題」山川菊栄記念会編『いま女性が
働くこととフェミニズム─山川菊栄の現代的意義』労働運動資料室所収。
　　　　「被災地へのメッセージ」「朝日 21 関西スクエア会報」134 号所収。

2012 年　竹中恵美子著作集（全 7 巻）完成，明石書店。
　　　　I　　現代労働市場の理論
　　　　II　　戦後女子労働史論
　　　　III　　戦間・戦後期の労働市場と女性労働
　　　　IV　　女性の賃金問題とジェンダー
　　　　V　　社会政策とジェンダー
　　　　VI　　家事労働論（アンペイド・ワーク）
　　　　VII　　現代フェミニズムと労働論

2013 年　竹中恵美子著作集完成記念シンポジウム〜竹中理論の意義をつなぐ〜報告集「竹
中恵美子からひと言」。

2014 年　「女の暦」に掲載「女性の解放とは人間として女性を生き切るということ」。

2016 年　〈論文〉「1970 年代以降：第二波フェミニズムの登場とそのインパクト─女性労
働研究の到達点」栗田啓子・松野尾裕・生垣琴絵編著『日本における女性
と経済学─1910 年代の黎明期から現代へ』北海道大学出版会，所収。
　　　　〈対談〉村松安子氏と「『女性と経済学』をめぐって」同上，北海道大学出版会，所収。
　　　　「刊行に寄せて」例会報告集『いま、この時代に働くこと生きること〜ディーセ
ントワーク実現をめざして』フォーラム労働・社会政策・ジェンダー

2017 年　〈インタヴュー〉「家事って労働なの？　知力・体力使って担う衣食住」『毎日新聞』
2017 年 2 月 27 日「たのもー！　フェミ道場」

　　＊　(「著作集」I 〜 VII 所収は)『竹中恵美子著作集』各巻所収

編者、執筆者・協力者紹介

編者 「フォーラム 労働・社会政策・ジェンダー」

　2010 年度に開催したセミナー「竹中恵美子に学ぶ～労働・社会政策・ジェンダー」の受講生有志が呼びかけて、セミナーで学んだ内容を活かしながら、現代的課題について議論し、問題意識を深める目的で、2011 年 9 月に起ち上げた。より広い人々と共有できる共同学習の場として、公開学習会を重ねてきている。詳細は第 10 章 2 つの「竹中セミナー」から共同学習への歩み　を参照。

　　　連絡先　tnforum2013renraku@gmail.com

執筆者・協力者（記載順）　　　　　　　　　　（2020 年 6 月現在）

伊田久美子（いだ　くみこ）

　（第 1 章　卒寿記念フォーラム・話題提供）

　大阪府立大学名誉教授。元大阪府立大学女性学研究センター長。フェミ科研費裁判原告団

　〔主な著書・論文〕G.F. ダラ・コスタ『愛の労働』（単訳／インパクト出版会 /1991)/『概説フェミニズム思想史』（共著／ミネルヴァ書房 /2003)/『フェミニスト・ポリティクスの新段階―ケア・労働・ジェンダー』（共編者／明石書店 /2007）/『大阪社会労働運動史第 9 巻』（共著／大阪社会運動協会 /2009）/『よくわかるジェンダー・スタディーズ―人文社会科学から自然科学まで』（共編者／ミネルヴァ書房 /2013)

北　明美（きた　あけみ）

　（まえがき、第 1 章　卒寿記念フォーラム・話題提供／第 4 章、第 5 章、第 11 章）

　福井県立大学名誉教授

　〔主な著書・論文〕「スウエーデンにおける男女雇用平等政策の今」（竹中・久場共編『労働力の女性化―21 世紀へのパラダイム』／有斐閣 /1994）/「日本の児童手当制度の展開と変質　上・中・下」（『大原社会問題研究所雑誌』No.524/526・527/547/2002/2002/2004）/「年功賃金をめぐる言説と児童手当制度」（濱口佳一郎編著『福祉と労働・雇用』2013）/「社会政策の結節点としての児童手当とジェンダー平等」『社会政策』vol.5No.3/2014/「竹中恵美子著作集（全 7 巻）を読む」（『大原社会問題研究所雑誌』No.705/2017）/「子どもの貧困と『社会手当』の有効性」（山野良一・湯澤直美・松本伊智朗共編『支える・つながる―地域・自治体・国の役割と社会保障 (シリーズ・子どもの貧困 5)』明石書店 /2019)

小林　敏子（こばやし　としこ）
（第1章　卒寿記念フォーラム・話題提供）
「高齢社会をよくする女性の会・大阪」代表（2001年〜2020年5月）/NPO高
齢社会をよくする女性の会・理事 / 元大阪市立弘済院附属病院副院長、元関西福
祉大学教授、元大阪人間科学大学教授、日本老年精神医学会専門医・特別会員、
認知症ケア学会特別会員など平成25年度日本認知症ケア学会・読売認知症 / ケア
症［功労賞］受賞
〔主な著書〕『痴呆性老人の介護』（共著 / 中央法規出版 /1998）『高齢者のための
知的機能検査の手引き』（共著 / ワールドプランニング /1991）『認知症の人の心理
と対応』（共著 / ワールドプランニング /2009・改訂2016）『アルツハイマー病介
護マニュアル』（監訳 / 日本評論社 /1993）『高齢者介護と心理』（編著 / 朱鷺書房
/2000）『痴呆介護の手引き』（編著 / ワールドプランニング /2003）『痴呆を生きる
人とのコミュニケーションマニュアル』（監訳 / じほう /2004）

荒木　菜穂（あらき　なほ）
（第1章　卒寿記念フォーラム・話題提供 / 第8章）
　フォーラム 労働・社会政策・ジェンダー、日本女性学研究会などで、力を持つ
平場のフェミニズムをめざし活動。大学非常勤講師

久場　嬉子（くば　よしこ）
（第3章）
東京学芸大学名誉教授
　経済学におけるフェミニズム・ジェンダー研究のさらなる発展が待たれる。経
済学の問い返し、新しい方向性の模索、独自な分野としてのフェミニスト経済学
の成立と展開は、目下の緊急課題である。
〔主な関連著書・論文〕「資本制経済と女子労働」（竹中恵美子編『女子労働論』
有斐閣、1983）/『労働力の女性化―21世紀へのパラダイム』（共編、有斐閣、
1994）/「ジェンダーと経済学批判―フェミニスト経済学の展開と革新」（久場嬉
子編『経済学とジェンダー』明石書店 /2002）/『介護・家事労働者の国際移動―
エスニシティ・ジェンダー・ケア労働の交差』（久場嬉子〔編著〕日本評論社、
2007）

伍賀　偕子（ごか　ともこ）
（第7章、第10章、第11章）
　元大阪総評オルグ、元関西女の労働問題研究会代表、フォーラム 労働・社会政策・
ジェンダー
〔主な著書・論文〕『大阪社会労働運動史第5・7・8巻』（共著 / 大阪社会運動協
会 /1994・97・99））/『大交五十年史』（共著 / 大阪交通労働組合編 /1995）/『次

代を拓く女たちの運動史』（松香堂 /2002）/『敗戦直後を切り拓いた働く女性たち
―「勤労婦人聯盟」と「きらく会」の絆』/『女・オルグ記―女性の自律と労働組
合運動のすそ野を広げて』（以上 ドメス出版 /2014・2016）

松野尾　裕（まつのお　ひろし）
　（第 6 章、第 9 章）
　愛媛大学教育学部教授
　〔主な著書・論文〕「家事労働について―竹中恵美子著作集第Ⅵ巻を読む」（『愛媛
大学地域創成研究年報』第 7 号 /2012）/「丸岡秀子の生活・家計研究―その思索
の根幹について」（『経済学史研究』第 57 巻第 2 号 /2016）/『日本における女性と
経済学―1910 年代の黎明期から現代へ』（共編著 / 北海道大学出版会 /2016）/『希
望の経済―賀川豊彦生活協同論集』（編 / 緑蔭書房 /2018）/「羽仁もと子と吉田幾
世―「生活学校」の思想と実践」（『Women's Studies 研究報告』第 40 号 /2019）/
『賀川豊彦―互助友愛の教育と実業』（著 / 龍渓書舎 /2020）

堀　あきこ（ほり　あきこ）
　（第 1 章、第 8 章　卒寿記念フォーラム・スピーチ）
　大学非常勤講師ほか、オンラインとオフラインでジェンダー・セクシュアリティ
に関する活動を実践中

関　めぐみ（せき　めぐみ）
　（第 8 章）
　甲南大学文学部講師

あとがき

　本書が生まれた経緯や動機については、「まえがき」や第Ⅰ部の「竹中恵美子卒寿記念フォーラム」でも語られていますが、竹中恵美子先生との出会いや「竹中理論」の意義について、多くの人たちが語り、論文を転載すること（書き下ろしも含めて）に同意し、ご協力いただいたことに、心から感謝申し上げます。

　「竹中理論」を語る各章の論文については、初出誌は文末に記述していますが、転載や再録を快くご承諾いただいた関係各位の方々にも、厚くお礼申し上げます。

　本書は、『竹中恵美子が語る「労働とジェンダー」』（2004年）、『竹中恵美子の女性労働研究50年　理論と運動の交流はどう紡がれたか』（2009年）に続く3巻目の本です。

　正確には3巻とも編者や発行人は異なりますが、竹中恵美子と先生を囲む女性たちによる共作であり、このような共同作業が何年も続くことに、大きな喜びと誇りを感じています。前の2つの本が、竹中先生の講義や論文を軸に編集されているのに対して、今回の卒寿記念の本は、竹中論文はひとつだけですが、各部の中扉のすべてに、「恵美子画」が登場していることに、気が付かれたでしょうか。2019年に東京へ移られて、週3回通われているデイケア・センターの日課で描かれたもので、「人に見せるために描いたのではないから」と、掲載に強く固辞されたのですが、その自然なタッチと美しい色づかいに魅せられて（本書ではモノクロですが）、ぜひ皆さんと共有したいと、半ば強引に実行した次第です。

　卒寿を越えられた先生は、私たちの願いを受けとめて、「聞き書き」をはじめ、すべてに対して温かく見守られ、「聞き書き」の最終回は、東京・福井・大阪をつなぐZoomミーティングで、2時間近く、疲れも見せずに対応されました。

　本書は、竹中恵美子を知らない方、論文や講演に接したことのない方に、

ぜひ手に取って、ひも解いていただきたいと願って編集しました。「竹中理論」の意味するところは、各章の論考で語られていますが、理論の深化や普遍化を追求する努力は、今後も続けられることと期待しています。そして何よりも、「竹中理論」に出会った人たちが、それをどのように受けとめ、自分自身の実践や人生にどう影響したのか、豊かに語られていることを伝えたいと思います。不満に思っていたこと、違和感を覚えていたこと、モヤモヤした疑問を抱いていたなどの経験に対して、社会の矛盾の基本的な仕組みを学び、それに立ち向かい、変革するための確信とエネルギーを得ていく過程が、まさに「竹中理論」との出会いではないでしょうか。さらに、学んだ理論を自らの思想として血肉化していければと願っています。本書がそのきっかけになれば、幸いです。

　本書とは別に、竹中先生が何度か登場されるドキュメンタリー映画を創ってこられた山上千恵子監督が、先生の卒寿を記念して、竹中恵美子自身の記録映画の創作中であることを、期待を込めてお知らせいたします。竹中先生は、「皆さんとの女性労働運動・市民運動のなかで、共に行動してきたことが後世に残されるのなら、それはとても嬉しく光栄なことだと思っています。ぜひインパクトのある映像を残したいですね」と語られています。

　最後に、先の2冊と同様に、㈱ドメス出版にお世話になりました。とりわけ編集の矢野操さまに大変ご厄介をおかけし、今回は、多くの人たちの論文の集合なので、掲載手法の違うものをひとつにまとめていくために、熱意をもって編集に臨んでくださり、親切なアドバイスに大いに助けられました。装丁についても、先の2冊〈青本〉〈赤本〉と同様のデザインで、今回は「竹色」という注文に応えて素敵に仕上げ、中扉に「恵美子画」を掲載するご尽力をいただいた、デザイナーの竹内春惠さまに心から感謝申し上げます。

　　2020年9月末日

　　　　フォーラム　労働・社会政策・ジェンダー（伍賀偕子）

働くこととフェミニズム
　竹中恵美子に学ぶ

2020 年 10 月 25 日　　第 1 刷発行
定価：本体 3000 円＋税

編　者　フォーラム 労働・社会政策・ジェンダー
発行者　佐久間光恵
発行所　株式会社 ドメス出版
　　　　東京都文京区白山 3-2-4
　　　　振替　0180-2-48766
　　　　電話　03-3811-5615
　　　　FAX　03-3811-5635
　　　　http://www.domesu.co.jp

印刷・製本　株式会社 太平印刷社
ISBN 978-4-8107-0854-7　C0036

＊表示価格は、すべて本体価格です。